舒波 著

OFDI
区位选择

战略决策者
管理认知与风险不确定性

OFDI LOCATION SELECTION

Strategic Decision Maker's
Management Cognition and Risk Uncertainty

社会科学文献出版社
SOCIAL SCIENCES ACADEMIC PRESS (CHINA)

目　录

第一章

绪　论

　　本章主要介绍研究背景、研究目的与意义、研究内容与章节安排以及研究方法与技术路线。首先，从现实背景和理论背景出发，阐述全球对外直接投资（Outward Foreign Direct Investment，OFDI）所呈现的向高风险不确定性地区发展的新态势，给出本书的研究目的、理论意义和现实意义；其次，介绍主要研究内容和具体章节安排；最后，介绍研究方法和技术路线。

第一节　研究现实与理论背景

一　现实背景

（一）全球 OFDI 呈现向高风险不确定性地区发展的新态势

　　随着世界经济全球化水平的不断提升，全球 OFDI 呈现向高风险不确定性地区发展的新态势。联合国《世界投资报告 2018》和《世界投资报告 2019》中的数据显示，在全球 OFDI 连续三年下降的情况下，发展中国家吸引全球 OFDI 的比重从 2016 年的 36% 上升至 2017 年的 47%，2018 年升至 54%，创下历史新高。其中，亚洲发展中国家吸引的全球 OFDI 金额从 2016 年的 4753 亿美元上升到 2017 年的 4758 亿美元，2018 年持续增长 4%，所占比重从 2016 年的 25% 上升至 2017 年的 33%，成为全球外资流入最多的地区，说明全球 OFDI 更多地流向了发展中国家。与发达国家相比，发展中国家具有法律制度尚未健全、政局动荡等高风险不确定性特征，这给相关跨国公司的 OFDI 带来了巨大的风险不确定性。

（二）中国跨国公司对"一带一路"沿线国家的 OFDI 以高风险不确定性为主要特征

在世界经济复苏依旧艰难曲折、全球 OFDI 流量下降的情况下，中国政府加快"一带一路"建设步伐，积极推动对外投资便利化进程，中国企业"走出去"的内生动力日益增强。中国商务部、国家统计局、国家外汇管理局联合发布的《中国对外直接投资统计公报》数据显示，2018 年末，中国对外直接投资存量达 1.98 万亿美元，是 2002 年末存量的 66.3 倍，在全球分国家（地区）的对外直接投资存量排名由第 25 位升至第 3 位，仅次于美国和荷兰。中国在全球对外直接投资中的影响力不断扩大，流量占全球比重连续三年超过一成，2018 年占 14.1%，较 2017 年提升 3 个百分点；2018 年末存量占 6.4%，较 2017 年提升 0.5 个百分点。2018 年，中国对"一带一路"沿线国家直接投资流量为 178.9 亿美元，年末存量为 1727.7 亿美元，占比分别为 12.5% 和 8.7%。中国商务部发布的《中国对外投资发展报告 2019》中的数据显示，截至 2018 年末，中国境内投资者在"一带一路"沿线国家设立境外企业超过 1 万家，覆盖国民经济 18 个行业大类。2013~2018 年，中国累计在"一带一路"沿线国家直接投资 986.2 亿美元。

"一带一路"是指"丝绸之路经济带"和"21 世纪海上丝绸之路"的简称，由国家主席习近平于 2013 年 9 月和 10 月出访中亚和东南亚国家期间提出。"一带一路"倡议的实际内涵是中国进一步推进对外开放与经济全球化升级，"一带一路"建设是中国推动构建人类命运共同体的重要实践平台，政府间通过交通对接、产业合作、金融合作、国际贸易等方式，加强交流合作，建立新型全球伙伴关系。

"一带一路"沿线国家拥有较大的市场规模，经济与中国高度互补，具有广阔的投资前景和发展空间，但仍以高风险不确定性为主要特征。由于"一带一路"沿线国家多为发展中国家,相比于发达国家,它们的法律制度尚不健全,存在各种社会风险,尤其是在政权更迭的背景下,中国跨国公司同前任政府签署的合约很容易被后来者撕毁,中国跨国公司在"一带一路"沿线国家面临显著的地缘政治和政府信用风险。因此,尽管"一带一路"沿线国家对中国跨国公司来说具有较大吸引力,成为中国跨国公司 OFDI 最具潜力的目的地,但其仍以高风险不确定性为显著特征,不容中国跨国公司忽视。特别是在当前"一带一路"建设逐步落实的关键时期,具体分析中国跨国公司对"一带一路"沿线国家 OFDI 高风险不确定性区位选择的影响因素,已成为当务之急。

(三)战略决策者在跨国公司战略决策中发挥决定性作用

从本质上讲,跨国公司的战略决策者是跨国公司战略的主要制定者,跨国公司的战略制定过程本质上是战略决策者的管理认知整合过程,因此战略决策者必然会对跨国公司 OFDI 风险不确定性区位选择战略的制定与实施发挥决定性作用。然而,关于跨国公司战略决策者的管理认知具体是如何影响跨国公司 OFDI 风险不确定性区位选择战略的,现有研究鲜有涉及。因此,这将成为本书重点研究的问题。了解跨国公司的战略决策者为什么以及如何运用其管理认知看待和判断 OFDI 东道国的高风险不确定性,有助于更好地理解跨国公司的 OFDI 风险不确定性区位选择决策和行为。

二 理论背景

(一)已有研究对东道国风险不确定性与跨国公司 OFDI 区位选择的关系未得出一致结论,可能的原因是缺乏更为微观的阐释

目前,国内外学者依据不同理论视角,从不同层面考察了东道国风险不确定性与跨国公司 OFDI 区位选择的关系。然而,已有研究没有得出一致结论,主要包括负相关、正相关和不相关三种结论。

第一种结论：东道国的风险不确定性与跨国公司的 OFDI 区位选择负相关。国外理论界早期多关注发达国家对发展中国家的 OFDI，普遍认为东道国的风险不确定性会给跨国企业的经营带来不确定性，从而对 OFDI 产生负面影响（Nigh，1985；Loree and Guisinger，1995；Brunetti and Weder，1998）。Nigh（1985）分析了 24 个国家的跨国投资流量，结果发现东道国的冲突越严重，美国制造业的对外直接投资流量越低。Loree 和 Guisinger（1995）认为，政治稳定性可以作为衡量风险不确定性的指标，并通过研究发现，良好的政治稳定性能够增加对外直接投资流量。Brunetti 和 Weder（1998）指出，东道国的腐败程度越高、法制越不健全，投资者对其进行投资的积极性越低，对该国的投资额就越少。发展中国家的 OFDI 兴起后，学者们开始更多地研究发展中国家的 OFDI，研究后也发现，东道国的风险不确定性与 OFDI 呈负相关关系（Rajan and Hattari，2009；Sissani and Belkacem，2014）。Rajan 和 Hattari（2009）选取了亚洲 12 个新兴国家 1990~2005 年 OFDI 的样本数据，使用引力模型进行分析，结果发现，风险不确定性与 OFDI 之间存在负相关关系。Sissani 和 Belkacem（2014）以阿尔及利亚为例，研究得出风险不确定性对 OFDI 具有消极影响。国内学者韦军亮和陈漓高（2009）、王海军（2012）的检验结果表明，东道国的风险不确定性对中国 OFDI 产生了显著的负面影响。

第二种结论：东道国的风险不确定性与跨国公司的 OFDI 区位选择正相关。随着发展中国家 OFDI 的蓬勃发展，有学者从东道国的制度因素视角指出，东道国的高风险不确定性和高文化距离会阻碍发达国家的跨国公司开展 OFDI，不同于发达国家的跨国公司开展 OFDI 的传统逻辑，中国跨国公司更倾向于选择风险不确定性较高的地区进行对外直接投资，以利用未被发达国家跨国公司开发或知道的机会（Quer et al.，2012）。也有观点认为，由于适应了母国行政管制较多以及产权保护较弱等经营环境，东道国不完善的经济政治制度反而会成为发展中国家开展 OFDI 的优势 (Tarun and Krishna, 2006)。Kolstad 和 Wiig (2012) 进一步指出，在具有高风险不确定性的东道国，中国跨国公司可以凭借母国制度背景下塑造的能力获得竞争优势，因而中国跨国公司倾向于做出 OFDI 高风险不确定性区位选择。国内学者李丽丽和綦建红 (2017) 通过研究发现，东道国的风险不确定性越高，序贯式 OFDI 越有利于中国跨国公司，其进一步阐释序贯式 OFDI 不仅可以直接分散海外投资的风险，而且可以使跨国公司不断积累投资经验。

第三种结论：东道国的风险不确定性与跨国公司的 OFDI 区位选择不相关。有部分文献资料认为，风险不确定性与对外直接投资之间并没有直接、明显的关系。国外学者 Wheeler 和 Mody (1992) 以美国跨国公司为研究对象，研究认为风险不确定性对美国跨国公司的 OFDI 区位选择没有起到关键作用。国内学者张雨和戴翔 (2013) 研究认为，由于风险意识不强，目前东道国的风险不确定性并没有成为中国企业"走出去"时考虑的主要因素。

已有研究没有得出一致结论的原因可能有以下四点：一是理论基础与研究视角不同，已有研究基于交易成本理论、内部化理论、资源依赖理论或制度理论等，通常以成本、效率、资源与能力依赖性、制度同构、合法性等为研究视角，解释机制的侧重点各有不同；二是关注的层面不同，已有研究主要从宏观国家层面、中观产业层面、微观企业层面等单一层面进行影响因素分析，忽略了多层面的多因素的影响；三是尚未发现其他或是更深层次、更为微观的影响因素；四是变量之间的关系并不是简单的线性关系，可能存在非线性影响。基于第三点和第四点原因，本书进一步从更为微观的层面出发，考察跨国公司战略决策者的管理认知对跨国公司 OFDI 风险不确定性区位选择可能存在的非线性影响，以期增强跨国公司 OFDI 风险不确定性区位选择理论的解释力。

（二）已有研究对战略决策者管理认知与跨国公司 OFDI 风险不确定性区位选择之间的关系缺乏解释，存在理论缺口

第一，从跨国公司 OFDI 风险不确定性区位选择的影响因素来看，已有研究大多侧重外部因素，缺乏对内部因素的考量。中国企业国际化的具体实践表明，战略决策者是企业战略的主要制定者，企业战略制定过程本质上是战略决策者的认知整合过程，因此战略决策者的认知必然会对企业国际化战略的制定与执行产生影响（周建和李小青，2012；潘清泉等，2015；Li and Li，2009）。然而，已有研究对战略决策者管理认知与跨国公司 OFDI 风险不确定性区位选择之间的关系缺乏解释。导致这一理论缺口的主要原因是，已有研究主要从跨国公司的外部因素（如东道国或母国的制度因素与非制度因素、聚集经济与知识溢出等）来解释跨国公司的 OFDI 风险不确定性区位选择，忽视了对跨国公司 OFDI 风险不确定性区位选择的影响可能来自其内部更为微观的战略决策者的管理认知。

第二，从战略决策者的管理认知来看，鲜有研究阐释其对跨国公司 OFDI 风险不确定性区位选择的影响。在已有研究中，战略决策者的管理认知大多被用来解释企业创新、战略变革、战略行为及决策绩效等非国际化战略决策（张军和许庆瑞，2018；Nadkarni and Barr，2008；Plambeck，2012），而对国际化战略决策缺乏解释力。相比于非国际化战略决策，国际化战略决策更具挑战性，原因在于国际化环境比单一的国内环境更具复杂性和不确定性。战略决策者置身于复杂而多变的国内外环境中，其管理认知将如何影响跨国公司 OFDI 风险不确定性区位选择？又有哪些因素会成为影响战略决策者管理认知与跨国公司 OFDI 风险不确定性区位选择之间关系的边界条件？这将是本书探索的核心问题，以期增强对战略决策者管理认知与跨国公司 OFDI 风险不确定性区位选择之间关系的解释力。

第二节 研究目的与意义

一 研究目的

第一，哪些因素对跨国公司 OFDI 风险不确定性区位选择决策发挥主导作用？其作用机制是什么？第二，哪些因素是影响主导因素与跨国公司 OFDI 风险不确定性区位选择之间关系的情境因素？其作用机制又是什么？第三，主导因素与跨国公司 OFDI 风险不确定性区位选择之间的中介因素是什么？其中介机制又是如何发生作用的？基于上述问题，本书聚焦跨国公司内部更为微观的层面，从跨国公司战略决策者个体和团队两个层面出发，基于 CEO 管理认知异质性和高管团队（Top Management Team，TMT）管理认知断裂带交互视角，构建被中介的调节模型（Mediated-Moderation Model），探索战略决策者管理认知对跨国公司 OFDI 风险不确定性区位选择的影响机制及其发挥作用的边界条件，选取中国 2009~2017 年沪深两市 A 股跨国公司的 OFDI 事件为研究样本进行实证检验，旨在为中国跨国公司如何选任 CEO、如何配置优化高管团队、如何充分发挥管理认知优势做出科学决策提供理论支撑和管理启示。

二 研究意义

（一）理论意义

第一，丰富跨国公司 OFDI 风险不确定性区位选择影响因素的研究视角。已有关于跨国公司 OFDI 风险不确定性区位选择影响因素的研究主要基于宏观国家层面、中观行业层面及微观企业层面展开，本书尝试以跨国公司内部更为微观的战略决策者管理认知的个体和团队两个层面即 CEO 管理认知异质性和 TMT 管理认知断裂带交互为视角，构建被中介的调节模型，考察战略决策者管理认知对跨国公司 OFDI 风险不确定性区位选择的影响机制及其边界条件，这将为跨国公司 OFDI 风险不确定性区位选择的影响因素研究提供战略决策者管理认知这个更为微观的新视角。

第二，拓展跨国公司战略决策者管理认知的研究范围。在已有研究中，战略决策者管理认知的作用范围主要包括本国单一环境中的企业创新、战略变革、战略行为及决策绩效等非国际化战略决策，本书尝试将战略决策者管理认知的作用范围拓展至更具复杂性和不确定性的国际化战略决策中，具体考察战略决策者管理认知对跨国公司 OFDI 风险不确定性区位选择的影响机制及其边界条件，在国际化战略决策方面拓展跨国公司战略决策者管理认知的研究范围。

（二）现实意义

第一，为跨国公司 OFDI 风险不确定性区位选择提供决策依据。有志于抓住市场机遇，选择高风险不确定性东道国开展 OFDI 的跨国公司，可以在战略决策者管理认知视角下，从 CEO 管理认知异质性的三个维度，即 CEO 的知识、经验和社会阶层异质性方面考察选任跨国公司 CEO，从 TMT 管理认知断裂带方面考察配置跨国公司高管团队，以发挥 CEO 管理认知异质性和 TMT 管理认知断裂带的优势，将战略决策者管理认知与跨国公司 OFDI 高风险不确定性区位选择的战略目标相契合，进而在高风险不确定性东道国有效识别并利用风险中的机会。

第二，从政治资本和风险忍受方面，为跨国公司 OFDI 风险不确定性区位选择提供策略。跨国公司在进行 OFDI 风险不确定性区位选择时，还可以根据不同的战略目标，从 CEO 和高管团队两个层面考虑选任拥有不同政治资本或具有不同风险忍受能力的战略决策者。例如，选择高风险不确定性东道国开展 OFDI 的跨国公司，可从 CEO 和高管团队两个层面考虑选任拥有高水平政治资本或具有高风险忍受能力的战略决策者。可能的原因在于，战略决策者所拥有的高水平政治资本或所具有的高风险忍受能力有助于跨国公司有效控制、管理在东道国面临的高风险不确定性，有效降低东道国风险不确定性的实际水平，进而将东道国高风险不确定性中的威胁转化为机会。

第三节　研究内容与章节安排

一　研究内容

本书聚焦跨国公司内部更为微观的层面，以跨国公司核心战略决策者管理认知的个体和团队两个层面即 CEO 管理认知异质性和 TMT 管理认知断裂带交互为视角，构建被中介的调节模型，探索战略决策者管理认知对跨国公司 OFDI 风险不确定性区位选择的影响机制及其发挥作用的边界条件。本书核心构念之间的逻辑关系构成了分析战略决策者管理认知与跨国公司 OFDI 风险不确定性区位选择之间关系的基本理论框架，如图 1-1 所示。

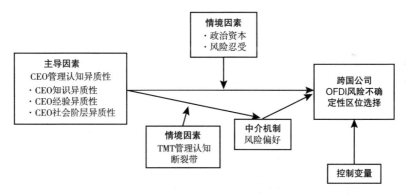

图 1-1　战略决策者管理认知与跨国公司 OFDI 风险不确定性区位选择之间关系的基本理论框架

本书主要研究内容具体如下。

（1）从战略决策者个体层面探索 CEO 管理认知异质性对跨国公司 OFDI 风险不确定性区位选择的影响。具体将 CEO 管理认知异质性划分为三个维度，即 CEO 知识异质性、CEO 经验异质性和 CEO 社会阶层异质性，分别考察其对跨国公司 OFDI 风险不确定性区位选择可能存在的非线性影响。

（2）探索 CEO 管理认知异质性与跨国公司 OFDI 风险不确定性区位选择之间关系的情境因素。引入中国情境因素政治资本和风险忍受作为调节变量，分别考察其对 CEO 管理认知异质性与跨国公司 OFDI 风险不确定性区位选择之间关系发挥作用的边界条件。

（3）探索 CEO 管理认知异质性对跨国公司 OFDI 风险不确定性区位选择影响的中介效应及被中介的调节效应。具体以跨国公司核心战略决策者管理认知的个体和团队两个层面即 CEO 管理认知异质性和 TMT 管理认知断裂带交互为视角，引入风险偏好作为中介变量，将 TMT 管理认知断裂带作为调节变量，分别考察其如何影响 CEO 管理认知异质性与跨国公司 OFDI 风险不确定性区位选择之间关系的内在作用机制及被中介的边界条件。

（4）选取中国 2009 ~ 2017 年沪深两市 A 股跨国公司的 OFDI 事件为研究样本，运用 SPSS23.0、STATA15.0 和 EXCEL 等软件对本书构建的概念模型进行实证检验。

二 章节安排

本书共分七个章节，具体章节安排如下。

第一章，绪论。本章主要介绍研究背景、研究目的、研究意义、研究内容、章节安排、研究方法与技术路线。

第二章，文献综述与理论基础。本章主要综述 OFDI 风险不确定性区位选择和战略决策者管理认知相关文献及相关理论基础。首先，综述 OFDI 风险不确定性区位的定义与评估指标、影响因素及已有研究的不足。其次，综述战略决策者管理认知的内涵与层次、战略决策者管理认知与企业战略决策的关系及已有研究的不足。最后，阐述本书涉及的三个理论，即高阶理论、印记理论和群体断裂带理论。

第三章，CEO 管理认知异质性与 OFDI 风险不确定性区位选择。本章从跨国公司内部更为微观的层面，探讨 CEO 管理认知异质性对跨国公司 OFDI 风险不确定性区位选择的非线性影响。首先，介绍 CEO 管理认知异质性的概念与维度。其次，基于高阶理论和印记理论，从高、中、低三个不同层级分别阐释 CEO 管理认知异质性及其三个维度对跨国公司 OFDI 风险不确定性区位选择的非线性影响。最后，提出相应的主效应研究假设。

第四章，中国情境因素"政治资本"和"风险忍受"的调节效应。首先，界定政治资本的概念，考察 CEO 管理认知异质性、政治资本与 OFDI 风险不确定性区位选择之间的关系。其次，界定风险忍受的概念，考察 CEO 管理认知异质性、风险忍受与 OFDI 风险不确定性区位选择之间的关系。最后，提出相应的调节效应研究假设。

第五章，被风险偏好中介的 TMT 管理认知断裂带的调节效应。首先，界定风险偏好与 TMT 管理认知断裂带的概念。其次，探索 CEO 管理认知异质性对跨国公司 OFDI 风险不确定性区位选择影响的中介效应及被中介的调节效应。最后，提出相应的中介效应、调节效应及被中介的调节效应研究假设。

第六章，概念模型构建和实证检验。首先，根据第三章、第四章和第五章的研究假设，构建本书的概念模型。其次，介绍研究设计，具体介绍研究样本选择与数据来源，自变量、因变量、调节变量、中介变量、控制变量的定义与测量指标，并进行变量汇总。再次，实证检验，包括：使用 SPSS23.0 和 STATA15.0 统计软件进行主要变量的数据分析（描述性统计分析和相关性分析）；使用 STATA15.0 统计软件进行回归分析，检验本书的研究假设。最后，稳健性检验，报告假设检验结果并进行讨论。

第七章，研究结论与展望。根据理论分析与实证检验结果，总结本书的主要研究结论、研究创新点、管理启示，指出本书的局限性，并对未来的进一步研究提出展望。

第四节　研究方法与技术路线

一　研究方法

本书主要采用文献研究法、逻辑演绎与归纳法、大样本实证检验法三种研究方法开展研究工作。

（一）文献研究法

文献研究是开展研究工作的起点。文献研究是指通过梳理研究脉络和借鉴已有研究成果，识别潜在的研究机会，结合理论与现实研究需要，以形成新的研究思路，并构建概念模型。本书借助 Web of Science、EBSCO、Emerald、Springer Link、Informs、谷歌学术、百度学术及中国知网（CNKI）全文数据库等文献检索平台，广泛搜集、详细阅读、精心梳理与本书研究主题相关的中外文献，奠定研究基础。文献研究法主要应用于本书第二章"文献综述与理论基础"、第三章至第五章研究假设的文献支撑、第六章研究设计中各个变量的选取与指标测量。

（二）逻辑演绎与归纳法

本书综合运用逻辑演绎与归纳法这两种逻辑推理方法来建立各个构念之间的逻辑关系，形成缜密的理论逻辑链条，提出研究假设，构建研究概念模型。逻辑演绎与归纳法主要应用于本书第三章和第五章中研究假设的推演与提出。

（三）大样本实证检验法

本书选取中国 2009~2017 年沪深两市 A 股跨国公司的 OFDI 事件为研究样本，采用 SPSS23.0、STATA15.0 和 EXCEL 等软件对概念模型进行大样本实证检验。大样本实证检验法主要应用于本书第六章实证检验部分。首先，变量化和可操作化地处理本书涉及的各个构念；其次，对研究样本、各个变量进行描述性统计分析、相关分析和回归分析。

二 技术路线

本书以战略决策者管理认知为视角，深入剖析战略决策者管理认知与跨国公司 OFDI 风险不确定性区位选择之间的关系，研究的具体技术路线如图 1-2 所示。

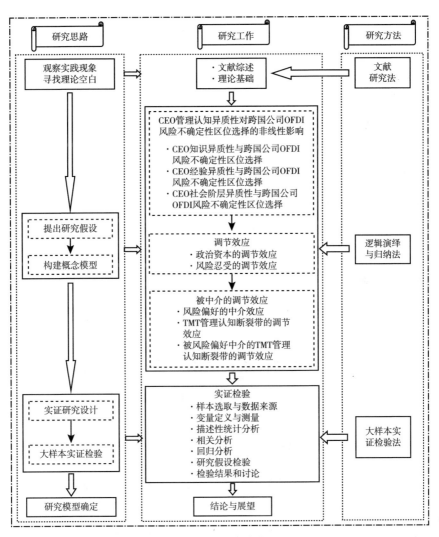

图 1-2 技术路线

第二章

文献综述与理论基础

本章主要综述 OFDI 风险不确定性区位选择和战略决策者管理认知相关文献及相关理论基础。首先，本书试图探究 OFDI 风险不确定性区位选择的影响因素和作用机制，因此，对 OFDI 风险不确定性区位选择的相关研究进行回顾，重点综述 OFDI 风险不确定性区位的定义与评估指标、影响因素及已有研究的不足。其次，本书试图从跨国公司内部战略决策者管理认知视角解释 OFDI 风险不确定性区位选择的影响因素，因此，在综述 OFDI 风险不确定性区位选择的相关研究之后，对战略决策者管理认知的相关研究进行回顾，主要梳理战略决策者管理认知的内涵与层次、战略决策者管理认知与企业战略决策的关系及已有研究的不足。最后，阐述本书涉及的三个理论，即高阶理论、印记理论和群体断裂带理论。

第一节　文献检索：范围界定、检索结果与学术发展趋势

一　文献检索范围界定

（一）遵循文献检索中数据库选择的普遍接受与认可原则

对英文文献，主要选择在 Web of Science、EBSCO、Emerald、SpringerLink、INFORMS、谷歌学术、百度学术等数据库中以关键词检索方式搜索主流 SSCI 期刊上的相关文献；对中文文献，主要选择在中

国知网（CNKI）全文数据库对相关文献进行检索。

（二）遵循文献检索中主题选择的关联原则

为全面、系统地分析 OFDI 风险不确定性区位选择、战略决策者管理认知以及 CEO 异质性与高管团队断裂带相关理论的研究现状，本书根据文献检索的主题选择关联原则对国内外权威期刊所载的相关文献进行检索，检索范围和检索关键词如下：

①OFDI 风险不确定性区位选择及其相关理论，检索主题包括"OFDI 风险不确定性区位选择"（OFDI Risk Uncertain Location Choice/Selection）、"OFDI 风险不确定性区位偏好"（OFDI Risk Uncertain Location Preference）、"OFDI 区位选择＋风险不确定性"（OFDI Location Choice/Selection＋Risk Uncertain）等；

②管理认知及其相关理论，检索关键词包括"管理认知"（Management Cognition）、"心理模型"（Mental Model）、"认知模型"（Cognitive Model）等；

③CEO 异质性及其相关理论，检索关键词包括"CEO 异质性"（CEO Heterogeneity）、"CEO 多样性"（CEO Diversity）等；

④TMT 断裂带及其相关理论，检索关键词包括"高管团队/TMT 断裂带/断层线"（Top Management Team Faultlines）、"群体断裂带/断层线"（Population Faultlines）。

（三）遵循文献检索中时间选择的接近原则

本书主要回顾 2008～2019 年十余年的国内外相关研究成果。

为确保文献检索的相关性与严谨性，进一步采用以下迭代步骤进行人工阅读以筛查相关文献：①阅读文献标题，初步确定该文献是否与本书相关；②阅读文献摘要和引言，进一步确定该文献是否与本书相关，并重复以上步骤。

二　文献检索结果

根据上述文献检索范围与原则，本书检索到以下文献，具体如图 2-1 至图 2-4 所示。

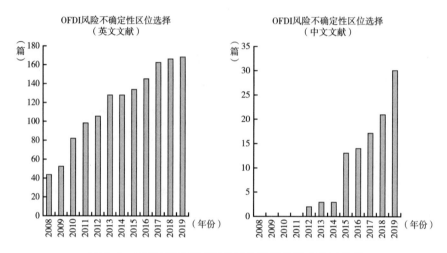

图 2-1　OFDI 风险不确定性区位选择的学术发展趋势

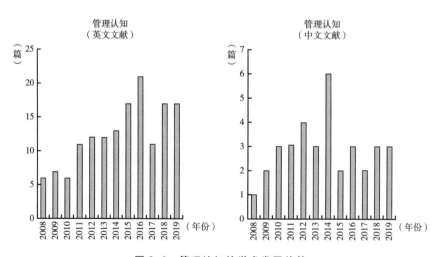

图 2-2　管理认知的学术发展趋势

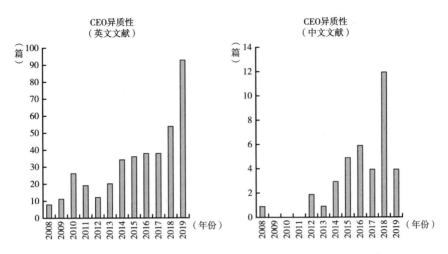

图 2-3　CEO 异质性的学术发展趋势

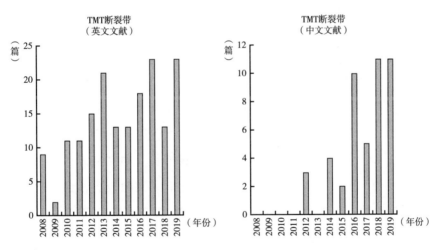

图 2-4　TMT 断裂带的学术发展趋势

三　学术发展趋势

（一）OFDI 风险不确定性区位选择的学术发展趋势

图 2-1 呈现了 OFDI 风险不确定性区位选择相关文献的发展趋势。

英文文献的发展趋势表明，OFDI 风险不确定性区位选择成为学者近年来的研究热点，相关文献数量呈显著增长趋势，符合全球 OFDI 向高风险不确定性地区发展的新态势。中文文献的发展趋势表明，自 2013 年中国政府提出"一带一路"倡议，加快投资便利化进程，OFDI 风险不确定性区位选择的相关文献数量开始显著上升，OFDI 风险不确定性区位选择研究日益吸引国内学者的注意。

（二）管理认知的学术发展趋势

图 2-2 呈现了管理认知相关文献的发展趋势。英文文献的发展趋势表明，国外学者对管理认知的关注呈波浪式增长，虽然每年发表的文献数量不多，但总体呈上升趋势。中文文献的发展趋势表明，相较于英文文献，管理认知领域的中文文献数量较少，国内学者对管理认知研究的关注程度较低，但该领域的中文文献数量总体也呈波动增长趋势。管理认知相关文献的发展趋势，表明国内外学者积极响应"从微观基础研究管理现象"这一呼吁。

（三）CEO 异质性的学术发展趋势

图 2-3 呈现了 CEO 异质性相关文献的发展趋势。英文文献的发展趋势表明，国外学者对 CEO 异质性的关注度提升，相关文献数量从 2018 年开始大幅增长，2019 年实现跨越式增长。中文文献的发展趋势表明，相较于英文文献，CEO 异质性相关中文文献较少，但与英文文献的发展趋势相似的是，CEO 异质性相关中文文献也在 2018 年大幅增长，得到国内学者更多的关注。

（四）TMT 断裂带的学术发展趋势

图 2-4 呈现了 TMT 断裂带相关文献的发展趋势。英文文献的发展趋势表明，国外学者对 TMT 断裂带的关注较早，2008 年以来 TMT 断裂带相关文献数量呈波浪式增长。中文文献的发展趋势表明，相较于国外学者，国内学者对 TMT 断裂带的关注较晚，2012 年国内开始出现 TMT 断裂带相关文献，此后呈波浪式增长。需要指出的是，国内学者对

"Faultlines"存在不同的翻译，如李维安等（2014）、李小青和吕靓欣（2017）等将其翻译为"断裂带"，曹红军等（2016）、卫旭华等（2018）将其翻译为"断层"或"断层线"，本书借鉴学者李维安等（2014）的研究译文，将其翻译为"断裂带"。

第二节　OFDI 风险不确定性区位研究综述：定义、评估指标与影响因素

一　OFDI 风险不确定性区位的定义与评估指标

OFDI 风险不确定性区位是指跨国公司对外直接投资目的地为具有风险不确定性的东道国，本书首先关注风险不确定性的内涵。关于风险不确定性内涵的研究最早可追溯到 20 世纪 60 年代，此后主要经历了四个时期的历史演变与发展：20 世纪 70 年代，风险不确定性概念认识时期，在与集体主义有关的意识形态的推动下，风险不确定性概念在跨国公司层面逐渐得到认识；20 世纪 80 年代，风险不确定性概念专业化时期，随着风险定量分析方法的诞生，专业人员系统地使用这些定量方法科学测量并解释风险不确定性的概念；20 世纪 90 年代，风险不确定性概念科学完善时期，政治学、经济学、社会学、管理学和心理学等各研究领域的学者，从不同理论视角科学完善风险不确定性概念；21 世纪以来，新兴市场跨国公司逐渐成为全球 OFDI 的中坚力量，风险不确定性研究对新兴市场尤其重要，不仅是因为这些国家的风险不确定性水平往往更高，更是因为新兴市场跨国公司在克服东道国风险不确定性方面已证明自己优于发达市场的跨国公司（Cuervo-Cazurra and Genc，2008；Costa and Figueira，2017）。虽然近 50 年涌现了大量有关风险不确定性的研究文献，但对于风险不确定性的定义，学术界至今尚未取得共识（Costa and Figueira，2017）。学者们根据风险不确定性在不同历史时期

的发展变化和不同的研究需要，对风险不确定性概念有不同的理解与界定，主要采用单一性概述和综合性概述两种方式定义风险不确定性，如表 2-1 所示。

表 2-1　风险不确定性的内涵

定义方式		代表性观点与作者
单一性概述	政府干预	强调政府行为带来的消极影响（Fitzpatrick，1983）；因政府行为导致的跨国企业所有权或利益损失；政府干预或阻碍商业交易，表现为通过改变协议条款、交易规则，造成全部或部分跨国企业损失的行为（Quer et al.，2012；Sottilotta，2013）
	政治事件	国内外任何可能导致国际商业经营中潜在利润和/或资产损失的政治事件（包括战争、改革、政变、征收、税收、货币贬值、外汇管制以及进口限制等）（Root，1972）
综合性概述	综合政府干预与政治事件	东道国的经济政策干预行为和政治事件给跨国企业或投资者带来的风险（Kobrin，1978）
	综合以往研究	Sottilotta（2013）综合以往研究将风险不确定性概述为：一种非经济风险（Ciarrapico，1992）；企业意料之外的政府对商务经营的干预（Aliber，1975）；政治力量或事件导致的经营中断的可能性（Root，1972）；政治变化导致的商务环境的不连续，可能会影响企业利润及目标的实现（Robock，1971）；本质上等同于东道国的政治不稳定及其激进的政治变化（Green，1974）。John 和 Lawton（2018）综合以往研究认为，风险不确定性是指政治环境中的特定行为或无为会直接或间接、规律或偶然地导致跨国公司经济收益消极或积极改变的可能性

资料来源：根据相关文献整理。

采用单一性概述定义风险不确定性是指单一以政府干预或政治事件定义风险不确定性。具体而言，包括以下两种。第一，单一以政府干预定义风险不确定性。Fitzpatrick（1983）指出，以政府干预定义的风险不确定性强调政府行为带来的消极影响，体现为将政府干预作为一种消极因素看待的普遍性假设。其他学者将风险不确定性定义为：因政府行为导致的跨国企业所有权或利益损失；政府干预或阻碍商业交易，表现为通过改变协议条款、交易规则，造成全部或部分跨国企业损失的行为

（Quer et al.，2012；Sottilotta，2013）。第二，单一以政治事件定义风险不确定性。Costa 和 Figueira（2017）指出，以政治事件定义风险不确定性的研究同样产生于 20 世纪 60 年代，新独立的主权国家通过征收或国有化的方式接管跨国公司的海外子公司，以缓解本国资金短缺的问题。Root（1972）将风险不确定性定义为国内外任何可能导致国际商业经营中潜在利润和/或资产损失的政治事件（包括战争、改革、政变、征收、税收、货币贬值、外汇管制以及进口限制等）。

采用综合性概述定义风险不确定性是指综合政府干预与政治事件，或是综合以往研究，更全面地定义风险不确定性。具体而言，包括以下两种。第一，综合政府干预与政治事件定义风险不确定性。Kobrin（1978）将风险不确定性定义为：东道国的经济政策干预行为给跨国企业带来的风险；东道国的政治事件给跨国企业或投资者带来的风险。该定义综合认为政府干预和政治事件都可能带来风险不确定性。第二，综合以往研究，更全面地定义风险不确定性。Sottilotta（2013）尝试将以往研究风险不确定性的定义综合概述为：一种非经济风险（Ciarrapico，1992）；企业意料之外的政府对商务经营的干预（Aliber，1975）；政治力量或事件导致的经营中断的可能性（Root，1972）；政治变化导致的商务环境的不连续，可能会影响企业利润及目标的实现（Robock，1971）；本质上等同于东道国的政治不稳定及其激进的政治变化（Green，1974）。John 和 Lawton（2018）在以往研究基础上给出了不同的风险不确定性定义，认为风险不确定性是指政治环境中的特定行为或无为（inaction）会直接或间接、规律或偶然地导致跨国公司经济收益消极或积极改变的可能性。一方面，该定义遵循了 Robock（1971）的定义，认为风险不确定性可能规律（连续）发生，也可能偶然（不连续）发生；另一方面，与以往只强调风险不确定性会对经济结果产生消极影响的概念相比，该定义强调风险不确定性可能会对经济结果带来积极影响。

综上，本书给出 OFDI 风险不确定性区位的定义，即 OFDI 风险不确定性区位是指跨国公司对外直接投资目的地为具有风险不确定性的东道国，其中风险不确定性源于东道国政局更迭、政策不连续、政府腐败与官僚体制、地缘政治冲突、民粹主义与宗教意识形态冲突、地区战争以及恐怖主义威胁等政治因素或事件（黄河和 Starostin，2016）。风险不确定性是指：①一种非经济风险；②企业意料之外的政府对商务经营的干预；③政治力量或事件导致的经营中断的可能性；④政治变化导致的商务环境的不连续，可能会影响企业利润及目标的实现；⑤本质上等同于东道国的政治不稳定及其激进的政治变化（冯飞等，2018）。风险不确定性是跨国公司 OFDI 过程中面临的最大且最难把控的风险，高风险不确定性东道国具有法律制度不健全、政府干预、政策多变、政局动荡等特征。这种高风险不确定性具有突发性、不可预见性、不连续性和破坏性，一旦发生就会给跨国公司的境外资产和生产经营带来重大损失，并造成海外投资项目的推迟、中断，甚至取消，直接关乎跨国公司 OFDI 的成败。

二 OFDI 风险不确定性区位的评估指标

目前，最具权威性且得到学者们一致认可与广泛使用的风险不确定性评估指标有三种（丁锋，2019），如表 2-2 所示，本书分别将其应用在因变量测量和稳健性检验中。

第一，风险不确定性指数，来自美国政治风险服务集团（The PRS Group）的《国家风险国际指南》（International Country Risk Guide，ICRG）。ICRG 中各国风险不确定性指数具体包括 12 项指标：政府稳定性、社会经济条件、投资环境、内在冲突、外在冲突、政治腐败、军事政治、宗教紧张局势、法治水平、种族紧张关系、民主、政府管理质量。各指标的分值范围各不相同，其中政府稳定性、社会经济条件、投资环境、内在冲突和外在冲突 5 项指标的分值范围为 0~12 分，政治腐败、军事政治、宗教紧张局势、法治水平、种族紧张关系、民主 6 项指标的分值范围为 0~6 分，政府管理质量的分值范围为 0~4 分，总计100 分，分值越高代表风险不确定性越低。ICRG 中的风险不确定性指数涵盖政治属性和社会属性，囊括可能成为风险不确定性来源的多种直接因素和间接因素，长期被世界银行、联合国、国际货币基金组织和其他国际组织的专家借鉴使用。

第二，世界治理指数（World Governance Indicator，WGI），来自世界银行。世界银行从 1996 年起每年持续推出涵盖全球 214 个国家和地区的治理指数，WGI 主要从 6 个维度衡量风险不确定性：话语权和问责权、政治稳定性、政府效率、监管质量、法律规则和腐败控制。各维度值的范围从-2.5 到 2.5，更高的值代表更高的治理质量。该指数更注重对政治系统的测量。

第三，经济自由度指数（Index of Economic Freedom，IEF），来自《华尔街日报》和美国传统基金会。IEF 经常被学者们用来衡量东道国的风险不确定性程度，包括贸易自由度、商业自由度、金融自由度、财政自由度、货币自由度、劳动自由度、投资自由度、产权、腐败、政府干预 10 项指标，总分值为 100 分，分数越大表示风险不确定性越小。

表 2-2 常用的风险不确定性评估指标

名称	来源	包含指标（或维度）	分值与测度
风险不确定性指数	《国家风险国际指南》	12 项指标：政府稳定性、社会经济条件、投资环境、内在冲突、外在冲突、政治腐败、军事政治、宗教紧张局势、法治水平、种族紧张关系、民主、政府管理质量	各指标分值范围各不相同，其中政府稳定性、社会经济条件、投资环境、内在冲突和外在冲突 5 项指标的分值范围为 0~12 分，政治腐败、军事政治、宗教紧张局势、法治水平、种族紧张关系、民主 6 项指标的分值范围为 0~6 分，政府管理质量的分值范围为 0~4 分，总计 100 分，分值越高代表风险不确定性越低

续表

名称	来源	包含指标（或维度）	分值与测度
世界治理指数	世界银行	6 个维度：话语权和问责权、政治稳定性、政府效率、监管质量、法律规则和腐败控制	各维度值的范围从 -2.5 到 2.5，更高的值代表更高的治理质量
经济自由度指数	《华尔街日报》和美国传统基金会	10 项指标：贸易自由度、商业自由度、金融自由度、财政自由度、货币自由度、劳动自由度、投资自由度、产权、腐败、政府干预	总分值为 100 分，分数越大表示风险不确定性越小

资料来源：根据相关文献整理。

上述三种风险不确定性评估指标，均可以根据不同的研究需要选择使用。例如，张艳辉等（2016）运用 ICRG 的 12 项指标测度东道国的风险不确定性；袁其刚和郜晨（2018）选取 ICRG 中更符合东道国风险不确定性区位选择研究情境的 4 项指标（政府稳定性、投资环境、法治水平和政府管理质量）来衡量东道国的风险不确定性。Slangen 和 Beugelsdijk（2010）、陈岩和郭文博（2018）选取 WGI 中 5 项更符合研究情境的指标，即政治稳定性、政府效率、监管质量、法律规则、腐败控制，来衡量东道国的风险不确定性。丁锋（2019）选取 ICRG 的三项指标（法治水平、投资环境与政府管理质量）、WGI 的腐败控制指标、IEF 的五项指标（产权、商业自由度、贸易自由度、投资自由度和金融自由度）和其他指标共计 9 个数据来源 18 项分项指标，构建了更全面的风险不确定性评估指标体系。

三　OFDI 风险不确定性区位选择的影响因素

邓宁早在其国际生产折衷理论中将风险不确定性引入 OFDI 区位选择研究，使风险不确定性成为影响区位选择的重要因素（Dunning，

2000）。近年来，随着新制度主义经济学、新新经济地理学的兴起，学者们开始从制度因素、产业集群、企业异质性角度解释风险不确定性与OFDI 的关系。已有研究主要从宏观国家层面、中观产业层面、微观企业层面考察 OFDI 风险不确定性区位选择的影响因素，取得了丰硕的研究成果。

在宏观国家层面，已有研究主要考察东道国或母国的政治、经济、文化制度因素与非制度因素对 OFDI 风险不确定性区位选择的影响。例如，Kang 和 Jiang（2012）、Quer 等（2012）基于新制度理论，从东道国或母国的制度因素与非制度因素角度展开分析，认为高风险不确定性东道国与母国之间制度的同构性、较小的文化距离以及良好的双边关系，使中国跨国企业可以更容易地在类似的政治环境中获得制度合法性，因而企业更倾向于在风险不确定性较高的地区开展 OFDI。Arnoldi 和 Villadsen（2015）、潘镇和金中坤（2015）指出，中国企业倾向于选择制度风险较高的东道国进行 OFDI，而较好的双边政治关系能降低制度风险，具体表现为，得益于中国与东道国良好的双边政治关系，中国跨国公司可以获得开展 OFDI 所需的关键资源、重要战略信息、东道国的优惠待遇，并减少政府干预。孟醒和董有德（2015）发现，双边友好关系能降低中国企业 OFDI 区位选择的风险不确定性。

在中观产业层面，已有研究主要考察聚集经济与合法性溢出、产业集群等因素对 OFDI 风险不确定性区位选择的影响。例如，John 和Lawton（2018）、Belderbos 等（2011）、Li 和 Yao（2010）基于中观产业层面研究发现，来自发展中国家的跨国公司更有可能投资于高风险不确定性东道国，因为来自同一国家或其他发展中国家的同行已经这样做了，并且在东道国与母国制度距离较小的条件下，这种风险不确定性区位选择的聚集效应得到了增强。余官胜等（2019）认为，中国企业倾向于以集群方式快速进入高风险不确定性东道国进行对外直接投资。

在微观企业层面，已有研究主要考察所有权优势、知识资产、国际化经验等跨国公司异质性对 OFDI 风险不确定性区位选择的影响。例如，国有跨国公司对东道国风险不确定性的关注度较低（Duanmu，2012）。Makino 等（2002）研究发现，可以通过知识资产利用和资产寻求两个方面预测跨国公司的 OFDI 区位选择。李丽丽和綦建红（2017）研究发现，东道国风险不确定性越高，企业越倾向于采取序贯式 OFDI，投资经验可帮助企业规避和降低部分风险不确定性。

四　已有研究的不足

已有研究主要从宏观国家层面、中观产业层面、微观企业层面考察 OFDI 风险不确定性区位选择的影响因素，取得了丰硕的研究成果。然而，由于 OFDI 风险不确定性区位选择是一个复杂的、动态的跨国公司战略决策问题，关乎跨国公司在风险不确定性东道国未来经营的成败，对于哪些因素会影响跨国公司的 OFDI 风险不确定性区位选择，学术界的解释仍然有限。文献回顾发现，已有研究尚存在一些局限与不足，这些研究局限与不足蕴藏着新的研究机遇，成为本书潜在的探索方向。

第一，已有研究侧重从宏观、中观、微观三个层面考察 OFDI 风险不确定性区位选择的影响因素，缺乏对更为微观的跨国公司内部战略决策者因素的考量。实际上，更为微观的跨国公司内部战略决策者特征会显著影响经济主体的风险偏好（Hambrick and Mason，1984；Faccio et al.，2014；Carpenter et al.，2003）。缺乏对跨国公司内部战略决策者影响因素的关注，将使 OFDI 风险不确定性区位选择的影响机制难以得到充分而深入的解释。为此，本书将基于高阶理论、印记理论和群体断裂带理论，进一步关注更为微观的战略决策者因素——管理认知，实证检验战略决策者管理认知对跨国公司 OFDI 风险不确定性区位选择的影响机制。

第二，已有研究不仅鲜少关注更为微观的跨国公司内部战略决策者因素对 OFDI 风险不确定性区位选择的影响，更是鲜少考察这一主效应发挥作用的边界条件。张玉利等（2014）指出，任何解释或者理论均有其情境假设，情境是理论研究的基本假设和来源。中国情境一方面对由西方发展而来的大多数理论提出了挑战，另一方面为现存理论的完善和新理论的开发提供了令人振奋的土壤（Peng et al.，2001）。因此，本书在借鉴西方理论研究成果的基础上，根植于中国情境，选取政治资本和风险忍受为调节变量，考察其对战略决策者管理认知与跨国公司 OFDI 风险不确定性区位选择之间关系的调节作用。

第三，已有研究不仅鲜少关注更为微观的跨国公司内部战略决策者因素对 OFDI 风险不确定性区位选择的影响，更是鲜少考察这一主效应发挥作用的内在中介机制。Ramaswamy（1999）研究指出，引入中介变量犹如打开自变量和因变量之间的"黑盒子"，能够揭示自变量和因变量之间内在的作用机制，使自变量和因变量之间的逻辑关系链条更为清楚和完善。因此，本书引入风险偏好作为中介变量，旨在揭示战略决策者管理认知与跨国公司 OFDI 风险不确定性区位选择关系的中介机制。

第三节　战略决策者管理认知研究综述：内涵、层次及其与企业战略决策的关系

一　战略决策者管理认知的内涵

关于战略决策者管理认知（也称之为认知结构、认知图示、认知模式等）的内涵，学者们通过静态和动态两种方式进行了界定。从静态上看，战略决策者管理认知被视为一种认知结构，其含义是指企业战

略决策者在进行战略决策时所用到的一组知识结构，这组知识结构是个体心智模式静态加总的结果，具有路径依赖的特征；从动态上看，战略决策者管理认知被视为一种认知过程，其含义是企业战略决策者知识结构转化为行为的"一组相关信息"筛选过程（Walsh，1995；尚航标等，2013；Helfat and Peteraf，2015；黄晓芬和彭正银，2018）。

二 战略决策者管理认知的层次

战略决策者管理认知是由个体和集体（团队/组织）组成的多层次概念。战略决策者管理认知起源于心理学中的认知理论（Walsh，1995），发展于战略管理中的高阶理论（Hambrick and Mason，1984）。认知理论认为认知是个体思维进行信息处理的心理功能，主要是指通过形成知觉、想象或者判断等心理活动来获取知识的过程（何丹，2016）。从个体层面强调战略决策者管理认知是其运用自身知识结构过滤信息并重新整合的心理过程，进而决定了其战略决策行为（Adner and Helfat，2003）。高阶理论进一步认为，战略决策者管理认知不仅涉及个体决策者（如 CEO），还包括由多个高层管理者组成的高管团队，从个体和团队两个层面强调了战略决策者管理认知通过提供信息搜寻功能、信息解释功能和行动逻辑功能来影响企业战略决策。

三 战略决策者管理认知与企业战略决策的关系

自 20 世纪 90 年代以来，学者们在"认知-行为"研究范式下，通过实证研究探讨了战略决策者管理认知对企业战略决策的影响（Nadkarni and Barr，2008；尚航标等，2013）。本书借鉴石盛林（2017）的研究成果，从认知偏见、认知能力、认知冲突与认知异质性角度综述战略决策者管理认知对企业战略决策的影响。

（一）认知偏见

囿于战略决策者管理认知的有限理性，认知偏见被认为是个体在做出决策时因为不能够达到完全理性而采取的一些简化的认知模式，它主要来自特定启发式的一些主观的或者预先有倾向的想法（Busenitz and Lau，1996）。认知偏见时常产生于当战略决策者做出复杂或不确定战略决策的时候，他们会通过简化信息处理过程以减少创业过程中的风险不确定性（Busenitz and Barney，1997）。

（二）认知能力

认知能力是指人的大脑储存、加工和提取信息的能力，反映了战略决策者所具备的"内在"管理认知能力。高认知能力的管理者偏好从宏观视角把握环境，分析和处理更多的信息，制定总体性战略决策（张文慧等，2005）。与个体认知能力相似，王付鹏等（2011）认为，高管团队认知能力是指能够从复杂或不确定的环境中识别出具有价值的信息，并将其运用于决策的能力。认知能力强的团队能有效地识别市场机遇，影响决策的制定（谢凤华和古家军，2008）。

（三）认知冲突

认知冲突亦为建设性冲突，源于战略决策者对任务目标、任务实施方法等方面的认知差异；而情感冲突亦为破坏性冲突，源于战略决策者彼此之间的猜疑、不信任和不适应等（Amason，1996）。认知冲突正向影响决策质量，包括战略决策者对决策的一致性理解、一致性承诺和情感接受等，而情感冲突对决策质量具有负向影响（Amason，1996）。陈璐等（2010）同样认为，团队成员间的认知冲突会正向影响战略决策效果，而团队成员间的情感冲突会负向影响战略决策效果。

（四）认知异质性

认知异质性源于战略决策者在战略目标、具体实施策略等方面的不同偏好程度。Mcnamara等（2002）研究发现，高管团队的认知异质性有助于提高高管团队认知结构的复杂度，不仅能增加高管团队的信息类别数量，而且能增加每个类别中的信息数量。Kochan 等（2003）认为，认知异质性能够为高管团队提供更为广阔的视野、更加多样化的观点，有利于高管团队发现和认识新问题，为同一问题提供多种解决方案。陈传明和陈松涛（2007）指出，在高管团队制定战略决策时，认知异质性能够为其提供更加全面的信息和多样化的解决方案，从而有利于提高高管团队的战略决策质量。杨卫忠和葛玉辉（2012）的实证研究结果同样表明，高管团队的认知异质性不仅正向影响决策质量，而且正向影响决策满意度。

四　已有研究的不足

尽管战略决策者管理认知近年来逐渐成为热门的研究议题，在战略管理领域取得了丰硕的研究成果。然而，文献回顾发现，已有研究尚存在以下局限与不足。

首先，已有研究侧重考察战略决策者管理认知与本土企业在国内经营的战略决策之间的关系，缺乏对跨国公司 OFDI 战略决策的关注。综观战略决策者管理认知与企业战略决策的现有研究可以发现，鲜有文献关注战略决策者管理认知与企业 OFDI 战略决策之间的关系，更是鲜有文献研究战略决策者管理认知对跨国公司 OFDI 风险不确定性区位选择的影响机制。事实上，相对于本土企业在国内经营的战略决策者，跨国公司的战略决策者面临更加复杂和动荡的国际经营环境，特别是当面对具有突发性、不可预见性、不连续性和破坏性特征的高风险不确定性东道国时，在不同的管理认知下，不同的战略决策者会做出不同的战略选择，这将关乎跨国公司未来经营的成败。为此，本书将主要研究战略决策者管理认知对跨国公司 OFDI 风险不确定性区位选择的影响机制。

其次，从组织高层个人层面来看，已有研究侧重从组织高层个人的单一特征考察其对组织战略决策的影响，缺乏对跨国公司内部战略决策者 CEO 自身异质性特征的关注；从组织高层团队层面来看，已有研究侧重从组织高层团队成员具有单一属性特征的异质性因素考察其对组织战略决策的影响，缺乏对跨国公司内部战略决策者 TMT 具有双重属性特征的异质性因素的关注；从组织高层个人层面和团队层面的整合来看，已有文献侧重从组织高层个人或团队层面分别考察组织战略决策的影响因素，缺乏对跨国公司内部战略决策者 CEO 和 TMT 整合研究的关注。具体而言，第一，从组织高层个人层面来看，学者们主要从 CEO 背景特征（人口统计学背景、社会背景）、CEO 人格特质（过度自信、情绪）、CEO 领导风格等单一特征考察其对组织战略决策的影响（Herrmann and Datta，2006；Malmendier and Tate，2008；Delgado-Garcia and Fuente-Sabate，2010；张伟年和陈传明，2014），鲜有研究关注跨国公司内部战略决策者自身异质性特征——CEO 管理认知异质性对组织战略决策的影响。鉴于此，本书基于高阶理论和印记理论，进一步从更为微观的跨国公司内部战略决策者自身异质性特征——CEO 管理认知异质性的三个维度（即 CEO 知识异质性、CEO 经验异质性、CEO 社会阶层异质性）出发，分别考察其对跨国公司 OFDI 风险不确定性区位选择的影响机制。第二，从组织高层团队层面来看，TMT 是企业战略制定的主要参与者，企业战略制定过程本质上是 TMT 成员的认知整合过程，因此 TMT 必然会对企业国际化战略的制定与执行产生影响（潘清泉等，2015；Li and Li，2009）。作为跨国公司的核心战略决策者，跨国公司 TMT 在企业复杂多变的内外部环境中形成的基于不同属性特征排列组合的管理认知断裂带对战略决策的制定与实施起着决定性作用。基于此，本书聚焦跨国公司战略决策者具有双重属性特征的异质性因素，即由 TMT 社会属性断裂带和 TMT 任务信息属性断裂带融合而成的 TMT 管理认知断裂带。第三，从组织高层个人层面和团队层面的整合来看，已有研究侧重从个体层面（CEO）或团队层面（TMT）分别考察战略决策者管理认知与企业战略决策之间的关系，缺乏对个体层面与团队层面的整合研究。事实上，企业战略决策由 CEO 和 TMT 共同制定并实施，战略决策者管理认知也是一个多层概念，不仅包括个体层面，而且包括团队层面。为此，本书将个体层面管理认知与团队层面管理认知整合到一个研究框架下，运用高阶理论和群体断裂带理论，实证检验个人层面和团队层面两个层面管理认知的交互作用对跨国公司 OFDI 风险不确定性区位选择的影响机制。

最后，关于战略决策者管理认知异质性与企业战略决策之间的关系，已有研究发现两者之间正相关或负相关，并未得出一致的研究结论。事实上，可能的原因主要有二：第一，战略决策者管理认知异质性与企业战略决策之间并不是简单的线性正相关或负相关关系，两者之间可能存在非线性关系；第二，现有研究侧重考察高管团队成员的单一属性特征，忽略了高管团队成员同时存在的多个属性特征及其协同作用带来的不同影响。为此，本书不仅考察个体层面的单一属性特征——CEO 管理认知异质性，而且考察团队层面的多个属性特征及其协同作用——TMT 管理认知断裂带，将两者整合到一个研究框架下，探索战略决策者管理认知与 OFDI 风险不确定性区位选择之间可能存在的非线性关系。

第四节　理论基础：高阶理论、印记理论与群体断裂带理论

一　高阶理论

战略决策者作为战略决策最主要的发起者和主导者对企业战略选择发挥关键作用。然而，传统主流战略管理理论存在两方面的研究局限：一方面，从外部环境和企业实力的关系入手探讨战略取向，将企业作为战略决策的分析单位，忽视了战略制定与执行主体战略决策者的作用；另一方面，受到早期经济学研究范式的影响，将企业战略决策者视为同

质的理性经济人，忽视了企业战略决策者在有限理性下形成个性差异，进而对战略决策产生不同影响的事实（陈守明和郑洪亮，2009）。针对上述两个研究局限，美国管理学者 Hambrick 和 Mason 于 1984 年开创性地提出高阶理论（也称为高层梯队理论，Upper Echelons Theory，UET），该理论以有限理性为基础，强调战略决策者的主体地位，构建了"战略决策者特征—组织结果（战略选择和组织绩效）"理论框架，奠定了战略管理理论的微观基础，开创了战略管理与领导理论研究的新领域。

（一）高阶理论的核心观点

高阶理论的核心观点认为组织行为是战略决策者的反映，而组织结果可以通过战略决策者的人口统计学特征来有效地预测。具体而言：①高管基于其认知（知识、经验与偏好）和价值观等个人特征而采取行动；②高管团队的特征比 CEO 个人特征能更好地预测组织结果；③人口统计学特征可以作为战略决策者认知和价值观的代理变量（孟晓华等，2012）。高阶理论的核心观点表明，战略决策者根据自身有限理性的认知（知识、经验与偏好）和价值观对其所面临的情境和选择做出高度个性化、差异化的诠释，并以此为基础采取行动，形成不同的组织结果（Hambrick and Mason，1984）。高阶理论将战略决策者的认知和价值观等特征外显化为人口统计学特征，打破了战略决策者研究的"黑箱"，使战略决策者研究具有实践意义和可行性。

（二）高阶理论的管理认知视角及其内在逻辑

高阶理论本质上是一种高层管理者认知理论（陈守明和郑洪亮，2009）。战略决策者面对远远超过其认知范畴的复杂情境，主要通过特有的心理机制（认知模式、认知类型、个性、价值观）进行战略分析定位。高阶理论可观察的人口统计学特征从某种程度上反映了这些心理因素，并可用来有效预测组织结果。高阶理论管理认知视角下的内在逻辑在于，组织战略选择是战略决策者有限理性下独特性的反映，战略决策者会将自身已有的积累带入管理情境进行分析（March and Simon，1958），这些积累反映了战略决策者的认知基础和价值观，并在所有潜在的环境和组织刺激下不断获得更新。战略决策者的认知基础和价值观在组织内外环境刺激下不断更新的过程帮助战略决策者改变对管理情境的认识、形成新的认知并在有限理性的管理认知下采取行动，做出战略选择。

高阶理论将"高层取向—组织结果"这一战略决策者的管理认知过程形象地展示为信息筛选过程，提供了一个系统的方法来阐释战略决策者是如何在有限理性下采取行动的。具体包括以下三个方面的内容。①有限的洞察力。受限于组织内外环境的复杂性和不确定性，战略决策者无法全方位地扫描战略情境，仅能扫描视野所及的战略情境，从而获得有限的洞察力。②选择性认知。受限于自身认知基础和价值观，战略决策者仅对可感知领域的信息进行选择、加工。③解释—诠释现实—战略选择。战略决策者以受限的洞察力审视有限的环境，通过选择性认知对所掌握的信息进行合理"解释"，形成高度个性化的"诠释现实"，进而做出战略选择。由此可知，面对同样的战略情境，不同取向的战略决策者的最终理解不同，因自身认知基础和价值观不同，得出的"诠释现实"不同，进而做出不同的战略选择。

（三）高阶理论框架

高阶理论的基本理论框架是：高管特征—战略选择—组织绩效。战略决策者的背景特征可以有效地解释组织结果，战略决策者的背景特征分为心理特征和可观察客观特征两类，其中可观察客观特征主要是指人口统计学特征。高阶理论源于心理学的认知理论，主要关注个体心理结构与活动过程，因此，认为战略决策者的可观察客观特征所反映的心理因素可能对战略决策者的行为更具解释力。

（四）高阶理论对战略决策者特征的测量

在高阶理论的实证研究中，受限于心理特征的测量难度，主要采用可观测人口统计学特征作为代理变量来测量战略决策者的特征。常用的人口统计学特征有年龄、任期、职能背景、受教育程度、社会经济地位、个人财务状况、群体异质性等。运用人口统计学特征作为代理变量能够客观、简约地刻画出战略决策者的内在认知、价值观以及洞察力，从而具有更强的预测能力（张建君和李宏伟，2007）。因此，从理论角度来看，战略决策者的人口统计学特征可以成为战略决策者认知模式及其能力的有效的表达工具，进而解释企业战略选择和组织绩效的变动（罗明新，2014）；从实证检验的角度来看，战略决策者的人口统计学特征使战略决策者高管团队层面的研究突破了定量分析的瓶颈，得到了迅速发展。

（五）高阶理论的拓展

高阶理论自提出以来吸引了全球学者的广泛关注，学者们应用高阶理论进行了大量理论探索和实证研究，取得了丰硕的研究成果。2004年，Carpenter 等撰文对 1984 年以来高阶理论的广泛应用进行了全面综述与总结（Carpenter et al.，2004）。文章将 Hambrick 和 Mason（1984）提出的高阶理论及以此为核心框架的研究统称为第一代高阶理论模型，将以此为基础延伸和扩展的新研究内容与动态方向统称为第二代高阶理论模型。第二代高阶理论模型在主效应和情境效应两方面进行了深入探讨，实现了高阶理论的拓展与精进。在主效应方面，第二代高阶理论模型引入影响战略决策者特征的前因变量（外部环境和组织特征），将战略决策者认知和行为的影响因素纳入模型，将整体分析框架扩展为"战略决策者特征—传导因素—战略选择—组织绩效"。在情境效应方面，战略决策者管理自主性、高管团队内部权力分配、高管团队行为一致性等调节变量的提出与检验是对高阶理论的重要拓展（Carpenter et al.，2004；Hambrick，2007）。Hambrick（2007）号召学者们在不同国家制度环境下进行高阶理论的理论探索和实证检验，以检验高阶理论在全球应用的普适性。

二 印记理论

（一）印记的定义、特征与表现形式

印记被定义为一个过程，在短暂的敏感期内，焦点实体发展出反映环境显著特征的特征，尽管在随后的时期环境发生了重大变化，但这些特征仍然持续存在（Marquis and Tilcsik，2013）。根据这一定义，印记具有三个基本特征：①敏感期，即存在一个易受环境影响的敏感期；②环境因素，即敏感期内环境的强大影响，使焦点实体能够反映当时的环境特征；③持续性，即使面对随后的环境变化，在敏感期形成的特征也具有持续性。

学者们从最初关注组织集体和单个组织的印记，发展到最近关注组织内部门和个人层面的印记，印记已经成为组织和个人研究的一个重要概念。然而，印记的上述三个基本特征在不同层面（如组织层面和个人层面）具有不同的表现形式（Marquis and Tilcsik，2013）。

敏感期的印记，包括创立敏感期的印记和过渡敏感期的印记。创立敏感期关注组织创立、个人早期职业生涯与早期生命中发生的生物生态学的印记。在有限的时间间隔内，印记被印在焦点实体上，在此期间，实体对外部影响表现出更强的接受能力。相比于正常时期，在这些短暂的敏感期，焦点实体的可塑性明显更强。过渡敏感期关注多个敏感期的印记。虽然每个敏感期都相对较短，但一个实体可能会随着时间的推移经历多个敏感期。就组织层面而言，公司上市、并购、转型、剧变和不稳定时期可能会创造一个组织印记的机会，因为这种转变的不确定性突然产生了新的环境需求，会对组织及其构成要素产生强大的影响；就个人层面而言，在角色转变、身份转变、职业社会化时期，受到转变需求的不确定性影响，个体受到激励去减少不确定性，其倾向于经历认知模型解冻，这种转变过程都是以焦虑为特征的，这种脆弱的时期放大了印记的可能性。总而言之，创立敏感期是关键敏感期，因为组织创立标志

着从不存在到存在的根本性转变，而个人职业生涯的开始代表着从教育世界到工作世界的关键转变；过渡敏感期则为在更广泛的情况下关注印记开辟了道路。

环境的印记，是指环境的核心特征在敏感时期对焦点实体产生重大影响。就组织层面而言，组织创业者和组织管理者在选择历史上特定的背景特征成为组织的一个持久部分方面扮演着重要的角色，在某一特定时期已经形成并合法的组织实践和组织结构是相对独特的，组织最初的结构是为了适应现有的环境，由于随后的惯性和制度化，组织继续显示出创建环境的痕迹。就个人层面而言，考虑到在敏感期经历的焦虑和认知解冻，个体对环境的刺激变得特别开放。在敏感期，个体很可能会采用寻找同龄人、导师、领导者等方法，这些人都能提供强有力的提示，告诉敏感时期的个体如何减少焦虑，个体在这种时候特别可能采用新的行为、认知模式和规范，导致其随后的行为带有敏感期所经历环境的印记。

印记的持久性，是指即使环境发生重大变化，印记也会持续存在。在组织层面，关于组织结构持续存在的原因，早期学者 Stinchcombe 认为有三点：①对于特定的目的，它们可能仍然是最有效的组织形式；②传统力量、利益归属和意识形态的作用；③组织可能不是在一个竞争的结构中，为了生存，它必须比其他组织形式更好。其中，传统力量、利益归属和意识形态的作用，已经被理论家们专注阐述为惯性和制度化。换言之，一方面，持久性来自惯性，惯性被阐述为组织对变革架构的持续抵制，是一种强大的机制，可以维持组织的初始结构特征，同时意味着改变核心特征会使组织面临巨大的死亡风险；另一方面，持久性来自制度化，制度化被阐述为稳定有序的社会安排的出现。从制度化的角度来看，组织创造了明确的目标和规则、协调机制和沟通渠道，这一点之所以持续存在，是因为它们被认为是理所当然的。在个人层面，印记的持久性表现为在敏感期之后印记的长期持续性。学者们对各种人群

（包括经理、律师和科学家）的研究表明，即使个人离开了职业生涯的早期学徒阶段，他们也会继续带着在这个成长期所形成的信念和行为习惯。而且，由于人们在不经历角色转换时往往会经历较少的不确定性，他们往往不太容易接受敏感期以外的环境影响。因此，印记挥之不去。

（二）印记理论框架

Simsek 等（2015）提出印记理论框架，认为印记包括三个连续过程：印记形成（起源）；印记进化和变形（蜕变）；印记最终在结果（影响）中显化。具体而言，①起源，是指印记者的特征和焦点实体相结合，同时受到历史和当代的环境影响，从而形成印记；②蜕变，是指印记持续、扩大、衰变、转化的过程或动力；③影响，是指印记对实体特征的影响、印记对实体生存和绩效的直接和间接影响。印记理论框架表明，印记的概念域可以围绕几个核心结构来组织：印记者、印记和印记过程共同构成印记的起源，随后，印记的进化动力有助于印记的蜕变，最终印记的影响在不同程度上在不同的结果中显现。印记理论框架将这些结构相互关联，强调了印记形成、发展和结果的基本区别。

在印记理论框架中，印记起源包括印记者特征和形成印记的实体。一方面，印记者特征包括个人、团队、组织、网络和环境等；另一方面，印记者特征也作为实体影响组织的战略选择、组织学习、资源整合等过程。这些印记过程会随着时间变化发生持续、扩大、衰变、转化的蜕变过程，并最终对组织和个人产生近期或远期的影响。近期影响主要表现在新市场进入、合法性和竞争动态等方面，远期影响主要表现在生存、成长、绩效和创新等方面（Simsek et al.，2015；朱蓉和曹丽卿，2018）。

（三）印记理论的研究进展

印记的思想最初来源于行为科学领域，研究者基于对动物行为的细致观察发现，动物早期的经历对它们后来的行为和特征能够产生重要且持久的影响。生物学和生态学领域的学者们早期普遍认为，印记有两个一般特征：①印记发生在一段特定的时期，这段特定时期被称为"敏感期"；②印记过程产生的效应是持久的，或被认为是不能被忘记的（Marquis and Tilcsik，2013；黄勇和彭纪生，2014）。Stinchcombe（1965）首次将印记引入组织研究，描述组织如何呈现创立时具有的环境特征及其如何持续性存在。随后，组织印记的概念吸引了组织生态、制度理论、网络分析和创业研究等领域学者的广泛探索（朱蓉和曹丽卿，2018）。Marquis 和 Tilcsik（2013）从历史视角考察印记对组织集体、单个组织、组织内部门和个人四个层面的影响，构建了多层次印记理论。在此基础上，Simsek 等（2015）提出由印记起源、蜕变和影响构成的印记理论框架。

印记理论的已有研究主要集中在组织层面，而对个人层面的研究相对较少。关于组织层面的印记，印记理论认为组织（包括企业）不但受到当下制度环境的影响，也受到其创立时期的资源、技术和制度环境的影响。组织创立时期的环境影响并不会主动消退，它会长久地影响企业的运营活动。Simsek 等（2015）指出，组织层面的印记研究主要表现在四个不同的类别：认知、结构、文化和资源。第一类，认知，考察了印记如何影响战略选择的内容、范围和稳定性。第二类，结构，包括深层和表层的结构印记。在深层结构印记方面，考察了角色结构的相关概念、职业化和官僚化，反映了组织根深蒂固的、持久的烙印特征；在表层结构印记方面，组织通过对活动和惯例的复制或反应性创造来反映其印记的更多表层表现。第三类，文化，印记者以愿景、范式、规范、身份的形式影响组织文化。第四类，资源，组织可以从印记中携带或继承资源，这些资源可以包括组织的身份、能力和知识。此外，关于组织印记的近期研究主要集中在创新创业领域（Hsu and Lim，2014；梁强等，2017）。

个人层面的印记，指的是人生中早期或成长过程中特定的敏感期对个人特征的塑造，这些个人特征会对其未来的决策与行为产生持久的影响，即使在随后的时期发生了重大的环境变化，这种影响仍然存在（Marquis and Tilcsik，2013）。Simsek 等（2015）指出，与组织层面印记类似，个人可以通过在职业生涯中选择性地吸收特征、行为和认知框架来反映他们的印记（Kish-Gephart and Campbell，2015）。

（四）印记理论在社会阶层研究中的应用

印记理论是社会阶层研究的理论基础，这是因为印记理论揭示了社会阶层的三个印记特征。其一，社会阶层特征塑造于人生早期或敏感时期。社会阶层特征最有可能形成于个人生活中敏感或脆弱的时期，包括童年和其他重要的角色转换期（Marquis and Tilcsik，2013）。不同社会阶层的 CEO 在其童年或人生转折时期处理风险事件成功或失败的经历塑造了其不同的风险偏好，形成了其对风险的认知与处理风险事件的行为模式。其二，社会阶层特征持久性地影响未来的决策与行为。Bianchi（2013）研究表明，个人早期职业经历形成的印记，会在其整个职业生涯和跨组织工作中持续存在。Kish-Gephart 和 Campbell（2015）认为，高管在童年的经历，会引导其对威胁或机会的关注，这种对威胁或机会的强调塑造了高管的社会阶层印记，会在多年后持续不断地影响其战略决策。不同社会阶层的 CEO 在其人生早期或敏感时期塑造的关于风险偏好的印记，会在其多年后的跨国公司 OFDI 风险不确定性区位选择战略决策中发挥作用。其三，社会阶层特征的持久性影响不会因环境变化而改变。这是因为个人在童年社会阶层背景下获得的规范和认知，会形成其特有的社会印记，体现在其成长过程的行为中，并且这种社会印记会持续下去，随着时间的推移，在不同的环境下影响行为（Marquis and Tilcsik，2013）。即便 CEO 的社会阶层发生了向上或向下层级的流动，其在人生早期或敏感期形成的关于风险偏好的印记依然不会改变，依然会在其多年后的跨国公司 OFDI 风险不确定性区位选择战略决策中发挥作用。

三　群体断裂带理论

关于战略决策者高管团队层面异质性与组织结果（战略选择和组织绩效）的关系，目前研究得出了正相关、负相关、不相关这三个大相径庭的结论，对此，Lau 和 Murnighan（1998）认为原因是在传统异质性研究中，研究人员往往只对高管团队成员的单一属性特征进行考察，忽略了其他属性特征的潜在影响，以及众多属性特征之间的协同作用，故应该寻找一种方式对团队成员的多重属性特征进行综合考察。基于这一全新视角，Lau 和 Murnighan（1998）提出"群体断裂带"这一概念，立刻引起了相关学者的广泛关注，并进行了较为丰富的理论及实证研究。

（一）群体断裂带的理论内涵

Lau 和 Murnighan（1998）探索了团队成员多个属性特征的协同作用，同时考虑了团队成员不同属性特征的差异，提出"团队断裂带"概念，并将其概念化为整合团队多个属性特征而将一个团队划分成多个子团队的虚拟分割线，认为断裂带在特定环境下被激活，其作用结果是一个团队内生成"内部同质，外部异质"的多个子团队。群体断裂带概念源自地质学断裂带的概念，二者至少具有三个相近特征：①多样化团队成员的多个人口属性特征维度类似于地壳中的多重断层；②在没有外力作用的情况下，人们通过地表难以对地质断裂带有所察觉，同样，在不存在外部力量的影响时，群体断裂带难以被团队成员察觉；③即使存在强大外力，如果地质断裂带强度不大，也不会产生剧烈地震，与此类似，即使多样化团队受到巨大的外力影响，如果群体断裂带强度不大，外部力量也难以激发所有团队成员形成组织断裂。这揭示了同时考察团队成员多个属性特征的重要性（Lau and Murnighan，1998）。

Li 和 Hambrick（2005）进一步研究认为，在存在群体断裂带的情况下，当团队成员是子团队的代表，并且两个或多个子团队（派系）在其他特征上存在差异时，断裂带会变得更强，他们把这种可能被认为是先验的（先天的），或者说是预先确定的断裂带称为派系断裂带。派系断裂带在国际合资企业、家族企业和公司治理董事会团队等不同类型团队中的应用至少有一个相似之处：在这些团队或组织结构中，至少有一种可能将团队成员划分为子团队的对齐方式（Murnighan and Lau，2017）。例如，在国际合资企业中，高管团队中按"国籍"被划分为中国高管和美国高管两个子团队（派系）；在家族企业中，高管团队按"是否为家族成员"被划分为家族成员高管和非家族成员高管两个子团队（派系）；在公司治理董事会团队中，董事被分为执行董事和非执行董事（Li and Hambrick，2005；Minichilli et al.，2010；Kaczmarek et al.，2012）。派系断裂带虽在上述不同类型团队中得到广泛发展，但在跨国公司 TMT 中的应用我们尚知之甚少。

（二）群体断裂带的分类

群体断裂带理论以群体多样性理论为基础，整合了社会认同理论、自我类化理论、相似吸引范式及信息决策理论。基于不同理论视角，群体断裂带理论出现类别化的研究趋势，探索不同属性断裂带对团队运作机制的影响（Bezrukova and Jehn，2009；谢小云和张倩，2011）。持社会分类观点的学者认为，人口统计学特征的相似与否是团队成员区分自己与他人、形成"圈内—圈外"认知的主要线索，进而影响团队行为、组织战略决策与绩效。团队成员的社会属性特征（如性别、年龄、民族）越容易被察觉，就越可能被用来进行社会分类（Van et al.，2004）。持信息加工/决策观点的学者则认为，成员的任务信息属性特征（学历、专业、职能和经验）往往与对信息知识的利用相关，任务信息属性特征的多样性能够为团队提供更丰富的认知资源（Bezrukova and Jehn，2009）。

分类—精细化模型整合了社会分类观点和信息加工/决策观点，认为社会分类和信息加工/决策过程是相互作用的，解释了混合社会信息属性的断裂带可以影响团队产出（决策或绩效）（Thatcher and Patel，2012；Van et al.，2004；Chen et al.，2017）。基于此，有学者提出融合观点，认为群体断裂带不仅可以是社会属性断裂带，也可以是任务信息属性断裂带，还可以是二者的融合（卫旭华等，2018；Georgakakis et al.，2017)。然而，目前学界对此研究不足（Thatcher and Patel，2012；Stanciu，2015）。因此，本书基于分类—精细化模型和融合观点，结合跨国公司高管团队成员特有的研究情境，将社会属性断裂带和任务信息属性断裂带融合为 TMT 管理认知断裂带，基于其与 CEO 管理认知异质性的交互视角，考察其对跨国公司 OFDI 风险不确定性区位选择的影响。

（三）群体断裂带的强度及其测量

群体断裂带理论认为，团队中个体成员的性别、年龄、教育与职业背景等不同属性的管理认知特征聚合后，会形成多个"内部同质，外部异质"子团队。可用于分类的明显属性特征数量与属性特征聚合（即相似的属性归为同一子团队）的程度，决定了群体断裂带的强度（Ndofor et al.，2015）。一个高强度断裂带的例子是两个年轻的亚裔女性和两个年长的白种人男性。成员年龄、性别和种族的一致性有助于形成两个同质子团队。与之相对应，当一个团队由一个年轻的亚裔女性、一个年轻的白种男性、一个年长的亚裔女性和一个年长的亚裔男性组成时，这个团队的断裂带被认为是低强度的，因为无论如何，其形成的子团队都是多样化的（Murnighan and Lau，2017）。群体断裂带的强度影响了团队与组织的行为、战略选择及绩效（Thatcher and Patel，2012）。Barkema 和 Shvyrkov（2007）发现，高强度断裂带使团队内子团队成员间缺乏沟通、心理安全感降低，进而导致团队成员行为解体，导致团队成员在做出风险决策时难以达成共识和承诺，因此拥有高强度断裂带的高层管理团队不喜欢新颖的对外扩张战略。卫旭华等（2018）研究指出，团队断层强度与团队冲突行为过程正相关，与团队情感联结过程负相关，与团队认知加工过程负相关，与团队绩效结果负相关。

学界对群体断裂带强度的测量经历了从定性到定量的过程。Lau 和 Murnighan（1998）仅从定性角度对群体断裂带强度进行描述，在此之后，早期对群体断裂带强度进行定量测量的重点是如何在子群内部和子群之间捕获个人属性的差异。Thatcher 等 （2003） 的 Fau 算法和 Shaw（2004） 的 FLS 算法代表了早期群体断裂带强度测量的两个重要贡献，并在此后的群体断裂带研究中成为主流算法得到了广泛应用。Fau 算法的取值范围为 0~1，其枚举了所有可能的分类方式，且分类方式的数目随着团队成员数的增加呈指数增长，如一个 20 人团队的二分类方式断裂带根据 $S=2^{n-1}-1$ 有 （$2^{19}-1$） 种可能性。其局限在于即使是在今天的大数据时代，也需要耗费大量计算资源，团队成员数量会影响 Fau 算法的实现能力 （柳学信和曹晓芳，2019）。FLS 算法的取值范围为 0~1，其旨在通过群体内一致性和群体间一致性指标的拟合来测度断裂带强度。这种方法的局限性在于其仅适用于分类变量，连续变量转换后会缺失信息，而且无法揭示涉及多属性的子组结构 （柳学信和曹晓芳，2019）。目前，相对成熟的算法有三类八种，即方差分解法 （Fau、Fau×De、Subgroup Strength）、聚类法 （LCCA、ASW）、交叉分类法 （FLS、PMDcat、Fk） （Thatcher and Patel，2012；柳学信和曹晓芳，2019；Meyer et al.，2015）。

Thatcher 和 Patel （2012） 研究指出，测量群体断裂带强度的方法有多种，应根据不同研究情境选择与之相适应的测量方法。虽然如前文所述，这些度量捕获了群体断裂带的强度，但它们无法识别群体断裂带的位置或确切的子群成员身份 （Murnighan and Lau，2017）。由前文的派系断裂带定义可知，派系断裂带的位置或子团队成员的身份很容易预先 （先天） 确定，因此，上述主流断裂带强度测量方法均不适用。于是，在派系断裂带研究中，研究者们采用了其他测量方法 （Murnighan and Lau，2017）。例如，Li 和 Hambrick （2005） 根据四个人口统计特征 （年龄、任期、性别和种族），通过计算两个派系之间的距离 （对 d-statistic 的一个小修改） 来衡量国际合资企业中派系断层线的强度。Minichilli 等 （2010） 通过计算家族企业高层管理团队中家庭成员与非家庭成员的比例来衡量家庭断层强度。

第五节　本章小结

本章的主要内容为文献综述和理论基础。文献综述部分主要综述 OFDI 风险不确定性区位选择和战略决策者管理认知相关文献；理论基础部分分别介绍了本书涉及的三个理论，即高阶理论、印记理论和群体断裂带理论。

（一）文献综述

首先，对 OFDI 风险不确定性区位选择的研究进行回顾，依次重点综述 OFDI 风险不确定性区位的定义与评估指标、影响因素及已有研究的不足。其次，对战略决策者管理认知理论进行回顾，重点梳理战略决策者管理认知的内涵与层次、战略决策者管理认知与企业战略决策的关系及已有研究的不足。

（二）理论基础

理论基础部分主要阐述本书涉及的三个理论，即高阶理论、印记理论和群体断裂带理论。首先，介绍了高阶理论的核心观点、高阶理论的管理认知视角及其内在逻辑、高阶理论的框架、高阶理论对战略决策者特征的测量及高阶理论的拓展；其次，介绍了印记的定义、特征和表现形式，阐述了印记理论框架、印记理论的研究进展以及印记理论在社会阶层研究中的应用；最后，介绍了群体断裂带理论的内涵、群体断裂带的分类、群体断裂带的强度及其测量。

第三章

CEO 管理认知异质性与 OFDI 风险
不确定性区位选择

本章从跨国公司内部更为微观的层面，探讨 CEO 管理认知异质性对跨国公司 OFDI 风险不确定性区位选择的非线性影响。首先，介绍 CEO 管理认知异质性的概念与维度；其次，基于高阶理论和印记理论，从高、中、低三个不同层级分别阐释 CEO 管理认知异质性及其三个维度（即 CEO 知识异质性、CEO 经验异质性和 CEO 社会阶层异质性）对跨国公司 OFDI 风险不确定性区位选择的非线性影响，并提出相应的研究假设。

第一节 CEO 管理认知异质性的概念与维度

一 CEO 管理认知异质性的概念

CEO 管理认知异质性是指 CEO 多样化的知识结构，与之相对应，CEO 单一的知识结构为 CEO 管理认知同质性。这一概念主要源于管理认知，从静态上看，它是企业战略决策者在进行战略决策时所用到的一组知识结构，这组知识结构是个体心智模式静态加总的结果，具有路径依赖的特征；从动态上看，它是具有有限理性的战略决策者将其知识结构转化为行为的"一组相关信息"筛选过程（Walsh，1995；尚航标等，2013；Helfat and Peteraf，2015；黄晓芬和彭正银，2018）。其中，战略决策者的知识结构根据内容和特性，被定义为元素知识和架构知识的组合（Henderson and Clark，1990）。从个体层面看，元素知识可以包括显性知识、隐性知识或两者组合，而架构知识是指元素知识被整合和组织的方式（Tallman et al.，2004），即显性知识、隐性知识或两者组合被整合和组织的方式。学者们研究指出，显性知识和隐性知识是根据个体知识的可编码性划分的，显性知识是指可以编码和度量，能够以正式、系统的语言、文字、数字和图形等编码符号加以表述、描述和编撰的知识，主要表现为学业知识；隐性知识是指难以编码和度量，不能用文字或公式来表达，往往是经过长期积累而拥有的知识，主要表现为经验知识（葛明贵等，2009；张小红等，2013）；两者组合是指既包括显性知识又包括隐性知识，主要表现为社会阶层知识。跨国公司 CEO 通过学历教育可以掌握多个专业和多个学历水平的显性知识，通过跨国经营管理实践可以积累多种职能、行业及市场的隐性知识，通过父辈先赋性因素的代际传承和自身后天努力可以具备由不同水平显性知识和隐性知识组合的社会阶层知识，这些不同的元素知识又通过不同方式的整合和组织而形成了 CEO 多样化的知识结构。

由此，本书定义 CEO 多样化的知识结构为 CEO 管理认知异质性，与之相对应，CEO 单一的知识结构为 CEO 管理认知同质性。

二　CEO 管理认知异质性的维度

根据 CEO 知识结构中元素知识的不同性质和不同来源，本书具体将 CEO 管理认知划分为知识、经验和社会阶层三个维度，其中：知识来源于 CEO 的学历和专业两个显性知识元素的特征构成，CEO 自身多样化的知识构成特征代表着 CEO 的知识异质性；经验来源于 CEO 的职能、行业和东道国工作背景三个隐性知识元素的特征构成，CEO 自身多样化的经验构成特征代表着 CEO 的经验异质性；社会阶层来源于 CEO 的先赋性因素（父辈的教育水平和职业背景）和自致性因素（个人的教育水平和职业背景）的特征构成，CEO 高、中、低不同层级的社会阶层构成特征代表着 CEO 的社会阶层异质性。

CEO 管理认知异质性意味着由 CEO 的知识、经验和社会阶层构成的多样化知识结构，在其进行战略决策时，这种知识结构能够提供多样化的信息搜寻功能、信息解释功能和行动逻辑功能，以此影响 CEO 做出不同的战略决策。CEO 管理认知异质性的理论基础是认知心理学（Walsh，1995）和战略管理中的高阶理论（Hambrick and Mason，1984）。认知心理学认为个人的知识、经历等认知资源决定着个人的知识禀赋、风险偏好等认知特征。高阶理论认为企业战略的有效性取决于 CEO 的价值观和认知水平，该研究范式的基本假设是：①企业战略环境并不是客观的，而是经过战略制定者认知和加工的（高辉和邹国庆，2019），即决策者基于有限理性下的管理认知对所面临的战略环境进行主观扫描与感知；②决策者的人口统计学特征是其价值观和认知基础的代理变量，可以有效地预测决策者的行为与战略选择（周建和李小青，2012；黄晓芬和彭正银，2018）。此外，管理认知根植观认为管理认知根植于战略决策者，战略决策者的自然属性影响着管理认知的形成和改变（尚航标等，2013）。管理认知根植观提倡从管理认知所根植的战略决策者自然属性出发来研究管理认知，战略决策者的自然属性是指战略决策者的性别、年龄、职能、学历、专业、社会经济基础、相对地位和社会资本等人口统计学变量及其异质性。关于对企业战略决策的假设，管理认知根植观认为企业的战略决策是由 CEO 做出的，CEO 的构成特征反映其管理认知特性，并影响其管理认知变化，因而战略决策是 CEO 管理认知的产物。

本书综合高阶理论与管理认知根植观，置身于跨国公司 OFDI 风险不确定性区位选择的研究情境认为，CEO 自身不同的多样化显性知识、不同的多样化隐性知识以及不同水平的显性、隐性知识组合形成了 CEO 独特的知识结构，CEO 独特的知识结构反映了 CEO 管理认知异质性，其对风险中存在的威胁与机会产生差异性认知，形成风险偏好上的差异性，最终导致不同的战略选择，即做出不同的跨国公司 OFDI 风险不确定性区位选择。

第二节　CEO 知识异质性对 OFDI 风险不确定性区位选择的非线性影响

一　CEO 知识异质性的界定

CEO 知识异质性是指 CEO 自身来源于知识的多样化知识结构，其中知识由 CEO 的受教育程度和专业两个显性知识元素特征构成，即 CEO 知识异质性源于 CEO 自身受教育程度与所学专业的多样性，表现为知识深度和广度的差异性。换言之，拥有高异质性知识的 CEO 在知识深度上表现为拥有更高的受教育程度，在广度上表现为拥有多个专业的知识；而拥有低异质性知识的 CEO 在知识深度上表现为拥有较低的受教育程度，在广度上表现为没有或拥有单一专业的知识。教育是提升人类认知水平、传授专业知识、培养综合分析能力和思维能力的重要途径，并对人的行为产生影响。具有不同受教育程度与所学专业的 CEO，在知识深度与广度上具有异质性，因此在认知水平和价值观等方面会有比较大的区别。Wiersema 和 Bantel（1992）研究表明，公司管理者的受教育程度越高，其整理复杂信息、分析新情况的能力越强。李冬伟和吴菁（2017）认为，专业异质性、受教育程度异质性越高，管理者应对各种复杂挑战和问题的能力更强，决策也更加科学合理。在跨国公司进行 OFDI 风险不确定性区位选择时，复杂多变的东道国政治经济形势与市场环境都增加了跨国公司 CEO 的战略决策难度。因而，拥有不同水平异质性知识的 CEO 在复杂信息处理能力和不确定性问题分析能力方面存在差异，风险识别能力也不同，进而会做出不同的战略决策。

本书根据 CEO 自身在受教育程度与所学专业方面不同的异质性水平，将其划分为高、中、低三个层级，具体考察拥有不同知识异质性水平的 CEO 对跨国公司 OFDI 风险不确定性区位选择的不同影响。

二 CEO 的知识高异质性与 OFDI 风险不确定性区位选择

拥有高异质性知识的跨国公司 CEO 能够通过积累高水平、多样化的专业知识，全面、系统地识别、搜索与筛选战略决策信息，形成高风险识别能力，进而影响跨国公司的 OFDI 风险不确定性区位选择。

（1）拥有高异质性知识的跨国公司 CEO 具有多样化的知识储备。相比较而言，拥有高异质性知识的跨国公司 CEO 在接受多样化国内外教育的过程中，有机会了解不同国家、不同宗教、不同种族差异性的文化、价值观与思维方式，通过高水平、多样化专业知识的学习与积累，形成自身多样化的知识结构，从而为感知、评估与识别东道国高风险不确定性中的机会做好知识储备。

（2）拥有高异质性知识的跨国公司 CEO 具备更强的信息处理能力和问题分析能力。一方面，从深度上看，公司管理者的受教育程度越高，认知能力越强，其整理复杂信息、分析新情况的能力也越强，越能够进行实时信息搜寻和分析（Wiersema and Bantel，1992；曹晶等，2018）。在OFDI 风险不确定性区位选择的战略决策过程中，受教育程度越高的跨国公司 CEO，专业性、科学性越强，战略决策越理性，对复杂信息的处理能力和不确定性问题的分析能力越强，对东道国高风险不确定性的认知越全面。另一方面，从广度上看，不同的学科专业都有其教育培养特点，进而形成不同学科专业的认知、信息处理能力和问题分析能力。因此，相比较而言，专业越广的跨国公司 CEO，其视野越宽阔、眼光越敏锐，应对风险的能力越强。面对东道国的风险不确定性相关信息，拥有高异质性知识的 CEO 能够快速而全方位地进行搜寻、筛选与整合，运用其复杂信息处理能力和不确定性问题分析能力感知、评估与识别出其中的机会。

综上可知，拥有高异质性知识的 CEO 不仅储备了足够的感知、识别风险所需的多样化知识，而且具备了应对风险所需的复杂信息处理能力和不确定性问题分析能力，足以识别出东道国高风险不确定性中蕴含的机遇，因而倾向于做出跨国公司的 OFDI 高风险不确定性区位选择。

三　CEO 的知识低异质性与 OFDI 风险不确定性区位选择

拥有低异质性知识的 CEO，通过获得多样化实践知识来有效识别、搜索与筛选战略决策信息，形成对风险中机会的识别能力，进而影响自身关于跨国公司 OFDI 风险不确定性区位选择的战略决策。

为使研究更加聚焦和深入，本书中拥有低异质性知识的 CEO 是指没有或拥有（较低）单一学历的 CEO，其多样化知识可能不是来自学院式教育，而是通过具体的跨国公司 OFDI 实践形成的。正如王曦若和迟巍（2018）认为，拥有低学历但是实践知识丰富的高管，其积累的实践知识提升了自身认识和把握市场机会的能力，促使其对商业问题做出直觉化的判断与决策。通常，拥有低异质性知识的 CEO，其学院式教育时间短于拥有高异质性知识的 CEO，其较早地投入跨国公司 OFDI 的具体实践，在复杂多变的跨国经营中储备了科学决策所需的多样化知识，形成了复杂信息处理能力和不确定性问题分析能力，对东道国风险不确定性中的机遇具有感知、判断与识别能力，因而，拥有低异质性知识的 CEO 和拥有高异质性知识的 CEO 同样倾向于做出跨国公司的 OFDI 高风险不确定性区位选择。

四　CEO 的知识中等异质性与 OFDI 风险不确定性区位选择

拥有中等异质性知识的 CEO，相比于拥有高异质性知识的 CEO，其专业化水平有限，相比于拥有低异质性知识的 CEO，其在跨国公司 OFDI 具体实践中的锻炼有限，因而，感知、识别风险所需的多样化知识储备有限，掌控、应对风险所需的复杂信息处理能力和不确定性问题分析能力也有限，进而不足以识别出东道国的高风险不确定性所蕴含的机遇，因而，拥有中等异质性知识的 CEO 倾向于做出跨国公司的 OFDI 低风险不确定性区位选择。

上述理论分析思路如图 3-1 所示，据此提出研究假设。

H1a：CEO 知识异质性与跨国公司 OFDI 风险不确定性区位选择之间存在显著的 U 型关系，即知识异质性越高/越低的跨国公司 CEO 越倾向于做出 OFDI 高风险不确定性区位选择，知识异质性中等的跨国公司 CEO 倾向于做出 OFDI 低风险不确定性区位选择。

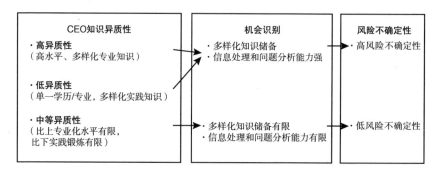

图 3-1　CEO 知识异质性与跨国公司 OFDI 风险不确定性区位选择的关系

第三节　CEO 经验异质性对 OFDI 风险不确定性区位选择的非线性影响

一　CEO 经验异质性的界定

CEO 经验异质性是指 CEO 自身来源于经验的多样化知识结构，其中经验由 CEO 的职能、行业和东道国工作经历三个隐性知识元素特征构成，即 CEO 经验异质性源于 CEO 先前承担的不同职能、从事的不同行业、在不同东道国工作的经历多样性，反映了 CEO 所掌握的跨国经营管理经验的差异性。换言之，拥有高异质性经验的 CEO 表现为承担过多个不同职能、从事过不同行业、有过在不同东道国工作的经历，而拥有低异质性经验的 CEO 表现为承担过的职能、从事过的行业或在东道国工作的经历较少或单一。Crossland 等（2014）认为，CEO 职业经验多样性水平的高低反映出 CEO 不同的认知水平。个体先前的经验是影响其行为决策的重要因素，决定了其看待、提出问题以及解决问题的方式（李小青，2012）。在做出跨国公司 OFDI 风险不确定性区位选择时，跨国公司 CEO 面临着东道国复杂的政治、经济、文化制度以及竞争因素，置身于非常复杂多变的管理决策环境中，其需要积累多样化的经验。拥有不同异质性经验的 CEO 在多样化经验与技能储备、非正式制度经验的溢出效应方面存在差异，这使其具备不同的风险管理能力，进而影响其做出不同的跨国公司 OFDI 风险不确定性区位选择。

本书根据 CEO 自身在职能、行业与东道国工作经历方面不同的异质性水平，将其划分为高、中、低三个层级，具体考察拥有不同经验异质性水平的 CEO 对跨国公司 OFDI 风险不确定性区位选择的不同影响。

二　CEO 的经验高异质性与 OFDI 风险不确定性区位选择

拥有高异质性经验的 CEO 能够通过多样化的职能经验、行业经验、东道国经验，形成多元化的思维和视角，广泛借鉴跨国经营的成功之道，为有效规避东道国风险不确定性做好多样化经验与技能储备的同时，能够通过非正式制度经验的溢出效应，获得不同东道国政府的非正式制度支持，以有效管理东道国的风险不确定性，进而影响跨国公司的 OFDI 风险不确定性区位选择。

（1）拥有高异质性经验的 CEO 意味着积累了多样化经验与技能储备。自身拥有多样化职能经验、行业经验、东道国经验的 CEO，形成了多元化的思维和视角，能够更好地了解国际化环境、特定行业或市场规则，熟悉跨国公司在不同东道国经营运作的成功之道，有助于降低跨国公司国际化战略决策的复杂性和不确定性（Díaz-Fernández et al.，2015），为有效规避东道国的风险不确定性做好多样化经验与技能储备。正如 Oh 和 Oetzel（2017）指出的，当管理人员在处理某一东道国的权力结构和制度方面具有成功经验时，他们会非常相信自己的远见卓识，能够在交易谈判时发现与规章和合同有关的陷阱，并采取预防策略。

（2）拥有高异质性经验的 CEO 意味着能够通过非正式制度经验的溢出效应，获得不同东道国政府的非正式制度支持，从而有效管理东道国的风险不确定性。新制度经济学家认为，制度由正式制度和非正式制度两种规则要素构成，其中成文的国家经济和法律规章制度为正式制度，而不成文的但被社会大众遵守的行为准则为非正式制度（North，1991；李雪灵等，2018）。制度理论将关系作为正式制度的替代机制，当制度环境不完善时，关系能够替代制度进行资源配置并寻求合法性（李雪灵等，2018；Wu，2011）。高风险不确定性东道国多为发展中国家，市场经济的正式规则尚未完全确立，正式制度对经济行为的约束和保护仍存在空白，跨国经营所需的政策与资源掌握在东道国政府手中，可以通过关系这一非正式制度获得。置身于高风险不确定性东道国的跨国公司同时面临无限商机和风险不确定性挑战，为获得商机和规避风险不确定性，跨国公司需要与东道国政府构建关系这一非正式制度来代替正式制度，以此获取跨国公司 OFDI 所需的合法性与关键资源。作为跨国公司的战略决策者，CEO 拥有高异质性经验意味着拥有广泛的人脉资源，能够运用这些人脉资源与东道国政府构建关系，从而获得东道国政府的非正式制度支持。

综上可知，拥有高异质性经验的 CEO 不仅可以通过多样化经验与技能的积累更全面、更系统地认识风险不确定性因素，还可以通过非正式制度经验的溢出效应获得东道国政府的非正式制度支持，一方面，获得合法性地位，从而将跨国公司在正式制度中的"外来者劣势"转变为非正式制度的"外来者优势"；另一方面，获得跨国公司 OFDI 所需的政策、关键性稀缺资源，有效规避或管理跨国公司在东道国面临的高风险不确定性。因而，拥有高异质性经验的 CEO 倾向于做出跨国公司的 OFDI 高风险不确定性区位选择。

三　CEO 的经验低异质性与 OFDI 风险不确定性区位选择

拥有低异质性经验的 CEO，其有限的管理认知可能不是来自经验的广度，而是来自经验的深度。

在经验与技能储备方面，拥有低异质性经验的 CEO 通常深耕于某一行业，或专注于某一东道国，从而积累了专业化的经验与技能，可以移植到具有相似情境的跨国公司。特别是面临高风险不确定性东道国时，拥有低异质性经验的 CEO 利用自身的专业化经验与技能，可以更全面、更系统地认识风险不确定性因素，为有效规避或管理风险奠定认知基础。

在非正式制度经验的溢出效应方面，高风险不确定性东道国多为发展中国家，中国作为发展中国家，与高风险不确定性东道国具有相似的制度环境，拥有低异质性经验的中国 CEO 在母国制度环境下锻炼出的非正式制度能力可以通过非正式制度经验的溢出效应运用到高风险不确定性东道国，以获得管理和抵御东道国高风险不确定性所需的资源及政策支持，从而降低 OFDI 东道国风险不确定性影响的实际水平。

综上可知，拥有低异质性经验的 CEO 与拥有高异质性经验的 CEO 相似，具有较强的风险管理能力，倾向于做出跨国公司 OFDI 高风险不确定性区位选择。

四　CEO 的经验中等异质性与 OFDI 风险不确定性区位选择

拥有中等异质性经验的 CEO，相比于拥有高异质性经验的 CEO，其经验广度有限，相比于拥有低异质性经验的 CEO，其经验深度有限，因此，其管理和抵御东道国高风险不确定性所需的多样化经验与技能储备、非正式制度经验的溢出效应也相对有限，不足以有效管理和掌控东道国的高风险不确定性，因而，拥有中等异质性经验的 CEO 倾向于做出跨国公司的 OFDI 低风险不确定性区位选择。

上述理论分析思路如图 3-2 所示，据此提出研究假设。

H1b：CEO 经验异质性与跨国公司 OFDI 风险不确定性区位选择之间存在显著的 U 型关系，即经验异质性越高/越低的跨国公司 CEO 越倾向于做出 OFDI 高风险不确定性区位选择，经验异质性中等的跨国公司 CEO 倾向于做出 OFDI 低风险不确定性区位选择。

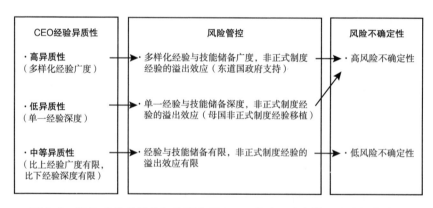

图 3-2　CEO 经验异质性与跨国公司 OFDI 风险不确定性区位选择的关系

第四节　CEO 社会阶层异质性对 OFDI 风险不确定性区位选择的非线性影响

一　CEO 社会阶层异质性的界定

CEO 社会阶层异质性是指来自高、中、低不同层级社会阶层 CEO 的多样化知识结构，其中社会阶层由 CEO 的先赋性因素（CEO 父辈的受教育程度和职业背景）和自致性因素（CEO 个人的受教育程度和职业背景）不同水平的显性/隐性知识元素组合特征构成。

Blau 和 Duncan（1967）、李赫扬等（2017）研究指出，社会阶层分化主要通过先赋性的社会资本代际传递和个人后天的自致性因素而产生。其中，先赋性因素是由先天赋予个人的不可转让、不可剥夺的自然权利，即社会资源和地位的代际传递；自致性因素是由个人通过后天努力获得的社会资本与地位因素。在本书中，先赋性因素具体是指 CEO 父辈的受教育程度和职业背景，自致性因素具体是指 CEO 本人的受教育程度和职业背景。

高阶理论认为，来自不同社会阶层的 CEO 具有社会阶层异质性特征，异质性的社会阶层经历会对其价值观和认知水平产生影响（Hambrick and Mason，1984）。印记理论进一步认为，印记是人生中早期或成长过程中特定的敏感期对个人特征的塑造，这些个人特征会对其未来的决策与行为产生持久的影响，即使在随后的时期发生了重大的环境变化，这种影响仍然存在（Marquis and Tilcsik，2013）。因此，不同社会阶层的 CEO 在先赋性因素和自致性因素方面存在差异，所拥有的社会资源和能力不同，进而会做出不同的跨国公司 OFDI 风险不确定性区位选择。

本书根据 CEO 先赋性因素和自致性因素产生的客观差异，将 CEO 社会阶层划分为高、中、低三个层级，考察 CEO 不同的社会阶层对跨国公司 OFDI 风险不确定性区位选择的影响。

二　CEO 的高社会阶层与 OFDI 风险不确定性区位选择

来自高社会阶层的 CEO 能够通过代际传承拥有父辈丰富的社会资源，如接受高水平教育、拥有高级职业选择机会以及拥有父辈的社会资本存量等，这些通过代际传承拥有的丰富社会资源，不仅为来自高社会阶层的 CEO 提供了经济安全保障，更重要的是为其提供了心理安全保障（Kish-

Gephart and Campbell，2015）。拥有经济和心理双重安全保障的高社会阶层 CEO 受到鼓励不断进行多种尝试或实验，即便是因尝试或实验而陷入困境，其父母也可以帮助其摆脱困境（Williams，2012）。因此，来自高社会阶层的 CEO 倾向于认为世界是安全的，更是充满机遇的（Kish-Gephart and Campbell，2015）。此外，高社会阶层的特征之一是优越的社会地位，高社会阶层对自身优越社会地位的认同带来了更高层次的乐观、自尊和控制感（Kish-Gephart and Campbell，2015；Kraus et al.，2012）。

跨国公司在跨国经营中可能会面临三方面的风险不确定性：其一，东道国的政治、经济、社会及文化因素带来的风险不确定性；其二，母国政府干预跨国公司经营、母国与东道国双边政治关系带来的风险不确定性；其三，由跨国公司自身因素直接导致的风险不确定性，如由信息缺失、外来者劣势、议价能力衰弱、合法性缺失等导致的风险不确定性。相比较而言，在 OFDI 风险不确定性区位选择中，CEO 的社会阶层越高，在先赋性因素与自致性因素的共同作用下，其在东道国和母国拥有的资源越多，应对风险不确定性的能力越强，即便是遭遇了不可化解的风险不确定性，高社会阶层的 CEO 也会有足够的资源和能力支付相应的成本，而不会对个人声誉或经济基础产生颠覆性影响。此外，高社会阶层的 CEO 由于高社会阶层的印记作用对风险持积极乐观态度，因而会做出 OFDI 高风险不确定性区位选择。

三 CEO 的低社会阶层与 OFDI 风险不确定性区位选择

来自低社会阶层的 CEO 通常对那些不确定和缺乏控制的情况很熟悉（Kish-Gephart and Campbell，2015；Shipler，2005）。在较低的社会阶层背景下，个人没有足够的安全网来缓冲意外的负面事件，每一个小错误都有可能产生很大的后果，因此父母会教导他们的孩子认识到行动的潜在负面影响，并避免犯错（Kish-Gephart and Campbell，2015；Shipler，2005；Stephens et al.，2014）。一方面，来自低社会阶层的

CEO 在童年形成的"如何减少或避免犯错"的印记，使其具备识别并规避风险的能力；另一方面，随着时间的推移，来自低社会阶层的 CEO 的自致性因素得到充分积累，可以弥补其先赋性因素代际传承所带来的社会资源的不足，从而提高应对风险的能力。因此，来自低社会阶层的 CEO 更能识别并利用风险中的机会，与来自中间社会阶层的 CEO 相比，他们更愿意接受风险决策的潜在负面影响（Kish-Gephar and Campbell，2015）。

相比较而言，在 OFDI 风险不确定性区位选择中，CEO 的社会阶层越低，在先赋性因素的作用下，其识别、转化或规避风险不确定性的能力越强。具体而言，识别、转化风险不确定性的能力表现为，低社会阶层的 CEO 可以通过制定市场策略来主动管理跨国经营中的风险不确定性，将风险不确定性转化为机会（Holburn and Zelner，2010）；规避风险不确定性的能力表现为，低社会阶层的 CEO 可以通过制定前瞻性经营策略来降低风险不确定性的实际水平，从而有效规避风险。CEO 自致性因素的不断积累，会弥补其先赋性因素代际传承所带来的资源不足，提高其应对风险不确定性的能力，进一步激发其承担风险的主观能动性，因而，低社会阶层的 CEO 也会做出 OFDI 高风险不确定性区位选择。

四　CEO 的中间社会阶层与 OFDI 风险不确定性区位选择

与高社会阶层相比，来自中间社会阶层的 CEO 通过代际传承拥有父辈社会资源的规模有限，其必须同时发挥自致性因素和先赋性因素的作用，才能保持现有的中间社会阶层，从而进一步获取向高社会阶层流动的机会。与高社会阶层和低社会阶层的 CEO 相比，在面对风险决策时，中间社会阶层的 CEO 因面临"向上流动或向下流动的双重威胁"而经历着最高程度的决策焦虑（Kish-Gephart and Campbell，2015）。

与高社会阶层的 CEO 相比，从中间社会阶层成长起来的 CEO 认识到他们的经济安全网更小，受经济安全影响，其心理安全水平也远远低于高社会阶层的 CEO（Dong，2017；Gray and Kish-Gephart，2013）。此外，中间社会阶层既有进入高社会阶层的潜力，也有进入低社会阶层的可能性（Kish-Gephart and Campbell，2015）。这其中，中间社会阶层的自致性因素发挥主导作用，其先赋性因素只能发挥有限影响。因此，中间社会阶层的 CEO 总是有害怕跌倒的心理，其特别有动力维持现状，并尽量减少失去现有地位的可能性（Kish-Gephart and Campbell，2015；Dong，2017）。

相比较而言，在 OFDI 风险不确定性区位选择中，中间社会阶层的 CEO，在先赋性因素与自致性因素的共同作用下，抵御风险不确定性的资源与能力有限，远离风险不确定性、维持现状的印记更加深刻，其缺乏积极承担风险的主观意愿，因而会做出 OFDI 低风险不确定性区位选择。

上述理论分析思路如图 3-3 所示，据此提出研究假设。

H1c：CEO 社会阶层异质性与跨国公司 OFDI 风险不确定性区位选择之间存在显著的 U 型关系，即社会阶层越高/越低的跨国公司 CEO 越倾向于做出 OFDI 高风险不确定性区位选择，中间社会阶层的跨国公司 CEO 倾向于做出 OFDI 低风险不确定性区位选择。

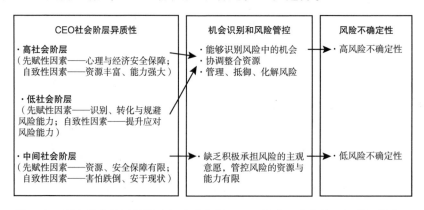

图 3-3　CEO 社会阶层异质性与跨国公司 OFDI 风险不确定性区位选择的关系

第五节　CEO 管理认知异质性对 OFDI 风险不确定性区位选择的非线性影响

CEO 管理认知异质性包括 CEO 知识异质性、CEO 经验异质性和 CEO 社会阶层异质性。第二节、第三节和第四节分别从这三个维度阐释了 CEO 管理认知异质性与 OFDI 风险不确定性区位选择的关系，分析思路如图 3-4 所示。在跨国公司 OFDI 风险不确定性区位选择中，东道国与跨国公司母国在制度、市场、文化等方面存在差异，要识别东道国市场中潜存的风险和机会，需要跨国公司的战略决策者具备对东道国特定的管理认知，而跨国公司 CEO 自身的知识异质性、经验异质性和社会阶层异质性有助于其形成这种对东道国特定的管理认知，在跨国公司国际化决策中发挥至关重要的作用。

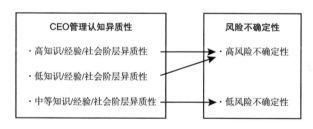

图 3-4　CEO 管理认知异质性与跨国公司 OFDI 风险不确定性区位选择的关系

（1）CEO 知识异质性与 OFDI 风险不确定性区位选择。高、中、低三个不同层级知识异质性的 CEO 自身在受教育程度与所学专业多样化程度方面存在差异。拥有高异质性知识的跨国公司 CEO 积累了多样化的专业知识，复杂信息处理能力和不确定性问题分析能力强，能够识别东道国风险不确定性中的机会，倾向于做出 OFDI 高风险不确定性区位选择；拥有低异质性知识的跨国公司 CEO 的专业可能较为单一，但是他们较早地把时间和精力投入到具体的跨国公司 OFDI 实践，在复杂多变的跨国经营中储备了科学决策所需的多样化知识，形成了复杂信息处理能力和不确定性问题分析能力，对东道国风险不确定性中的机遇具有感知、判断与识别能力，因此同样倾向于做出 OFDI 高风险不确定性区位选择；拥有中等异质性知识的跨国公司 CEO，比上专业化水平有限，比下实践锻炼有限，复杂信息处理能力和不确定性问题分析能力也有限，不足以识别东道国风险不确定性中的机会，因此倾向于做出 OFDI 低风险不确定性区位选择的战略决策。

（2）CEO 经验异质性与 OFDI 风险不确定性区位选择。高、中、低三个不同层级经验异质性的 CEO 自身在所承担的职能、所从事的行业及东道国工作经历方面存在差异。拥有高异质性经验的跨国公司 CEO 储备了多样化经验与技能，能够通过非正式制度经验的溢出效应获得东道国政府的支持（拥有合法性地位，获取跨国公司 OFDI 所需的政策、关键性稀缺资源），从而有效规避、管理东道国的风险不确定性，因此其倾向于做出 OFDI 高风险不确定性区位选择；拥有低异质性经验的跨国公司 CEO 深耕某一行业或专注于某一东道国，储备了精深的专业化经验与技能，其在母国制度环境下锻炼出的非正式制度能力可以通过非正式制度经验的溢出效应运用到高风险不确定性东道国，以获得管理和抵御东道国高风险不确定性所需的资源及政策支持，降低 OFDI 东道国风险不确定性影响的实际水平，因而其同样倾向于做出 OFDI 高风险不确定性区位选择；拥有中等异质性经验的跨国公司 CEO，比上经验广度有限，比下经验深度有限，技能储备、非正式制度经验的溢出效应也有限，不足以管控东道国的风险不确定性，因此其倾向于做出 OFDI 低风险不确定性区位选择。

（3）CEO 社会阶层异质性与 OFDI 风险不确定性区位选择。高、中、低三个不同层级社会阶层异质性的 CEO 在先赋性因素和自致性因素方面存在客观差异。来自高社会阶层的跨国公司 CEO 可以获得心理与经济安全保障，其能够获得丰富资源并拥有强大能力，因而能够识别东道国风险不确定性中的机会，协调、整合资源，管控东道国的风险不确定性，因此其倾向于做出 OFDI 高风险不确定性区位选择；来自低社会阶层的跨国公司 CEO 能够通过先赋性因素获得识别与规避风险不确定性的能力，并通过自致性因素的不断积累提升应对风险不确定性的能力，因而也会做出 OFDI 高风险不确定性区位选择；来自中间社会阶层的跨国公司 CEO 通过先赋性因素获得的资源和安全保障有限，且会因自致性因素产生害怕跌倒、安于现状的认知，缺乏积极承担风险的主观意愿，管控风险的资源与能力有限，不足以识别和管控东道国的风险不确定性，因此其倾向于做出 OFDI 低风险不确定性区位选择。

综上理论分析，提出以下研究假设。

H1：CEO 管理认知异质性与跨国公司 OFDI 风险不确定性区位选择之间存在显著的 U 型关系，即管理认知异质性越高／越低的跨国公司 CEO 越倾向于做出 OFDI 高风险不确定性区位选择，管理认知异质性中等的跨国公司 CEO 倾向于做出 OFDI 低风险不确定性区位选择。

第六节　本章小结

首先，本章明确了在跨国公司的 OFDI 风险不确定性区位选择中，CEO 管理认知异质性的概念和维度（CEO 知识异质性、CEO 经验异质性和 CEO 社会阶层异质性）。

其次，本章基于高阶理论和印记理论，从高、中、低三个不同层级分别阐释了 CEO 知识异质性、CEO 经验异质性、CEO 社会阶层异质性及 CEO 管理认知异质性对跨国公司 OFDI 风险不确定性区位选择的 U 型影响，并运用演绎法和归纳法提出相应的主效应研究假设，为书进一步研究调节效应、中介效应和被中介的调节效应奠定基础。

第四章

中国情境因素"政治资本"和"风险忍受"的调节效应

本章重点探索 CEO 管理认知异质性对跨国公司 OFDI 风险不确定性区位选择非线性影响的边界条件，具体引入中国情境因素"政治资本"和"风险忍受"作为调节变量，分别考察其如何影响 CEO 管理认知异质性与跨国公司 OFDI 风险不确定性区位选择之间的关系。

第一节　政治资本的调节效应：影响 CEO 的风险不确定性抵御能力和竞争能力

政治资本的调节效应是指政治资本如何影响 CEO 管理认知异质性与 OFDI 风险不确定性区位选择之间的关系。根据第三章的分析，跨国公司 CEO 在知识、经验和社会阶层三个维度的管理认知存在差异，导致其在识别东道国风险不确定性中的机会和管理风险不确定性方面存在差异，进而做出不同的跨国公司 OFDI 风险不确定性区位选择。换言之，跨国公司 CEO 做出不同的 OFDI 风险不确定性区位选择，其内在作用机制主要是 CEO 管理认知异质性导致其对东道国风险不确定性的管理和预判存在差异。John 和 Lawton（2018）研究表明，企业内外部资源和能力在跨国公司 OFDI 风险不确定性管理中发挥了重要作用。因此，本书从政治资本能够影响跨国公司 CEO 获取管理风险不确定性所需资源和能力的视角，阐述其对 CEO 管理认知异质性与 OFDI 风险不确定性区位选择之间关系的影响。

一　政治资本的界定与表现形式

政治资本是 CEO 通过与政府及政府官员建立正式和非正式关系而获取资源的能力（胡旭阳和吴一平，2016）。具体表现形式为：①政治网络关系，中国跨国公司 CEO 通过其曾任或现任政府职务与各级政府建立的正式政治网络关系，以及通过正式政治网络关系与政府官员建立的密切私人关系（非正式政治网络关系），跨国公司 CEO 可以通过这种政治网络关系获取由母国政府掌控和配置的 OFDI 风险不确定性区位选择所需的资源；②政治能力，即构建政治网络关系的能力，可以移植并嵌入与母国制度相似的东道国，以获取跨国公司独特的竞争优势（Sawant et al.，2017）。

二　政治网络关系与 CEO 的风险不确定性抵御能力

政治网络关系是政治资本的一个表现形式，它可以帮助跨国公司在母国获取资源和能力，以降低风险不确定性影响的实际水平。中国跨国公司的政治资本根植于中国经济转型的情境，跨国公司 CEO 可以通过与政府及政府官员建立广泛的正式和非正式的政治网络关系，帮助企业及时把握政府政策的动态信息，规避政府干预和政策变化带来的风险，甚至可以协助或参与政府政策的制定与完善（李新春和肖宵，2017），以利于企业发展。此外，政治资本还可以帮助企业获取由政府支配的关键资源，缓解正式市场经济制度不完善所导致的资源分配不合理问题，扭转企业在非正式市场经济制度规则下的资源弱势地位（李新春和肖宵，2017）。

相比于没有政治资本的跨国公司，拥有政治资本的跨国公司能够获得以下优势：第一，能够获得母国政府提供的东道国相关信息，如政府设立专门机构提供有关东道国投资机会、市场情况、政策环境等战略信息并提供指导，有助于跨国公司克服 OFDI 信息缺失劣势，识别东道国的市场和商业机会，降低跨国公司 OFDI 风险不确定性（柴忠东，2013；Hong et al.，2015）；第二，通过参政议政参与母国政府 OFDI 政策的制定与完善，为跨国公司 OFDI 带来政策利好；第三，能够获得母国的融资与税收优惠、政府补贴等 OFDI 风险不确定性区位选择所需资源，以增强抵御东道国风险不确定性的能力。

三　政治能力与 CEO 的竞争能力

政治能力是政治资本的另一个表现形式，它可以移植并嵌入与母国制度相似的东道国，以获取跨国公司的竞争优势。在一个政治环境中发展出来的政治能力可以在不同的国家得到利用，这就意味着本土产生的政治能力可以跨国界转移（Henisz，2003）。Holburn 和 Zelner（2010）发现，在母国发展政治能力的跨国公司更有可能进入政治不确定性较高的国家。拥有政治资本的中国跨国公司在母国构建政治网络关系的能力与路径可以移植并嵌入至其他发展中国家（Sawant et al.，2017）。尽管发展中国家跨国公司的母国制度环境存在许多弱点，但它们是发展中国家跨国公司竞争优势的来源（Gaur et al.，2014），正如 Peng 和 Luo（2002）认为，发展中国家的市场制度不完善，而企业可以通过政治活动与相关政治人员建立非正式政治网络关系，从而使企业获得政策优惠，在一定程度上弥补企业因为制度缺陷而承受的额外风险。

高风险不确定性东道主要为发展中国家，相比于发达国家跨国公司的 CEO，拥有政治资本的中国跨国公司的 CEO 更熟悉高风险不确定性东道国的政治制度环境，其在母国构建政治网络关系的能力与路径能够更为快速有效地移植并嵌入高风险不确定性东道国，其能够通过政治活动与高风险不确定性东道国政府及政府官员建立广泛的正式和非正式的政治网络关系，从而帮助中国跨国公司获取高风险不确定性东道国政府的支持（如合法性地位、OFDI 优惠政策等）。因此，拥有政治资本的中国跨国公司在高风险不确定性东道国进行 OFDI 可以获得相比于发达国家跨国公司的独特竞争优势。

综上可知，CEO 拥有的政治资本越多，一方面表现为政治网络关系越广泛，即与东道国政府及政府官员建立的正式和非正式的政治网络关系越广泛，能够帮助跨国公司获取的资源就越丰富，抵御 OFDI 东道国风险不确定性的能力就越强；另一方面表现为政治能力越强，即构建政治网络关系的能力越强，越能够将其移植并嵌入政治环境相似的东道国，越能够帮助跨国公司在东道国获取独特的竞争优势。因此，CEO 拥有的政治资本越多，越能够增强其管理认知异质性对东道国风险不确定性的管理、预判能力，从而越倾向于做出 OFDI 高风险不确定性区位选择。

上述理论分析思路如图 4-1 所示，据此提出研究假设。

H2：跨国公司 CEO 拥有的政治资本越多，越正向强化 CEO 管理认知异质性与跨国公司 OFDI 风险不确定性区位选择之间的 U 型态关系。

H2a：跨国公司 CEO 拥有的政治资本越多，越正向强化 CEO 知识异质性与跨国公司 OFDI 风险不确定性区位选择之间的 U 型关系。

H2b：跨国公司 CEO 拥有的政治资本越多，越正向强化 CEO 经验异质性与跨国公司 OFDI 风险不确定性区位选择之间的 U 型关系。

H2c：跨国公司 CEO 拥有的政治资本越多，越正向强化 CEO 社会阶层异质性与跨国公司 OFDI 风险不确定性区位选择之间的 U 型关系。

第二节 风险忍受的调节效应：影响 CEO 的风险 心理预期和风险承受能力

风险忍受的调节效应是指风险忍受如何影响 CEO 管理认知异质性

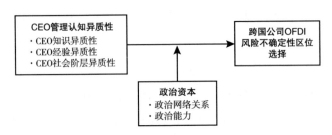

图 4-1　CEO 管理认知异质性、政治资本与跨国公司 OFDI
风险不确定性区位选择的关系

与 OFDI 风险不确定性区位选择之间的关系。不同于本章第一节从跨国公司外部分析 CEO 的政治资本差异，即从政治资本能够帮助跨国公司 CEO 获取管理风险不确定性所需资源和能力的视角，阐述其对 CEO 管理认知异质性与 OFDI 风险不确定性区位选择之间关系的影响，本节从跨国公司内部关注 CEO 的风险忍受差异，即从对不确定性收益和不确定性损失两方面的风险感知入手，阐述其对 CEO 管理认知异质性与 OFDI 风险不确定性区位选择之间关系的影响。

一　风险忍受的界定

风险忍受是指 CEO 对代理人财富的感知风险，这种感知风险可能来自雇用风险或对代理人财富的其他威胁（Dong，2017；Gomez-Mejia，1998）。跨国公司 CEO 的风险忍受水平越高，意味着对来自雇用风险或对代理人财富其他威胁的感知风险越低，越具有高风险偏好。这其中，感知风险将会从不确定性收益感知和不确定性损失感知两方面对战略决策者的风险偏好产生影响（Barbosa et al.，2007），因此，本书将从不确定性收益与 CEO 的风险心理预期和不确定性损失与 CEO 的风险承受能力两个方面阐述风险忍受的调节效应。

二　不确定性收益与 CEO 的风险心理预期

考虑风险中的不确定性收益时，风险忍受水平高的跨国公司 CEO

会表现出更为积极乐观的心理预期。通常，风险与不确定性相伴而生，白新文等（2019）研究指出，容忍度高的个体更能接受不确定性并采取积极应对方式；容忍度低的个体则会感到困扰和有压力，有回避不确定性的强烈意愿。Nguyen（2019）认为，决策者的风险容忍度通过风险感知与风险资产配置决策有直接和间接的关系，换言之，与风险规避者相比，风险寻求者可能认为某项投资的风险较低，从而将更多的资金用于投资。一个潜在的解释是，风险规避者往往会高估负面结果，从而感知到更多的风险，而风险寻求者往往会高估积极结果，从而感知到的风险较小。因此，相比于风险忍受水平低的跨国公司 CEO，风险忍受水平高的跨国公司 CEO 感知的风险较低，可能的原因在于风险忍受水平高的跨国公司 CEO 在考虑风险中的不确定性收益时，会表现出更为积极乐观的心理预期，因此表现出高风险偏好。

在 OFDI 高风险不确定性区位选择情境中，风险忍受水平高的跨国公司 CEO，由于财富损失的边际效应较弱、感知的风险较低，在评估 OFDI 高风险不确定性区位选择中的不确定性收益时，更倾向于表现出积极乐观的心理预期，认为高风险不确定性东道国可以为跨国公司带来额外的高收益。

三　不确定性损失与 CEO 的风险承受能力

考虑风险中的不确定性损失时，风险忍受水平高的跨国公司 CEO 会表现出更高的风险承受能力。Eisenmann（2002）认为，高风险战略投资失败时，CEO 通常会面临薪酬无法兑现或离职的局面，为规避自身财富受损和离职的风险，CEO 表现出低风险偏好。但是当 CEO 同时是公司所有者时，则表现出高风险偏好，因为即使高风险战略投资失败，他也不会遭遇离职的风险，而且还有足够的财富承受风险（Chittoor et al.，2019）。换言之，与风险规避者相比，风险寻求者可能认为其有足够的能力（如财富）来承受风险中的不确定性损失，从而将更多的资金用于投资（Nguyen et al.，2019）。一个潜在的解释是，风险规避者往往会低估积极结果，从而感知到更多的风险，而风险寻求者往往会低估负面结果，从而感知到的风险较小。因此，相比于风险忍受水平低的跨国公司 CEO，风险忍受水平高的跨国公司 CEO 感知的风险较低，可能的原因在于风险忍受水平高的跨国公司 CEO 在考虑风险中的不确定性损失时，会表现出更高的风险承受能力，因此表现出高风险偏好。

在 OFDI 高风险不确定性区位选择情境中，在评估 OFDI 高风险不确定性区位选择中的不确定性损失时，风险忍受水平高的跨国公司 CEO 更倾向于表现出较高的风险承受能力，其自身可以为高风险承担更多的职业与财富成本，付出更大的代价。正如 Chittoor 等（2019）研究指出，不用担心因投资失败而离职或个人收益受损的 CEO 更可能做出更具风险的 OFDI 决策。可见，风险忍受水平高会降低跨国公司 CEO 的感知风险，使其表现出高风险偏好。

综上可知，风险忍受水平高的跨国公司 CEO，其高风险偏好与由高管理认知异质性或低管理认知异质性引致的高风险偏好相契合，因而 CEO 的风险忍受强化了 CEO 管理认知异质性与跨国公司 OFDI 风险不确定性区位选择之间的 U 型关系。换言之，跨国公司 CEO 的风险忍受水平越高，越能够发挥其知识、经验和社会阶层三个维度的管理认知异质性高或低的优势来识别东道国的风险不确定性，进而整合跨国公司内外部资源管理和应对东道国的风险不确定性，化风险中的威胁为机遇，从而越倾向于做出跨国公司 OFDI 高风险不确定性区位选择。

上述理论分析思路如图 4-2 所示，据此提出研究假。

H3：跨国公司 CEO 的风险忍受水平越高，越正向强化 CEO 管理认知异质性与跨国公司 OFDI 风险不确定性区位选择之间的 U 型关系。

H3a：跨国公司 CEO 的风险忍受水平越高，越正向强化 CEO 知识异质性与跨国公司 OFDI 风险不确定性区位选择之间的 U 型关系。

H3b：跨国公司 CEO 的风险忍受水平越高，越正向强化 CEO 经验异质性与跨国公司 OFDI 风险不确定性区位选择之间的 U 型关系。

H3c：跨国公司 CEO 的风险忍受水平越高，越正向强化 CEO 社会阶层与跨国公司 OFDI 风险不确定性区位选择之间的 U 型关系。

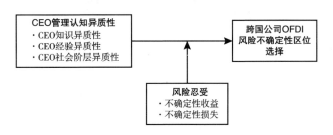

图 4-2　CEO 管理认知异质性、风险忍受与跨国公司 OFDI 风险不确定性区位选择的关系

第三节　本章小结

本章分别阐释了政治资本和风险忍受对 CEO 管理认知异质性与 OFDI 风险不确定性区位选择的调节效应，包括 CEO 管理认知异质性及其三个维度、政治资本与 OFDI 风险不确定性区位选择的关系，以及 CEO 管理认知异质性及其三个维度、风险忍受与 OFDI 风险不确定性区位选择的关系，并提出相应的调节效应研究假设。

第五章

被风险偏好中介的 TMT 管理认知
断裂带的调节效应

本章重点探索 CEO 管理认知异质性对跨国公司 OFDI 风险不确定性区位选择影响的中介效应及被中介的调节效应，具体引入风险偏好作为中介变量，引入 TMT 管理认知断裂带作为调节变量，分别考察其如何影响 CEO 管理认知异质性与跨国公司 OFDI 风险不确定性区位选择之间的内在作用机制及被中介的边界条件。

第一节　风险偏好的中介效应：CEO 管理认知
异质性、风险偏好与 OFDI 风险
不确定性区位选择的关系

一　风险偏好的界定

风险偏好的概念最早由学者 Markowitz（1952）在投资组合理论中提出，是指投资者在进行投资选择过程中，面对投资收益和风险，所表现出来的对待风险的态度趋势。本书借鉴已有研究成果认为，风险偏好是在不确定性环境下 CEO 对待风险的基本决策态度与心理倾向（王琳和伍麟，2018）。

风险偏好的差异，源于决策者的异质性认知。传统研究通常假定个体是风险厌恶的，并能够正确地理解风险，视其风险偏好为同质化，忽

略了不同个体风险认知的差异，未能描述个体真实风险偏好的特征与本质（左聪颖和周业安，2013）。实质上，风险偏好具有内生性和异质性，其形成是个体学习与职业经验共同作用的结果（王琳和伍麟，2018）。学者们将个体风险偏好的差异归因于一系列认知因素（Buckley et al.，2016；王勇等，2019），认为决策者在感知不同风险信息时，会对其先前的学习与职业经验产生路径依赖，也会受社会阶层的影响，这使其对风险的认知不同，进而导致风险偏好差异。

二 CEO 管理认知异质性与风险偏好

CEO 管理认知异质性是指 CEO 自身管理认知所包含的知识结构及其丰富性程度的异质性（Maitland and Sammartino，2015a），呈现出不同心理和可观察的多样化特征差异，本书将其中的知识结构划分为东道国风险不确定性的"评估与机会识别"和"管理"两个维度，将丰富性程度划分为高、中、低三个层级，考察拥有不同管理认知的 CEO 与风险偏好之间的关系。

（一）在东道国风险不确定性评估与机会识别方面

拥有高异质性管理认知的 CEO 通过多样化的教育经历和职业经验形成了多样化的认知（Maitland and Sammartino，2015b），能够对东道国的风险不确定性环境信息在广度上进行全面的扫描与评估。其中，广度意味着触及更广泛领域的知识，表现为具有丰富的知识和经验。例如，具有丰富的国际化知识和经验的决策者更有可能主动识别、创造和捕捉国际机遇，这些丰富的国际化知识和经验来自个人先前与不同国家的接触，有助于决策者获得关于国外市场和跨境经营的隐性知识，其作用是充当新信息过滤器，可用于评估跨国公司所面临的众多风险，提高决策者理解国际扩张机会的能力（Maitland and Sammartino，2015a；Buckley et al.，2018；Sniazhko，2019）。Sniazhko（2019）研究指出，全面的信息收集是降低国际化风险不确定性的有效方式。Helfat 和

Peteraf（2015）认为，正确地解读、评估风险信息至关重要，有利于准确识别风险中的机会。因而，在广度上全面扫描与正确评估东道国的风险不确定性环境信息，对拥有高异质性管理认知的 CEO 而言，不仅降低了其对东道国风险不确定性的感知，而且有利于其准确识别风险中的机会。据此，本书预测拥有高异质性管理认知的 CEO 具有高风险偏好。

相应地，拥有低异质性管理认知的 CEO 通过单一而同质的教育经历和职业经验形成了专业且精深的认知，其通常深耕某一领域，能够对东道国的风险不确定性环境信息在深度上进行细致的扫描与评估。其中，深度意味着触及更详细领域的知识，表现为具有精深的知识和经验。例如，具有精深的知识和经验的决策者往往是领域内的专家，能够比非专家更准确、更快速地感知专业领域内的信息，从而降低风险感知并准确识别风险中的机会（Helfat and Peteraf，2015）。Maitland 和 Sammartino（2015b）指出，决策者评估东道国风险不确定性的能力取决于其先前在风险不确定性领域的经验。据此，本书预测拥有低异质性管理认知的 CEO 具有专家型风险不确定性领域经验，能够对东道国的风险不确定性环境信息在深度上进行评估并识别出风险中的机会，因而具有高风险偏好。

拥有中等异质性管理认知的 CEO 对东道国的风险不确定性环境信息进行扫描和解读的能力有限，因而不足以降低对东道国风险不确定性的感知，也未能准确识别风险中的机会。据此，本书预测拥有中等异质性管理认知的 CEO 具有低风险偏好。

（二）在东道国风险不确定性管理方面

拥有高异质性管理认知的 CEO 拥有在不同东道国工作的经验和与东道国政府构建关系的能力，拥有足够的东道国政治资源和政治能力，有助于跨国公司获得不同东道国政府的非正式制度支持，从而有效规避或管理跨国公司在东道国面临的高风险不确定性。如前所述，制度理论将关系作为正式制度的替代机制，当制度环境不完善时，关系能够替代制度进行资源配置并寻求合法性（李雪灵等，2018；Wu，2011）。高风险不确定性东道国多为发展中国家，市场经济的正式规则尚未完全确立，正式制度对经济行为的约束和保护仍存在空白，跨国经营所需的政策与资源掌握在东道国政府手中，可以通过关系这一非正式制度获得。置身于高风险不确定性东道国的跨国公司同时面临无限商机和风险不确定性挑战，为获得商机和规避风险，跨国公司需要与东道国政府构建关系，以此获取跨国公司 OFDI 所需的合法性、关键资源以及与东道国政府的议价能力。作为跨国公司的战略决策者，CEO 拥有高异质性管理认知意味着其拥有丰富的国际化经验，这些丰富的国际化经验也是 CEO 的一种政治资源，其可利用这种政治资源与东道国政府及其官员互动，以此获得东道国政府的非正式制度支持，以追求有利于跨国公司 OFDI 的优惠待遇，预先阻止不利的政策改变，为跨国公司 OFDI 创造潜在的优势，这是 CEO 的一种政治能力（John and Lawton，2018；Buckley et al.，2020）。风险不确定性相关文献认为，CEO 的政治能力是通过东道国的经验发展起来的，决定其风险偏好，是其冒险行为的关键驱动力（Yasuda and Kotabe，2021）。因此，拥有高异质性管理认知的 CEO 可以通过其足够的东道国政治资源和政治能力获得东道国政府的非正式制度支持，一方面，拥有合法性地位，从而将跨国公司在东道国正式制度中的"外来者劣势"转变为非正式制度中的"外来者优势"；另一方面，获得跨国公司 OFDI 所需的政策、关键性稀缺资源，有效规避、管理跨国公司在东道国面临的高风险不确定性。因此，拥有高异质性管理认知的 CEO 具有高风险偏好。

相应地，拥有低异质性管理认知的 CEO 通常深耕于母国或某一东道国，积累了精深的非正式制度经验与技能，可以移植到具有相似情境的东道国（Buckley et al.，2016）。Fernández-Méndez 等（2015）研究指出，在母国习得的风险不确定性管理经验，能够通过印记效应应用于东道国类似的情境中（Hernandez and Guillén，2018）。Holburn 和 Zelner

（2010）使用多国家跨国公司样本研究发现，母国风险不确定性高的跨国公司倾向于投资具有高风险不确定性的东道国，其同样认为印记效应可以解释这一现象：跨国公司在母国学会管理风险不确定性，这使它们能够利用类似的经验管理东道国的高风险不确定性。如前所述，高风险不确定性东道国多为发展中国家，中国与高风险不确定性东道国具有相似的制度环境，以拥有低异质性管理认知的 CEO 为例，其在母国制度环境下锻炼出的非正式制度经验可以通过印记效应和经验溢出效应运用到高风险不确定性东道国（Hernandez and Guillén，2018），以获得管理和抵御东道国高风险不确定性所需的资源与政策支持，降低东道国风险不确定性影响的实际水平。因此，拥有低异质性管理认知的 CEO 与拥有高异质性管理认知的 CEO 相似，具有较高的风险管理能力，故而具有高风险偏好。

拥有中等异质性管理认知的 CEO 的风险管理能力有限，其在广度上拥有的政治资源和政治能力比不上拥有高异质性管理认知的 CEO，在深度上拥有的非正式制度经验与能力比不上拥有低异质性管理认知的 CEO，因此其管理和抵御东道国高风险不确定性所需的资源与政策支持有限，不足以降低东道国风险不确定性影响的实际水平，故而具有低风险偏好。

综上所述，提出以下研究假设。

H4：CEO 管理认知异质性与风险偏好之间存在显著的 U 型关系。

H4a：CEO 知识异质性与风险偏好之间存在显著的 U 型关系。

H4b：CEO 经验异质性与风险偏好之间存在显著的 U 型关系。

H4c：CEO 社会阶层异质性与风险偏好之间存在显著的 U 型关系。

三 风险偏好与 OFDI 风险不确定性区位选择

高阶理论认为，组织高层作为决策者对组织的战略选择起着决定性作用，他们根据自身特征、思维方式、价值观及风险偏好等进行有限理性决策。其中，风险偏好反映了行为主体在心理上对待风险的态度，不同的风险偏好意味着对风险问题的关注焦点不同（李静澎和王蒙，2012）。当作为战略行为的主体时，不同风险偏好的个体会从不同角度分析、解释问题，并采取不同的战略行为（李静澎和王蒙，2012）。

风险偏好与风险倾向的关系，构成了决策者风险行为选择的关键驱动力。具体而言，在 OFDI 相关文献中，很少有人知道经理人的风险偏好如何变化，风险倾向的行为研究有效地将经验与治理结构联系起来，为边界选择提供事前预测（Buckley et al.，2016）。廖中举（2015）、Sitkin 和 Pablo（1992）在研究中建立了风险偏好、风险倾向和风险行为三者之间的联系，指出风险偏好对冒险或规避风险的倾向具有影响。Buckley 等（2018）进一步运用准实验数据考察了风险倾向在新兴跨国公司对外直接投资区位决策中的作用，与后续研究一致，其认为在 OFDI 的背景下，个人层面的风险倾向是解释跨国公司区位选择的重要因素（Buckley et al.，2020；Yasuda and Kotabe，2021）。Ambos 等（2020）在跨国公司区位选择研究中具体指出，风险倾向与风险决策行为之间的关系表现为，具有高风险倾向的决策者较为乐观，倾向于感知机会而不是威胁，而具有低风险倾向的决策者甚至会放弃潜在的有价值的国际机会。风险不确定性相关文献认为，风险偏好是跨国公司冒险行为的关键驱动力，更具体地说，高风险偏好的决策者具有高风险倾向，在风险不确定性东道国更多地会感知到风险中的机会而不是威胁，于是决策者的高风险偏好成为跨国公司进入风险不确定性东道国的关键驱动力（Yasuda and Kotabe，2021）。由此，本书预测具有高风险偏好的 CEO，倾向于做出跨国公司 OFDI 高风险不确定性区位选择；具有低风险偏好的 CEO，倾向于做出跨国公司 OFDI 低风险不确定性区位选择。

综上所述，提出以下研究假设。

H5：风险偏好与跨国公司 OFDI 风险不确定性区位选择呈正向线性关系。

第二节　TMT 管理认知断裂带的调节效应：CEO 管理认知异质性、TMT 管理认知 断裂带与风险偏好的关系

一　TMT 管理认知断裂带的界定

TMT 管理认知断裂带是指基于高管成员多个管理认知特征的聚合，将 TMT 划分为多个"内部同质，外部异质"子团队的一系列虚拟分割线（Lau and Murnighan，1998）。

在本书研究情境中，东道国与跨国公司母国在制度、市场、文化等方面存在差异，要识别东道国市场中潜存的风险和机会，需要跨国公司 TMT 具备对东道国特定的管理认知，而 TMT 成员的国际化经历（国际化工作、教育培训、生活经历）有助于其形成这种对东道国特定的管理认知，在跨国公司国际化决策中发挥至关重要的作用。因此，TMT 成员是否具有国际化经历成为跨国公司 TMT 管理认知中特定的情境特征。首先，根据 TMT 成员是否具有国际化经历这一特征将 TMT 划分为两个子团队，在此基础上根据 TMT 成员的多样性管理认知特征（如年龄、性别、学历、专业、职能等）的聚合形成子团队之间的差异；其次，基于分类—精细化模型和融合观点，将社会属性断裂带（年龄、性别）和任务信息属性断裂带（学历、专业、职能）融合为 TMT 管理认知断裂带，基于其与 CEO 管理认知异质性的交互视角，考察其对跨国公司 OFDI 风险不确定性区位选择的影响。TMT 管理认知断裂带强度代表了同一子团队内部成员属性特征的一致性程度，或者说 TMT 被划分为若干相对同质子团队的清晰度。

二　CEO 管理认知异质性、TMT 管理认知断裂带与风险偏好

在组织复杂的战略决策中，除 CEO 之外，还经常涉及其他 TMT 成

员（Alessandri and Pattit，2014）。Hoffmann 和 Meusburger（2017）指出，在必要时紧密合作的 CEO 与高管之间的互动会影响他们各自的行动，CEO 与 TMT 共同塑造企业的战略选择，其中 CEO 是主要的战略决策者，但其风险偏好与决策也受到 TMT 的制约和影响（Cao et al.，2010；钟熙等，2019）。Hoffmann 和 Meusburger（2017）研究了 CEO 价值观与 TMT 多样性如何共同影响企业战略的制定过程。在此基础上，本书进一步考察 TMT 管理认知断裂带的调节作用。

具有不同管理认知的 TMT 通过不同强度的断裂带使子团队间产生认知冲突，对子团队内外成员的人际互动、认知资源共享和人际行为一致性产生影响，进而影响 TMT 管理认知断裂带的调节作用。具体而言，一方面，TMT 管理认知断裂带强度越大，意味着 TMT 越容易被划分为若干相对同质的子团队，同质子团队内成员由于"相似相吸"，更加偏爱在子团队内部开展积极的人际互动，交流并共享知识、信息等认知资源（Meyer et al.，2015）；另一方面，已有研究认为，TMT 断裂带强度越大，意味着 TMT 不同的子团队间由于"相异相斥"而产生认知冲突，不利于 TMT 人际行为的一致性。然而，Spoelma 和 Ellis（2017）研究指出，身份型断裂带并不总是导致有害的社会分类理论影响和团队间偏见；Bezrukova 等（2016）通过多源多级数据分析认为，当冲突指向团队之外的人或目标时，它会使子团队成员团结起来（因为他们有一个共同的敌人或目标）。

根据上述分析可知，当 TMT 以跨国公司 OFDI 风险不确定性区位选择为共同战略目标时，TMT 管理认知断裂带更多地会发挥积极作用，即 TMT 管理认知断裂带强度越大，不同子团队间多元化观点的交流与碰撞越频繁，越可以富有创造力的想法来实现团队目标（Bezrukova and Uparna，2009）。分类—精细化模型认为，任务信息属性断裂带所形成的子团队会通过对不同观点的关注以及对决策方案的深度分析来提高决策的质量和水平（Cooper et al.，2014）。当不同的子团队为共同的团队目标联合起来时，子团队成员间更可能充分讨论信息并使其成为决策的一部分（倪旭东和贺爽爽，2018）。在对东道国风险不确定性环境信息进行扫描与评估时，TMT 管理认知断裂带强度越大，越能促进 TMT 两个子团队（具有国际化经历和非国际化经历）内成员的人际互动、认知资源共享和增强人际行为一致性。为达成"增强对东道国风险不确定性的识别与管控能力"这一共同目标，TMT 两个不同子团队间的认知冲突对成员来说就不那么明显了（Bezrukova et al.，2016）。因此，在 CEO 管理认知异质性高或低时，TMT 管理认知断裂带强度越大，越能帮助 CEO 增强对东道国风险不确定性的识别与管控能力，从而使其更具风险偏好；在 CEO 管理认知异质性中等时，TMT 管理认知断裂带强度越大，越不能帮助 CEO 增强对东道国风险不确定性的识别与管控能力，不足以使其更具风险偏好。

综上所述，提出以下研究假设。

H6：TMT 管理认知断裂带强度越大，越正向强化 CEO 管理认知异质性与风险偏好之间的 U 型关系。

H6a：TMT 管理认知断裂带强度越大，越正向强化 CEO 知识异质性与风险偏好之间的 U 型关系。

H6b：TMT 管理认知断裂带强度越大，越正向强化 CEO 经验异质性与风险偏好之间的 U 型关系。

H6c：TMT 管理认知断裂带强度越大，越正向强化 CEO 社会阶层异质性与风险偏好之间的 U 型关系。

第三节　被风险偏好中介的 TMT 管理认知断裂带调节效应：被中介的调节模型

结合本章假设和理论推导，本书进一步提出被中介的调节模型（Mediated-Moderation Model），如图 5-1 所示。风险偏好中介了 CEO 管理认知异质性对跨国公司 OFDI 风险不确定性区位选择的影响，并且该中介作用的大小取决于 TMT 管理认知断裂带强度。TMT 管理认知断裂带强度较大的时候，TMT 管理认知断裂带与 CEO 管理认知异质性产生交互作用，对风险偏好的 U 型作用较大，这种影响会通过风险偏好而传递给跨国公司 OFDI 风险不确定性区位选择，从而影响拥有高、中、低异质性管理认知的 CEO 是否做出跨国公司 OFDI 高风险不确定性区位选择。

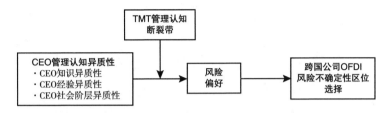

图 5-1　风险偏好对 CEO 管理认知异质性与 TMT 管理认知断裂带的交互效应的中介作用

综上所述，提出以下研究假设。

H7：风险偏好中介 CEO 管理认知异质性与 TMT 管理认知断裂带的交互效应对跨国公司 OFDI 风险不确定性区位选择的影响。

H7a：风险偏好中介 CEO 知识异质性与 TMT 管理认知断裂带的交互效应对跨国公司 OFDI 风险不确定性区位选择的影响。

H7b：风险偏好中介 CEO 经验异质性与 TMT 管理认知断裂带的交互效应对跨国公司 OFDI 风险不确定性区位选择的影响。

H7c：风险偏好中介 CEO 社会阶层异质性与 TMT 管理认知断裂带的交互效应对跨国公司 OFDI 风险不确定性区位选择的影响。

第四节　本章小结

本章重点研究被风险偏好中介的 TMT 管理认知断裂带对 CEO 管理认知异质性与风险偏好的调节效应，分别阐释了风险偏好的中介效应、TMT 管理认知断裂带的调节效应及被风险偏好中介的 TMT 管理认知断裂带的调节效应，并提出相应的研究假设。

第六章

概念模型构建和实证检验

本章首先根据第三章、第四章和第五章的研究假设构建概念模型。其次，介绍研究设计，具体包括：介绍研究样本选择与数据来源；介绍自变量、因变量、调节变量、中介变量、控制变量的定义与测量指标；进行变量汇总。再次，进行实证检验，具体包括：使用 SPSS23.0 统计软件和 STATA15.0 统计软件进行主要变量的数据分析（描述性统计分析和相关性分析）；使用 STATA15.0 统计软件进行回归分析，以检验本书的研究假设（CEO 管理认知异质性对跨国公司 OFDI 风险不确定性区位选择非线性影响的主效应假设、政治资本和风险忍受分别对 CEO 管理认知异质性与跨国公司 OFDI 风险不确定性区位选择之间关系的调节效应假设、被风险偏好中介的 TMT 管理认知断裂带对 CEO 管理认知异质性与风险偏好之间关系的调节效应假设）。复次，进行稳健性检验，报告假设检验结果并进行讨论。最后，小结本章内容。

第一节　战略决策者管理认知与风险不确定性区位选择的概念模型构建

为了以更加清晰而直观的方式呈现本书各个概念、变量之间的逻辑关系，根据第三章的主效应研究假设、第四章的调节效应研究假设和第五章的被中介的调节效应研究假设，构建本书的概念模型，如图 6-1 所示。

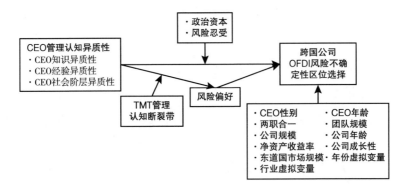

图 6-1　战略决策者管理认知与跨国公司 OFDI 风险不确定性
区位选择的概念模型

第二节　样本选取与数据来源

随着经济全球化水平的不断提升，全球 OFDI 区位选择呈现向高风险不确定性地区发展的新态势。中国不仅是举世瞩目的发展中国家，更是全球 OFDI 的中坚力量，特别是在世界经济复苏依旧艰难曲折、全球 OFDI 流量下降的情况下，中国政府加快"一带一路"建设步伐，积极推动对外投资便利化进程，中国企业"走出去"的内生动力日益增强。"一带一路"沿线国家以高风险不确定性、较大的市场规模、经济与中国高度互补为主要特征，具有广阔的投资前景和发展空间。因此，从研究样本更具高风险不确定性东道国选择的典型性考虑，本书选择中国跨国公司对"一带一路"沿线国家的 OFDI 事件为研究样本，并具体介绍相关变量的数据来源。

一　样本选取

本书选取中国 2009~2017 年沪深两市 A 股跨国公司对"一带一路"沿线国家的 OFDI 事件为研究样本，对战略决策者管理认知与跨国公司

OFDI 风险不确定性区位选择之间的关系与边界条件进行考察。样本选取遵循以下原则。

（一）数据的准确性和可获得性原则

由于中国沪深两市 A 股跨国公司具有信息披露义务，且要求真实、准确、完整、及时地披露信息，不得有虚假记载、误导性陈述或者重大遗漏，基于数据的准确性和可获得性原则，本书选择中国沪深两市 A 股跨国公司对"一带一路"沿线国家的 OFDI 事件为研究样本。

（二）与研究主题相契合原则

鉴于本书的因变量为跨国公司 OFDI 风险不确定性区位选择，"一带一路"沿线国家大多具有法律制度尚未健全、政府干预、政策多变等高风险不确定性特征，因而选取在"一带一路"沿线国家开展 OFDI 的中国跨国公司数据为实证研究样本更具有典型性。

（三）对外投资事件的代表性原则

针对多次进入同一东道国的跨国公司，选取首次进入东道国的 OFDI 事件为研究样本，剔除跨国公司为 ST、＊ST 及金融类样本。

（四）事件发生的因果顺序原则

考虑到战略决策者的战略决策与跨国公司 OFDI 事件的发生之间存在因果顺序，采用 1 年作为时滞期，将与战略决策者战略决策相关的个体层面、团队层面、跨国公司层面与东道国层面数据的选取时间设置为 OFDI 事件发生的前一年。

（五）样本的有效性原则

剔除相关数据缺失的样本，最终获得 351 个有效观测样本。

二 数据来源

根据样本选取原则，以对外直接投资、跨国并购、海外子公司、国际化为关键词，搜索同花顺数据库、巨潮资讯网、深圳证券交易所和上海证券交易所网站发布的公告，并对搜索到的公告进行手工筛选，匹配国泰安数据库（CSMAR）中的"关联交易"信息，获得在"一带一路"沿线国家开展 OFDI 的中国跨国公司数据。手工筛选并整理国泰安经济金融数据库中的"董监高个人特征、亲属关系及特征""高管动态"信息，同时搜索新浪财经网站、东方财富网站、同花顺数据库、深圳证券交易所和上海证券交易所网站发布的公告，进行查缺补漏，获得战略决策者特征相关原始数据。个人其他层面、团队层面、跨国公司层面数据来源于国泰安数据库和万德数据库（WIND），风险不确定性数据来源于《国家风险国际指南》（ICRG），东道国层面数据来自世界银行官网。

第三节　自变量、因变量、调节变量、中介变量和控制变量的定义与测量

根据第三章、第四章和第五章的研究假设，以及第一节的概念模型可知，本书涉及五种类型的研究变量，分别是：①自变量（Independent Variable），本书的自变量是 CEO 管理认知异质性，包括 CEO 知识异质性、CEO 经验异质性和 CEO 社会阶层异质性三个维度；②调节变量（Moderating Variable），本书的三个调节变量分别是政治资本、风险忍受和 TMT 管理认知断裂带；③中介变量（Mediated Variable），本书的中介变量是风险偏好；④因变量（Dependent Variable），本书的因变量是跨国公司 OFDI 风险不确定性区位选择；⑤控制变量（Control Variable），本书的 11 个控制变量分别是 CEO 性别、CEO 年龄、两职合一、团队规模、公司规模、公司年龄、净资产收益率、公司成长性、东道国市场规模、行业虚拟变量和年份虚拟变量，从个人层面、团队层面、跨国公司层面、东道国层面及其他方面控制其对跨国公司 OFDI 风险不确定性区位选择的影响。本节将具体阐述上述五种类型变量的定义与测量指标。

一　因变量

对于跨国公司 OFDI 风险不确定性区位选择（Transnational Corporations OFDI Risk Uncertain Location Selection，本章简称为 RULS），本书采用《国家风险国际指南》中的风险不确定性指数作为代理变量。美国政治风险服务集团（PRS）的《国家风险国际指南》（ICRG）提供了从 1980 年至今每年每月 100 多个国家经济风险、风险不确定性、财务风险等风险指数，其中风险不确定性指数偏重于考察直接投资中的风险不确定性，因而本书选取它来测量 OFDI 东道国的风险不确定性。ICRG 中各国的风险不确定性指数具体包括 12 项指标：政府稳定性、社会经济条件、投资环境、内在冲突、外在冲突、政治腐败、军事政治、宗教紧张局势、法治水平、种族紧张关系、民主、政府管理质量。各指标的分值范围各不相同。借鉴袁其刚和郤晨（2018）的研究方法，本书选取其中更符合东道国风险不确定性区位选择研究情境的四个指标来衡量东道国的风险不确定性，即：东道国政府稳定性（GS），取值范围为 0~12 分；投资环境（IP），取值范围为 0~12 分；法治水平（LO），取值范围为 0~6 分；政府管理质量（BQ），取值范围为 0~4 分。借鉴 Asiedu 和 Lien（2010）、Kang（2018）的研究方法，将四个指标加总后取中位数，高于中位数的赋值 0，低于或等于中位数的赋值 1，1 代表该东道国具有高风险不确定性。

二　自变量

CEO 管理认知异质性（CEO Management Cognition Heterogeneity，CEOMCH）中的 CEO 是指中国跨国公司 CEO 或兼任董事长的 CEO，CEO 管理认知异质性难以直接测量，本书根据 CEO 管理认知异质性的三个维度即 CEO 知识异质性、CEO 经验异质性和 CEO 社会阶层异质性构建指标体系，在权重赋予上进行加总处理（李维安等，2014）。借鉴李维安等

（2014）的研究成果，自变量 CEO 管理认知异质性可用等式表达为：

CEO 知识异质性(CEO Knowledge Heterogeneity,CEOKH)
　　= CEO 受教育程度(CEO Education) + CEO 专业(CEO Specialty)
CEO 经验异质性(CEO Experience Heterogeneity,CEOEH)
　　= CEO 职能(CEO Function) + CEO 行业(CEO Industry) + CEO 东道国
　　　工作经历(CEO Host Country Work Experience)
先赋性因素 = 父辈受教育程度(F_Education) + 父辈职业背景(F_Profession)
自致性因素 = CEO 受教育程度(CEO Education) + CEO 职业背景(CEO Profession)
CEO 社会阶层异质性(CEO Class Heterogeneity,CEOCH) = 先赋性因素 + 自致性因素
CEO 管理认知异质性(CEOMCH)
　　= CEO 知识异质性(CEOKH) + CEO 经验异质性(CEOEH)
　　　+ CEO 社会阶层异质性(CEOCH)

　　CEO 管理认知异质性的知识维度具体赋值：受教育程度，取 CEO 的最高学历赋值，最高学历为中专及以下的赋值 1，大专赋值 2，本科赋值 3，硕士研究生赋值 4，博士研究生赋值 5；专业，取 CEO 的专业背景类别个数赋值，分为经济管理类、理工类和其他，CEO 拥有其中一类专业背景赋值 1，同时拥有两类专业背景赋值 2，同时拥有三类专业背景赋值 3。

　　CEO 管理认知异质性的经验维度具体赋值：职能，取 CEO 的职能类别个数赋值，借鉴周建和李小青（2012）的研究，将 CEO 职能划分为输出职能、转换职能和支持职能三种类别，CEO 承担其中一类职能赋值 1，同时承担两类职能赋值 2，同时承担三类职能赋值 3；行业，取 CEO 的行业类别个数赋值，赋值 1，2，3，…；东道国工作经历，取 CEO 曾经及目前工作所在的东道国个数赋值，赋值 1，2，3，…。

　　CEO 管理认知异质性的社会阶层维度具体赋值如下。①先赋性因素具体赋值：父辈受教育程度，取 CEO 父亲或母亲的最高学历赋值，最高学历为中专及以下的赋值为 1，大专赋值为 2，本科赋值为 3，硕士研究生赋值为 4，博士研究生赋值为 5；父辈职业背景，借鉴周建和李小青（2012）的研究，取 CEO 父亲或母亲拥有的最多职业背景赋值，

拥有一类职业背景赋值 1，同时拥有两类职业背景赋值 2，同时拥有三类职业背景赋值 3。②自致性因素具体赋值：CEO 受教育程度，取 CEO 最高学历赋值，最高学历为中专及以下的赋值 1，大专赋值 2，本科赋值 3，硕士研究生赋值 4，博士研究生赋值 5；CEO 职业背景，借鉴周建和李小青（2012）的研究，拥有一类职业背景赋值 1，同时拥有两类职业背景赋值 2，同时拥有三类职业背景赋值 3。

三　调节变量

（1）政治资本（Political Capital，PC）

政治资本包括 CEO 父辈的政治资本和 CEO 个人的政治资本。本书借鉴黄莲琴和主富峰（2015）的研究成果，根据其现任或曾任的政府机构级别赋值，即全国人民代表大会赋值 9，中国人民政治协商会议赋值 8，全国党代表大会赋值 7，地方各级人民政府赋值 6，其他政府机构赋值 5（包括中央直属机构、国务院机构以及地方机构），民主党派赋值 4，社会团体赋值 3，高等院校赋值 2，中国共产党地方委员会赋值 1，无政府背景赋值 0。

（2）风险忍受（Risk Bear，RB）

本书采用 CEO 年度货币薪酬总额作为 CEO 风险忍受的测量指标。根据风险忍受的定义，应选取能够体现 CEO 财富的指标作为 CEO 风险忍受的测量指标。已有研究指出，CEO 的财富主要来自薪酬，包括货币薪酬和股权薪酬（Asiedu and Lien，2010）。然而，由于股权激励引入中国企业较晚且实行股权激励的企业数量有限，对跨国公司 CEO 仍以货币薪酬激励为主，因此，本书采用 CEO 年度货币薪酬总额作为 CEO 风险忍受的测量指标。

（3）TMT 管理认知断裂带（TMT Management Cognition Faultlines，Fau）

其中，TMT 是指中国跨国公司的董事长、经理层、董事会成员和监事会成员，TMT 管理认知断裂带包括 TMT 成员的性别、年龄、受教育程度、专业和职能。借鉴已有研究成果（卫旭华等，2018；Georgakakis et al.，2017），TMT 管理认知断裂带可用等式表达为：

$$TMT\ 管理认知断裂带(Fau) = 性别(Gen) + 年龄(Age) + 受教育程度(Edu) + 专业(Spe) + 职能(Fun)$$

借鉴周建和李小青（2012）的研究成果，TMT 管理认知断裂带具体赋值如下。性别，TMT 成员为男性赋值 1，否则赋值 0。年龄，TMT 成员年龄大小。受教育程度，取 TMT 成员最高学历赋值，最高学历为中专及以下的赋值 1，大专赋值 2，本科赋值 3，硕士研究生赋值 4，博士研究生赋值 5。专业，TMT 成员专业为经济管理类的赋值 3，理工类的赋值 2，其他赋值 1。职能，将职能分为输出职能、转换职能和支持职能三种类别，其中：营销、销售和研发为输出职能，赋值 1；生产、运营和制造为转换职能，赋值 2；财务会计与金融、法律、人事及其他为支持职能，赋值 3。

Thatcher 和 Patel（2012）研究指出，有多种测量断裂带强度的方法，应根据不同研究情境选择与之相适应的测量方法。如前文所述，本书中 TMT 管理认知断裂带（以是否具有国际化经历划分两个子团队）的研究情境类似于 Li 和 Hambrick（2005）中国际并购公司的 TMT 断裂带（以中国和美国国籍划分为两个子团队）的研究情境，因为这两个情境中的 TMT 都具有先验的或预先确定的断裂带。在这种情况下，不需要依靠数值计算来确定断裂带的位置，可以通过直接计算两个子团队内部和子团队之间的人口差异来衡量断裂带强度的大小（Li and Hambrick，2005；Li and Lau，2014）。因此，本书借鉴 Li 和 Hambrick（2005）提出的派系断裂带计算理论，在跨国公司 TMT 中，根据其成员是否具有国际化经历这一特定情境特征，将 TMT 划分为具有不同管理认知的两个子团队。国际化经历主要包括：①国际化工作经历；②国际化教育培训经历；③国际化生活经历。然后，计算每个子团队其他特征属性（年龄、性别、受教育程度、专业、职能）的均值，并对 TMT 内不同子团队之间的差异进行量化，计算得到每个子团队除国际化经历以外的其他人口统计学特征的 d 值，这些 d 值决定了 TMT 管理认知断裂带的强度。

$$d = \frac{|\bar{X}_A - \bar{X}_B|}{\frac{\sigma_A \sigma_B}{2} + 1}$$

式中，$\bar{X}_A$ 和 $\bar{X}_B$ 表示各子团队中某一人口统计学特征的均值，σ_A 和 σ_B 为各子团队该人口统计学特征的标准差。分母加 1 是为了防止方差为零而导致分母为零的情况出现。

四 中介变量

本书采用风险资产占资产总额的比重来测量风险偏好（Risk Preference，RP）。借鉴龚光明和曾照存（2013）的研究成果，从企业风险资产占比的角度来测量 CEO 的风险偏好，风险资产占资产总额的比重越大，表明 CEO 越偏好风险，具体公式为：

风险偏好 = 风险资产／资产总额 = （交易性金融资产 + 应收账款
+ 可供出售的金融资产 + 投资性房地产 + 持有至到期的
投资）／资产总额

五 控制变量

本书选取了 CEO 个人层面、团队层面、跨国公司层面和东道国层面的控制变量，以从不同层面控制其对跨国公司 OFDI 风险不确定性区位选择的影响。

CEO 个人层面控制变量的具体赋值如下。CEO 性别（*CEO Gender*，*CEOG*），CEO 为男性赋值 1，否则赋值 0。CEO 年龄（*CEO Age*，*CEOA*），按 CEO 年龄大小赋值。两职合一（*CEO_Chairm*，*CEOC*），即考察董事长和总经理两职是否合一，表明跨国公司决策权是否集中于 CEO，CEO 是否更容易左右跨国公司的战略决策过程和结果。借鉴李小青和吕靓欣（2017）的研究成果，董事长和总经理两职合一时赋值 1，否则赋值 0。

团队层面的控制变量为团队规模（*TeamS*）。已有研究表明，不同团队规模存在不同影响（周建和李小青，2012）。在大规模团队中，异质性的信息和经验导致团队的冲突水平提高，团队成员难以就有关问题达成共识，从而降低团队利用信息和经验处理企业问题的能力。团队规模与讨论企业问题的深度负相关，与讨论企业问题的广度正相关。团队规模越大，团队成员的背景越多样化，越会对企业的创新战略产生影响。本书控制高管团队规模的影响，借鉴李小青和吕靓欣（2017）的研究成果，采用高管团队成员总数的对数来测量。

跨国公司层面控制变量的具体赋值如下。公司规模（Ln*Size*），采用公司年末总资产的对数来测量。公司规模是战略分析中最有力的解释性组织变量，对跨国公司的战略决策具有深远影响（Josefy et al.，2015）。跨国公司规模越大，意味着其拥有越多海外运营所需的资产和资源，抵抗国际风险的能力越强，越倾向于 OFDI（龙婷等，2019）。公司年龄（*CAge*），采用公司成立的年数来测量。跨国公司成立年限越长，所积累的所有权优势和国际投资经验越多，越容易"走出去"跨国投资（周经和王道，2019）。也有研究认为，公司年龄在国际扩张中的作用不确定，年轻公司往往合法性水平低于年长公司，这使得它们很难获得资源，但年轻公司在国际扩张的过程中能够更有效地学习，从而实现更高的增长率（Li et al.，2020）。净资产收益率（*ROE*），表示公司的盈利水平，该数值越大表明公司的盈利水平越高。在一般情况下，净资产收益率高的公司更有意愿对外扩张（胡志军和温丽琴，2014；薛安伟，2018）。本书采用公司税后净利润除以净资产得到的百分比来测量净资产收益率。公司成长性（*Growth*）在一定程度上反映了跨国公司的投资机会，成长性强的跨国公司具有更强的 OFDI 内生动力。本书借鉴周建和李小青（2012）的研究成果，采用公司营业收入增长率来测量公司成长性。

东道国层面控制变量的具体赋值如下。东道国市场规模（ln*GDP*），采用东道国真实国内生产总值的对数来测量。东道国市场规模，即为东道国的市场需求，不仅决定了东道国的总体经济状况，也反映了东道国的整体收入水平和经济活力。在通常情况下，东道国的市场规模越大，跨国公司拥有的市场机会就越多。因此，东道国市场规模是跨国公司做出投资决策的重要影响因素（朱婕和任荣明，2018）。

其他控制变量的具体赋值如下。行业虚拟变量（*Industry*），将跨国公司按所属行业划分为制造业与非制造业，制造业赋值 1，非制造业赋值 0（杜晓君等，2017）。年份虚拟变量（*Year*），2008~2016 年依次赋值 0~8。

为抑制可能存在的异方差，使回归系数能够准确地表达变量间的弹性关系，本书对部分变量做了自然对数处理。本书使用的变量和测量指标详见表 6-1。

表 6-1　变量类型、变量名称、测量指标与数据来源

变量类型	变量名称	测量指标	数据来源
因变量	跨国公司 OFDI 风险不确定性区位选择	ICRG 中风险不确定性指数 12 项指标中的四项指标加总后取中位数，高于中位数的赋值 0，等于或低于中位数的赋值 1，1 代表该东道国具有高风险不确定性	ICRG 中的风险不确定性指数
自变量	CEO 管理认知异质性	CEO 管理认知异质性 ＝CEO 知识异质性＋CEO 经验异质性＋CEO 社会阶层异质性 CEO 知识异质性 ＝CEO 受教育程度＋CEO 专业 CEO 经验异质性 ＝CEO 职能＋CEO 行业 ＋CEO 东道国工作经历 CEO 社会阶层异质性 ＝先赋性因素＋自致性因素 ＝父辈受教育程度＋父辈职业背景 ＋CEO 受教育程度＋CEO 职业背景	国泰安数据库、新浪财经网站、东方财富网站、同花顺数据库、巨潮资讯网、深圳证券交易所和上海证券交易所网站发布的公告

续表

变量类型	变量名称	测量指标	数据来源
中介变量	风险偏好	风险资产占资产总额的比重	国泰安数据库、万德数据库
调节变量	政治资本	政治资本＝CEO 父辈的政治资本 ＋CEO 个人的政治资本	国泰安数据库、万德数据库
	风险忍受	CEO 年度货币薪酬总额	
	TMT 管理认知断裂带	d 值（详见前文所述）	
控制变量	CEO 性别	CEO 为男性赋值 1，否则赋值 0	国泰安数据库、万德数据库
	CEO 年龄	CEO 年龄大小	
	两职合一	董事长和总经理两职合一赋值 1，否则赋值 0	
	团队规模	TMT 成员总数的对数	
	公司规模	公司年末总资产的对数	
	公司年龄	公司成立的年数	
	净资产收益率	公司税后净利润除以净资产得到的百分比	
	公司成长性	公司营业收入增长率	
控制变量	东道国市场规模	东道国真实国内生产总值的对数	世界银行官网
	行业虚拟变量	制造业赋值为 1，非制造业赋值为 0	国泰安数据库
	年份虚拟变量	2008～2016 年依次赋值 0～8	

注：由于 CEO 管理认知异质性（CEOMCH）＝CEO 知识异质性（CEOKH）＋CEO 经验异质性（CEOEH）＋CEO 社会阶层异质性（CEOCH），加总后有两个 CEO 学历和两个 CEO 职能，为避免重复，各取其中一个计入 CEO 管理认知异质性（CEOMCH）。

第四节　数据分析：描述性统计分析与相关性分析

一　描述性统计分析

本节使用 SPSS23.0 统计分析软件对研究涉及的变量进行描述性统计分析，各变量的最大值、最小值、均值和标准差如表 6-2 所示。由表 6-2 可知，CEO 知识异质性的标准差为 0.903，说明样本公司 CEO

知识异质性存在较大的差异；CEO 经验异质性的标准差为 3.217，表明样本公司 CEO 经验异质性存在较大的差异；CEO 社会阶层异质性的标准差为 1.746，说明样本公司 CEO 社会阶层异质性存在较大的差异；CEO 管理认知异质性的标准差为 4.373，表明样本公司 CEO 管理认知异质性存在较大的差异。从 CEO 的政治资本来看，均值为 3.484，表明在样本公司中 CEO 拥有的政治资本较少；标准差为 9.035，说明样本公司 CEO 所拥有的政治资本存在较大的差异。从 CEO 年龄来看，均值为 35.476，表明样本公司的 CEO 大多为年轻的 CEO，标准差为 5.926，说明样本公司 CEO 的年龄差异较大。

表 6-2　描述性统计分析结果

变量	样本量	最小值	最大值	均值	标准差
跨国公司 OFDI 风险不确定性区位选择	351	0.000	1.000	0.464	0.499
CEO 知识异质性	351	1.000	6.000	4.487	0.903
CEO 经验异质性	351	2.000	14.000	7.291	3.217
CEO 社会阶层异质性	351	5.000	17.000	10.254	1.746
CEO 管理认知异质性	351	7.000	27.000	15.259	4.373
风险偏好	351	0.000	0.431	0.172	0.128
政治资本	351	0.000	56.000	3.484	9.035
风险忍受	351	11.184	16.639	13.034	0.774
TMT 管理认知断裂带	351	0.068	1.459	0.347	0.167
CEO 性别	351	0.000	1.000	0.923	0.267
CEO 年龄	351	28.000	55.000	35.476	5.926
两职合一	351	0.000	1.000	0.128	0.335
团队规模	351	2.485	3.091	2.839	0.085
公司规模	351	20.448	25.290	22.420	1.013
公司年龄	351	7.000	27.000	16.758	2.850
净资产收益率	351	-0.255	0.294	0.097	0.076
公司成长性	351	-0.618	2.966	0.345	0.645
东道国市场规模	351	3.107	3.416	3.328	0.062

注：行业和年份作为虚拟变量，未列入描述性统计分析。

二　相关性分析

本节使用 SPSS23.0 统计分析软件对研究涉及的变量进行皮尔逊（Pearson）相关性分析，各变量的相关系数如表 6-3 所示，具体运行结果详见附录 B 中表 1。由表 6-3 可知，变量间相关系数主要分布在 0.500 以下，表明各变量之间不存在严重的多重共线性（Jong et al.，2011）。进一步，本书运用 STATA15.0 统计软件对各变量间的方差膨胀因子值（VIF）进行检验，具体运行结果见附录 B 中表 2。检验结果表明，各变量 VIF 的最大值为 2.95，均值为 1.93，远低于临界值 5，表明各变量之间不存在潜在的多重共线性。

第五节　主效应、调节效应和被中介的调节效应的假设检验

本节主要对前文提出的研究假设进行检验。为检验研究假设，本书使用 STATA15.0 统计软件进行层级回归分析，为消除不同变量间的量纲差异，减少研究结果的误差，在实证检验前对所有变量进行均值中心化处理。本节依次进行 CEO 管理认知异质性对跨国公司 OFDI 风险不确定性区位选择非线性影响的主效应检验、政治资本和风险忍受分别对 CEO 管理认知异质性与跨国公司 OFDI 风险不确定性区位选择之间关系的调节效应检验、被风险偏好中介的 TMT 管理认知断裂带对 CEO 管理认知异质性与风险偏好之间关系的调节效应检验。

一　CEO 管理认知异质性对跨国公司 OFDI 风险不确定性区位选择非线性影响的主效应检验

本节对主效应进行检验。多维构念有三种类型，即潜因子型、合并型和组合型，对于多维构念，在检验中究竟是应该直接估计一个多维构

表6-3 各变量的相关系数

	RULS	CEOMCH	Fau	RP	PC	RB	CEOG	CEOA	CEOC	TeamS	LnSize	ROE	CA	Growth	LnGDP
RULS	1														
CEOMCH	-0.080	1													
Fau	-0.112*	-0.113*	1												
RP	0.226**	-0.528**	-0.101	1											
PC	-0.180**	0.129*	-0.134*	-0.335**	1										
RB	-0.022	0.059	-0.012	-0.195**	0.075	1									
CEOG	0.033	-0.367**	-0.078	0.187**	-0.082	0.157*	1								
CEOA	-0.149**	0.120*	0.166**	-0.296**	0.237**	0.611**	0.173**	1							
CEOC	-0.152**	-0.087	0.151**	-0.261**	0.107*	0.400**	0.111*	0.511**	1						
TeamS	0.058	-0.146*	0.189**	0.018	0.089	-0.119*	-0.295**	0.067	-0.085	1					
LnSize	0.087	-0.500**	0.137**	0.255**	-0.047	0.277**	-0.081	0.252**	0.176**	0.306**	1				
ROE	0.123*	-0.018	0.034	-0.178**	-0.199**	0.388**	0.194**	0.201**	0.082	0.180**	0.028	1			
CA	0.049	-0.256**	0.026	-0.056	0.153*	0.265**	0.434**	0.243**	0.125*	-0.002	0.159**	0.134*	1		
Growth	0.060	0.112*	0.082	0.105*	-0.044	-0.015	0.046	0.249**	-0.172**	-0.225**	-0.317**	-0.213**	-0.012	1	
LnGDP	0.143**	0.188**	0.005	0.055	-0.024	-0.012	0.135*	0.025	0.153**	-0.077	0.113*	-0.140**	0.184**	-0.107*	1

注：*、**分别表示5%、1%的显著性水平。

念整体还是应该通过各个维度来估计，这取决于研究关注的是多维构念整体还是多维构念的各个维度，研究者可以根据不同的研究需要使用不同类型的多维构念，采用不同的估计方法进行多维构念检验（陈晓萍等，2012）。本书中的 CEO 管理认知异质性是潜因子型多维构念，CEO 知识异质性、CEO 经验异质性和 CEO 社会阶层异质性分别是 CEO 管理认知异质性的不同表现，CEO 知识异质性、CEO 经验异质性和 CEO 社会阶层异质性背后的共同因素是 CEO 管理认知异质性。对 CEO 管理认知异质性这一多维构念，本书同时关注其各个维度和构念整体。因此，在检验 CEO 管理认知异质性对跨国公司 OFDI 风险不确定性区位选择的非线性影响时，本书从 CEO 管理认知异质性的三个维度即 CEO 知识异质性、CEO 经验异质性和 CEO 社会阶层异质性以及 CEO 管理认知异质性构念整体分别进行检验。

为了检验主效应，即验证 CEO 管理认知异质性对跨国公司 OFDI 风险不确定性区位选择非线性影响的研究假设，本书以 CEO 管理认知异质性及其三个维度为自变量，以跨国公司 OFDI 风险不确定性区位选择为因变量，以 CEO 性别、CEO 年龄、两职合一、团队规模、公司规模、公司年龄、净资产收益率、公司成长性、东道国市场规模、行业虚拟变量、年份虚拟变量为控制变量分别构建模型，由于因变量为类别变量，本书采用 Logit 回归设计模型 1 至模型 5，分别对应式 6-1 至式 6-5：

模型 1：$RULS = \beta_0 + \gamma \cdot Control + \varepsilon$ （6-1）

模型 2：$RULS = \beta_0 + \gamma \cdot Control + \beta_1 CEOKH + \beta_2 CEOKH^2 + \varepsilon$ （6-2）

模型 3：$RULS = \beta_0 + \gamma \cdot Control + \beta_3 CEOEH + \beta_4 CEOEH^2 + \varepsilon$ （6-3）

模型 4：$RULS = \beta_0 + \gamma \cdot Control + \beta_5 CEOCH_i + \beta_6 CEOCH^2 + \varepsilon$ （6-4）

模型 5：$RULS = \beta_0 + \gamma \cdot Control + \beta_7 CEOMCH + \beta_8 CEOMCH^2 + \varepsilon$ （6-5）

在模型 1 至模型 5 中，$RULS$ 为跨国公司 OFDI 风险不确定性区位选择，β_0 为截距项，β_1 至 β_8 为回归系数，$\gamma \cdot Control$ 为控制变量加总，ε 为随机误差项，$CEOKH$ 为 CEO 知识异质性一次项，$CEOKH^2$ 为 CEO 知识

异质性二次项，*CEOEH* 为 CEO 经验异质性一次项，*CEOEH²* 为 CEO 经验异质性二次项，*CEOCH* 为 CEO 社会阶层异质性一次项，*CEOCH²* 为 CEO 社会阶层异质性二次项，*CEOMCH* 为 CEO 管理认知异质性一次项，*CEOMCH²* 为 CEO 管理认知异质性二次项。模型 1 考察控制变量对跨国公司 OFDI 风险不确定性区位选择的影响；模型 2 在模型 1 的基础上加入 CEO 知识异质性的一次项和二次项，检验 CEO 知识异质性与跨国公司 OFDI 风险不确定性区位选择之间是否存在正 U 型关系；模型 3 在模型 1 的基础上加入 CEO 经验异质性的一次项和二次项，检验 CEO 经验异质性与跨国公司 OFDI 风险不确定性区位选择之间是否存在正 U 型关系；模型 4 在模型 1 的基础上加入 CEO 社会阶层异质性的一次项和二次项，检验 CEO 社会阶层异质性与跨国公司 OFDI 风险不确定性区位选择之间是否存在正 U 型关系；模型 5 在模型 1 的基础上加入 CEO 管理认知异质性的一次项和二次项，检验 CEO 管理认知异质性与跨国公司 OFDI 风险不确定性区位选择之间是否存在正 U 型关系。

主效应检验结果如表 6-4 所示，具体运行结果见附录 C。

表 6-4　主效应检验结果

变量	跨国公司 OFDI 风险不确定性区位选择				
	模型 1	模型 2	模型 3	模型 4	模型 5
CEO 知识异质性一次项		-1.988* (1.078)			
CEO 知识异质性二次项		0.234* (0.122)			
CEO 经验异质性一次项			-0.825** (0.368)		
CEO 经验异质性二次项			0.062*** (0.023)		
CEO 社会阶层异质性一次项				-1.454** (0.688)	
CEO 社会阶层异质性二次项				0.069** (0.031)	

续表

变量	跨国公司 OFDI 风险不确定性区位选择				
	模型 1	模型 2	模型 3	模型 4	模型 5
CEO 管理认知异质性一次项					−0.790 **
					(0.310)
CEO 管理认知异质性二次项					0.027 ***
					(0.010)
CEO 性别	−0.113	0.104	0.282	−0.292	0.338
	(0.611)	(0.664)	(0.652)	(0.639)	(0.662)
CEO 年龄	−0.048 *	−0.077 **	−0.072 **	−0.049	−0.074 **
	(0.028)	(0.037)	(0.034)	(0.032)	(0.033)
两职合一	−0.693	−0.537	0.273	−0.637	−0.002
	(0.452)	(0.459)	(0.554)	(0.476)	(0.509)
团队规模	0.236	−1.087	2.798	−0.791	1.166
	(1.619)	(1.791)	(1.986)	(1.754)	(1.846)
公司规模	0.385 ***	0.529 ***	0.437 **	0.412 ***	0.475 **
	(0.146)	(0.168)	(0.209)	(0.156)	(0.190)
公司年龄	0.104 *	0.117 **	0.199 ***	0.168 ***	0.200 ***
	(0.055)	(0.056)	(0.069)	(0.065)	(0.066)
净资产收益率	3.873 **	4.572 **	6.123 ***	4.771 **	6.314 ***
	(1.805)	(1.948)	(2.156)	(1.936)	(2.104)
公司成长性	0.227	0.308	0.289	0.322	0.381 *
	(0.194)	(0.202)	(0.202)	(0.202)	(0.205)
东道国市场规模	−6.837 ***	−7.636 ***	−7.736 ***	−7.815 ***	−8.373 ***
	(2.210)	(2.275)	(2.238)	(2.279)	(2.270)
行业虚拟变量	1.123 **	1.349 **	1.104 *	1.162 **	1.068 *
	(0.535)	(0.563)	(0.612)	(0.554)	(0.605)
年份虚拟变量	−0.089	−0.115	−0.294 **	−0.139	−0.241 *
	(0.113)	(0.116)	(0.147)	(0.123)	(0.137)
对数似然函数的最大值	−220.539	−218.263	−213.546	−217.754	−213.915
似然比检验统计	43.730 ***	48.280 ***	57.720 ***	49.300 ***	56.980 ***
准可决系数	0.090	0.100	0.119	0.102	0.118
有效样本	351	351	351	351	351

注：*、**、*** 分别表示 10%、5%、1% 的显著性水平，括号内的数据为标准误。

在模型 2 中，CEO 知识异质性一次项的回归系数为 -1.988，在 10% 水平上显著，二次项的回归系数为 0.234，在 10% 水平上显著，表明 CEO 知识异质性与跨国公司 OFDI 风险不确定性区位选择之间存在显著的正 U 型关系。因此，研究假设 H1a 成立。

在模型 3 中，CEO 经验异质性一次项的回归系数为 -0.825，在 5% 水平上显著，二次项的回归系数为 0.062，在 1% 水平上显著，表明 CEO 经验异质性与跨国公司 OFDI 风险不确定性区位选择之间存在显著的正 U 型关系。因此，研究假设 H1b 成立。

在模型 4 中，CEO 社会阶层异质性一次项的回归系数为 -1.454，在 5% 水平上显著，二次项的回归系数为 0.069，在 5% 水平上显著，表明 CEO 社会阶层异质性与跨国公司 OFDI 风险不确定性区位选择之间存在显著的正 U 型关系。因此，研究假设 H1c 成立。

在模型 5 中，CEO 管理认知异质性一次项的回归系数为 -0.790，在 5% 水平上显著，二次项的回归系数为 0.027，在 1% 水平上显著，表明 CEO 管理认知异质性与跨国公司 OFDI 风险不确定性区位选择之间存在显著的正 U 型关系。因此，研究假设 H1 成立。

综上检验结果表明，主效应研究假设 H1 和 H1a、H1b、H1c 均成立，即 CEO 管理认知异质性及其三个维度与跨国公司 OFDI 风险不确定性区位选择之间均存在显著的正 U 型关系。

二 政治资本和风险忍受分别对 CEO 管理认知异质性与 OFDI 风险不确定性区位选择之间关系的调节效应检验

（一）政治资本的调节效应检验

为了检验政治资本的调节效应，即验证政治资本是否正向影响 CEO 管理认知异质性与跨国公司 OFDI 风险不确定性区位选择之间的正 U 型关系，设计模型 1 至模型 4，分别对应式 6-6 至式 6-9：

模型 1：$RULS = \beta_0 + \gamma \cdot Control + \beta_1 CEOKH + \beta_2 CEOKH^2 + \beta_9 PC + \beta_{10} PC$

$$\times CEOKH^2 + \varepsilon \tag{6-6}$$

模型 2：$RULS = \beta_0 + \gamma \cdot Control + \beta_3 CEOEH + \beta_4 CEOEH^2 + \beta_9 PC + \beta_{11} PC$

$$\times CEOEH^2 + \varepsilon \tag{6-7}$$

模型 3：$RULS = \beta_0 + \gamma \cdot Control + \beta_5 CEOCH + \beta_6 CEOCH^2 + \beta_9 PC + \beta_{12} PC$

$$\times CEOCH^2 + \varepsilon \tag{6-8}$$

模型 4：$RULS = \beta_0 + \gamma \cdot Control + \beta_7 CEOMCH + \beta_8 CEOMCH^2 + \beta_9 PC$

$$+ \beta_{13} PC \times CEOMCH^2 + \varepsilon \tag{6-9}$$

在模型 1 至模型 4 中，PC 为政治资本，β_1 至 β_{13} 为回归系数，$PC \times CEOKH^2$ 为政治资本与 CEO 知识异质性二次项的交互项，$PC \times CEOEH^2$ 为政治资本与 CEO 经验异质性二次项的交互项，$PC \times CEOCH^2$ 为政治资本与 CEO 社会阶层异质性二次项的交互项，$PC \times CEOMCH^2$ 为政治资本与 CEO 管理认知异质性二次项的交互项。模型 1 检验政治资本是否正向影响 CEO 知识异质性与跨国公司 OFDI 风险不确定性区位选择之间的正 U 型关系，模型 2 检验政治资本是否正向影响 CEO 经验异质性与跨国公司 OFDI 风险不确定性区位选择之间的正 U 型关系，模型 3 检验政治资本是否正向影响 CEO 社会阶层异质性与跨国公司 OFDI 风险不确定性区位选择之间的正 U 型关系，模型 4 检验政治资本是否正向影响 CEO 管理认知异质性与跨国公司 OFDI 风险不确定性区位选择之间的正 U 型关系。

根据李拓晨等（2018）关于 U 型调节作用的检验方法，要检验政治资本对主效应正 U 型关系的正向调节作用，就是要考察政治资本与自变量二次项的交互项系数，如果该系数显著且符号为正，则正 U 型曲线变得陡峭，政治资本的正向调节作用成立。

政治资本的调节效应检验结果如表 6-5 所示，具体运行结果见附录 D。

在模型 1 中，政治资本与 CEO 知识异质性二次项交互项的回归系数为 0.003，但不显著，表明政治资本对 CEO 知识异质性与跨国公司 OFDI 风险不确定性区位选择之间的正 U 型关系不具有正向调节作用。因此，研究假设 H2a 不成立。

在模型 2 中，政治资本与 CEO 经验异质性二次项交互项的回归系数为-0.000，且不显著，表明政治资本对 CEO 经验异质性与跨国公司 OFDI 风险不确定性区位选择之间的正 U 型关系不具有正向调节作用。因此，研究假设 H2b 不成立。

在模型 3 中，政治资本与 CEO 社会阶层异质性二次项交互项的回归系数为-0.000，且不显著，表明政治资本对 CEO 社会阶层异质性与跨国公司 OFDI 风险不确定性区位选择之间的正 U 型关系不具有正向调节作用。因此，研究假设 H2c 不成立。

在模型 4 中，政治资本与 CEO 管理认知异质性二次项交互项的回归系数为-0.000，且不显著，表明政治资本对 CEO 管理认知异质性与跨国公司 OFDI 风险不确定性区位选择之间的正 U 型关系不具有正向调节作用。因此，研究假设 H2 不成立。

表 6-5　跨国公司 OFDI 政治资本调节效应检验结果

变量	跨国公司 OFDI 风险不确定性区位选择			
	模型 1	模型 2	模型 3	模型 4
CEO 知识异质性一次项	-1.694 (1.055)			
CEO 知识异质性二次项	0.191 (0.123)			
CEO 经验异质性一次项		-0.859** (0.395)		
CEO 经验异质性二次项	0.067** (0.026)			
CEO 社会阶层异质性一次项			-1.529** (0.702)	
CEO 社会阶层异质性二次项			0.075** (0.032)	
CEO 管理认知异质性一次项				-0.850*** (0.325)
CEO 管理认知异质性二次项				0.030*** (0.010)

续表

变量	跨国公司 OFDI 风险不确定性区位选择			
	模型 1	模型 2	模型 3	模型 4
政治资本	−0.117 (0.084)	−0.021 (0.047)	0.019 (0.079)	−0.019 (0.060)
CEO 知识异质性二次项×政治资本	0.003 (0.003)			
CEO 经验异质性二次项×政治资本		−0.000 (0.000)		
CEO 社会阶层异质性二次项×政治资本			−0.000 (0.001)	
CEO 管理认知异质性二次项×政治资本				−0.000 (0.000)
CEO 性别	−0.075 (0.672)	0.076 (0.694)	−0.402 (0.670)	0.127 (0.702)
CEO 年龄	−0.070* (0.040)	−0.074** (0.036)	−0.047 (0.033)	−0.077** (0.036)
两职合一	−0.381 (0.509)	0.389 (0.598)	−0.626 (0.508)	0.150 (0.566)
团队规模	−1.219 (1.943)	2.904 (2.030)	−0.601 (1.838)	1.198 (1.909)
公司规模	0.487*** (0.171)	0.460** (0.229)	0.403** (0.163)	0.491** (0.208)
公司年龄	0.127** (0.060)	0.254*** (0.086)	0.209*** (0.073)	0.260*** (0.084)
净资产收益率	3.038 (2.104)	5.339** (2.297)	4.280** (2.117)	5.652** (2.239)
公司成长性	0.253 (0.205)	0.280 (0.206)	0.332 (0.208)	0.386* (0.211)
东道国市场规模	−7.483*** (2.268)	−7.478*** (2.248)	−7.676*** (2.274)	−8.188*** (2.279)
行业虚拟变量	1.107* (0.567)	1.067* (0.622)	1.048* (0.562)	0.958 (0.619)
年份虚拟变量	−0.055 (0.121)	−0.307* (0.161)	−0.138 (0.129)	−0.250* (0.148)

变量	跨国公司 OFDI 风险不确定性区位选择			
	模型 1	模型 2	模型 3	模型 4
对数似然函数的最大值	−216.121	−211.746	−215.653	−211.843
似然比检验统计	52.570***	61.320***	53.500***	61.120***
准可决系数	0.108	0.127	0.110	0.126
有效样本	351	351	351	351

注：*、**、***分别表示 10%、5%、1%的显著性水平，括号内的数据为标准误。

综上检验结果表明，政治资本的调节效应研究假设 H2 和 H2a、H2b、H2c 均不成立，即政治资本对 CEO 管理认知异质性及其三个维度与跨国公司 OFDI 风险不确定性区位选择之间的正 U 型关系不具有正向调节作用。

（二）风险忍受的调节效应检验

为了检验风险忍受的调节效应，即验证风险忍受是否正向影响 CEO 管理认知异质性与跨国公司 OFDI 风险不确定性区位选择之间的正 U 型关系，设计模型 1 至模型 4，分别对应式 6-10 至式 6-13：

模型 1：$RULS = \beta_0 + \gamma \cdot Control + \beta_1 CEOKH + \beta_2 CEOKH^2 + \beta_9 RB + \beta_{10} RB$
$\times CEOKH^2 + \varepsilon$ （6-10）

模型 2：$RULS = \beta_0 + \gamma \cdot Control + \beta_3 CEOEH + \beta_4 CEOEH^2 + \beta_9 RB + \beta_{11} RB$
$\times CEOEH^2 + \varepsilon$ （6-11）

模型 3：$RULS = \beta_0 + \gamma \cdot Control + \beta_5 CEOCH + \beta_6 CEOCH^2 + \beta_9 RB + \beta_{12} RB$
$\times CEOCH^2 + \varepsilon$ （6-12）

模型 4：$RULS = \beta_0 + \gamma \cdot Control + \beta_7 CEOMCH + \beta_8 CEOMCH^2 + \beta_9 RB$
$+ \beta_{13} RB \times CEOMCH^2 + \varepsilon$ （6-13）

在模型 1 至模型 4 中，RB 为风险忍受，$RB \times CEOKH^2$ 为风险忍受与 CEO 知识异质性二次项的交互项，$RB \times CEOEH^2$ 为风险忍受与 CEO 经验异质性二次项的交互项，$RB \times CEOCH^2$ 为风险忍受与 CEO 社会阶层异质性二次项的交互项，$RB \times CEOMCH^2$ 为风险忍受与 CEO 管理认知异质性二次项的交互项。模型 1 检验风险忍受是否正向影响 CEO 知识异质性与跨国公司 OFDI 风险不确定性区位选择之间的正 U 型关系，模型 2 检验风险忍受是否正向影响 CEO 经验异质性与跨国公司 OFDI 风险不确定性区位选择之间的正 U 型关系，模型 3 检验风险忍受是否正向影响 CEO 社会阶层异质性与跨国公司 OFDI 风险不确定性区位选择之间的正 U 型关系，模型 4 检验风险忍受是否正向影响 CEO 管理认知异质性与跨国公司 OFDI 风险不确定性区位选择之间的正 U 型关系。

风险忍受的调节效应检验结果如表 6-6 所示，具体运行结果见附录 E。

在模型 1 中，风险忍受与 CEO 知识异质性二次项交互项的回归系数为 0.035，但不显著，表明风险忍受对 CEO 知识异质性与跨国公司 OFDI 风险不确定性区位选择之间的正 U 型关系不具有正向调节作用。因此，研究假设 H3a 不成立。

在模型 2 中，风险忍受与 CEO 经验异质性二次项交互项的回归系数为 0.006，但不显著，表明风险忍受对 CEO 经验异质性与跨国公司 OFDI 风险不确定性区位选择之间的正 U 型关系不具有正向调节作用。因此，研究假设 H3b 不成立。

在模型 3 中，风险忍受与 CEO 社会阶层异质性二次项交互项的回归系数为 0.009，但不显著，表明风险忍受对 CEO 社会阶层异质性与跨国公司 OFDI 风险不确定性区位选择之间的正 U 型关系不具有正向调节作用。因此，研究假设 H3c 不成立。

在模型 4 中，风险忍受与 CEO 管理认知异质性二次项交互项的回归系数为 0.002，但不显著，表明风险忍受对 CEO 管理认知异质性与跨国公司 OFDI 风险不确定性区位选择之间的正 U 型关系不具有正向调节作用。因此，研究假设 H3 不成立。

表 6-6　风险忍受调节效应检验结果

变量	跨国公司 OFDI 风险不确定性区位选择			
	模型 1	模型 2	模型 3	模型 4
CEO 知识异质性一次项	-1.971 ** (0.998)			
CEO 知识异质性二次项	-0.220 (0.379)			
CEO 经验异质性一次项		-0.797 ** (0.400)		
CEO 经验异质性二次项		-0.010 (0.070)		
CEO 社会阶层异质性一次项			-1.436 ** (0.655)	
CEO 社会阶层异质性二次项			-0.055 (0.081)	
CEO 管理认知异质性一次项				-0.751 ** (0.307)
CEO 管理认知异质性二次项				0.002 (0.023)
风险忍受	-0.987 (0.754)	-0.213 (0.442)	-1.099 (0.741)	-0.526 (0.509)
风险忍受×CEO 知识异质性二次项	0.035 (0.028)			
风险忍受×CEO 经验异质性二次项		0.006 (0.005)		
风险忍受×CEO 社会阶层异质性二次项			0.009 (0.006)	
风险忍受×CEO 管理认知异质性二次项				0.002 (0.002)
CEO 性别	-0.026 (0.676)	0.279 (0.661)	-0.419 (0.647)	0.276 (0.665)
CEO 年龄	-0.083 ** (0.039)	-0.083 ** (0.038)	-0.062 * (0.036)	-0.073 ** (0.036)
两职合一	-0.324 (0.490)	0.392 (0.563)	-0.342 (0.503)	0.176 (0.528)

变量	跨国公司 OFDI 风险不确定性区位选择			
	模型 1	模型 2	模型 3	模型 4
团队规模	-0.267 (2.084)	3.937* (2.189)	0.333 (2.024)	1.967 (2.025)
公司规模	0.582*** (0.190)	0.400* (0.229)	0.447** (0.174)	0.478** (0.202)
公司年龄	0.109* (0.056)	0.176** (0.074)	0.132* (0.069)	0.171** (0.070)
净资产收益率	4.922** (2.321)	4.987** (2.341)	4.749** (2.293)	6.037** (2.354)
公司成长性	0.416* (0.232)	0.222 (0.215)	0.388* (0.224)	0.385* (0.219)
东道国市场规模	-7.624*** (2.288)	-7.811*** (2.256)	-7.208*** (2.310)	-8.358*** (2.284)
行业虚拟变量	1.566** (0.614)	1.050* (0.626)	1.481** (0.625)	1.123* (0.618)
投资虚拟变量	-0.053 (0.125)	-0.294* (0.153)	-0.076 (0.129)	-0.210 (0.140)
对数似然函数的最大值	-217.383	-212.515	-215.139	-213.152
似然比检验统计	50.040***	59.780***	54.530***	58.500***
准可决系数	0.103	0.123	0.113	0.121
有效样本	351	351	351	351

注：*、**、***分别表示10%、5%、1%的显著性水平，括号内的数据为标准误。

综上检验结果表明，风险忍受的调节效应研究假设 H3 和 H3a、H3b、H3c 均不成立，即风险忍受对 CEO 管理认知异质性及其三个维度与跨国公司 OFDI 风险不确定性区位选择之间的正 U 型关系不具有正向调节作用。

三 被风险偏好中介的 TMT 管理认知断裂带对 CEO 管理认知异质性与风险偏好之间关系的调节效应检验

当调节变量对自变量和因变量之间关系的调节作用可以表示为自变

量和调节变量的交互作用，并且此交互作用（至少部分地）通过中介变量来对因变量产生影响时，就产生了被中介的调节效应（Baron and Kenny，1986；高展军和江旭，2016）。

为了检验被风险偏好中介的 TMT 管理认知断裂带对 CEO 管理认知异质性与风险偏好之间关系的调节效应，需要依次验证：①风险偏好的中介效应，即 CEO 管理认知异质性与风险偏好之间是否存在显著的 U 型关系、风险偏好与跨国公司 OFDI 风险不确定性区位选择是否存在正向线性关系；②TMT 管理认知断裂带的调节效应，即 TMT 管理认知断裂带是否正向影响 CEO 管理认知异质性与风险偏好之间的正 U 型关系；③被风险偏好中介的 TMT 管理认知断裂带的调节效应，即风险偏好是否中介 CEO 管理认知异质性与 TMT 管理认知断裂带的交互效应对跨国公司 OFDI 风险不确定性区位选择的影响。本书借鉴 Muller 等（2005）、温忠麟等（2006）提出的三步骤检验方法进行检验：①进行因变量对自变量、调节变量、自变量×调节变量的回归，相乘项的回归系数应显著；②将中介变量作为因变量，进行中介变量对自变量、调节变量、自变量×调节变量的回归，相乘项的回归系数应显著；③在第一步中加入中介变量，进行因变量对自变量、调节变量、自变量×调节变量、中介变量的回归，中介变量的回归系数应显著。此时，若自变量×调节变量的回归系数不显著，则调节效应完全通过中介变量起作用；若自变量×调节变量的交互回归系数变小但仍显著，则调节效应部分通过中介变量起作用。鉴于本书中主效应呈现为正 U 型曲线关系，因此本书借鉴 Uppal（2017）的做法，对于自变量×调节变量，主要考察自变量二次项×调节变量的回归系数及其显著性，例如，考察 TMT 管理认知断裂带×CEO 管理认知异质性二次项的回归系数及其显著性。

根据上述检验次序和方法，设计模型 1 至模型 18，分别对应式 6-14 至式 6-31，进行被风险偏好中介的 TMT 管理认知断裂带调节效应的实证检验。

模型 1：$RP = \beta_0 + \gamma \cdot Control + \varepsilon$ (6-14)

模型 2：$RP = \beta_0 + \gamma \cdot Control + \beta_1 CEOKH + \beta_2 CEOKH^2 + \varepsilon$ (6-15)

模型 3：$RP = \beta_0 + \gamma \cdot Control + \beta_3 CEOEH + \beta_4 CEOEH^2 + \varepsilon$ (6-16)

模型 4：$RP = \beta_0 + \gamma \cdot Control + \beta_5 CEOCH + \beta_6 CEOCH^2 + \varepsilon$ (6-17)

模型 5：$RP = \beta_0 + \gamma \cdot Control + \beta_7 CEOMCH + \beta_8 CEOMCH^2 + \varepsilon$ (6-18)

模型 6：$RULS = \beta_0 + \gamma \cdot Control + \beta_9 RP + \varepsilon$ (6-19)

模型 7：$RP = \beta_0 + \gamma \cdot Control + \beta_1 CEOKH + \beta_2 CEOKH^2 + \beta_{10} Fau + \beta_{11} Fau \times CEOKH^2 + \varepsilon$ (6-20)

模型 8：$RP = \beta_0 + \gamma \cdot Control + \beta_3 CEOEH + \beta_4 CEOEH^2 + \beta_{10} Fau + \beta_{12} Fau \times CEOEH^2 + \varepsilon$ (6-21)

模型 9：$RP = \beta_0 + \gamma \cdot Control + \beta_5 CEOCH + \beta_6 CEOCH^2 + \beta_{10} Fau + \beta_{13} Fau \times CEOCH^2 + \varepsilon$ (6-22)

模型 10：$RP = \beta_0 + \gamma \cdot Control + \beta_7 CEOMCH + \beta_8 CEOMCH^2 + \beta_{10} Fau + \beta_{14} Fau \times CEOMCH^2 + \varepsilon$ (6-23)

模型 11：$RULS = \beta_0 + \gamma \cdot Control + \beta_1 CEOKH + \beta_2 CEOKH^2 + \beta_{10} Fau + \beta_{11} Fau \times CEOKH^2 + \varepsilon$ (6-24)

模型 12：$RULS = \beta_0 + \gamma \cdot Control + \beta_3 CEOEH + \beta_4 CEOEH^2 + \beta_{10} Fau + \beta_{12} Fau \times CEOEH^2 + \varepsilon$ (6-25)

模型 13：$RULS = \beta_0 + \gamma \cdot Control + \beta_5 CEOCH + \beta_6 CEOCH^2 + \beta_{10} Fau + \beta_{13} Fau \times CEOCH^2 + \varepsilon$ (6-26)

模型 14：$RULS = \beta_0 + \gamma \cdot Control + \beta_7 CEOMCH + \beta_8 CEOMCH^2 + \beta_{10} Fau + \beta_{14} Fau \times CEOMCH^2 + \varepsilon$ (6-27)

模型 15：$RULS = \beta_0 + \gamma \cdot Control + \beta_1 CEOKH + \beta_2 CEOKH^2 + \beta_9 RP + \beta_{10} Fau + \beta_{11} Fau \times CEOKH^2 + \varepsilon$ (6-28)

模型 16：$RULS = \beta_0 + \gamma \cdot Control + \beta_3 CEOEH + \beta_4 CEOEH^2 + \beta_9 RP + \beta_{10} Fau + \beta_{12} Fau \times CEOEH^2 + \varepsilon$ (6-29)

模型 17：$RULS = \beta_0 + \gamma \cdot Control + \beta_5 CEOCH + \beta_6 CEOCH^2 + \beta_9 RP$

$+ \beta_{10} Fau + \beta_{13} Fau \times CEOCH^2 + \varepsilon$ （6-30）

模型 18：$RULS = \beta_0 + \gamma \cdot Control + \beta_7 CEOMCH + \beta_8 CEOMCH^2 + \beta_9 RP$

$+ \beta_{10} Fau + \beta_{14} Fau \times CEOMCH^2 + \varepsilon$ （6-31）

在模型 1 至模型 18 中，RP 为风险偏好，Fau 为 TMT 管理认知断裂带，$Fau \times CEOKH^2$ 为 TMT 管理认知断裂带与 CEO 知识异质性二次项的交互项，$Fau \times CEOEH^2$ 为 TMT 管理认知断裂带与 CEO 经验异质性二次项的交互项，$Fau \times CEOCH^2$ 为 TMT 管理认知断裂带与 CEO 社会阶层异质性二次项的交互项，$Fau \times CEOMCH^2$ 为 TMT 管理认知断裂带与 CEO 管理认知异质性二次项的交互项。模型 1 考察控制变量对风险偏好的影响，模型 2 检验 CEO 知识异质性与风险偏好之间是否存在正 U 型关系，模型 3 检验 CEO 经验异质性与风险偏好之间是否存在正 U 型关系，模型 4 检验 CEO 社会阶层异质性与风险偏好之间是否存在正 U 型关系，模型 5 检验 CEO 管理认知异质性与风险偏好之间是否存在正 U 型关系，模型 6 检验风险偏好与跨国公司 OFDI 风险不确定性区位选择之间是否呈正向线性关系，模型 7 检验 TMT 管理认知断裂带是否正向影响 CEO 知识异质性与风险偏好之间的正 U 型关系，模型 8 检验 TMT 管理认知断裂带是否正向影响 CEO 经验异质性与风险偏好之间的正 U 型关系，模型 9 检验 TMT 管理认知断裂带是否正向影响 CEO 社会阶层异质性与风险偏好之间的正 U 型关系，模型 10 检验 TMT 管理认知断裂带是否正向影响 CEO 管理认知异质性与风险偏好之间的正 U 型关系。模型 7、模型 11 和模型 15 共同检验风险偏好是否中介 CEO 知识异质性与 TMT 管理认知断裂带的交互效应对跨国公司 OFDI 风险不确定性区位选择的影响，模型 8、模型 12 和模型 16 共同检验风险偏好是否中介 CEO 经验异质性与 TMT 管理认知断裂带的交互效应对跨国公司 OFDI 风险不确定性区位选择的影响，模型 9、模型 13 和模型 17 共同检验风险偏好是否中介 CEO 社会阶层异质性与 TMT 管理认知断裂带的交互效应对跨国公司 OFDI 风险不确定性区位选择的影响，模型 10、模型 14 和模型 18 共同检验风险偏好是否中介 CEO 管理认知异质性与 TMT 管理认知断裂带的交互效应对跨国公司 OFDI 风险不确定性区位选择的影响。

被风险偏好中介的 TMT 管理认知断裂带的调节效应如表 6-7 至表 6-9 所示，具体运行结果见附录 F。

（一）风险偏好的中介效应检验结果

如表 6-7 所示，在模型 2 中，CEO 知识异质性一次项的回归系数为 -0.088，在 5% 水平上显著，二次项的回归系数为 0.007，在 10% 水平上显著，表明 CEO 知识异质性与风险偏好之间存在显著的正 U 型关系，因此研究假设 H4a 成立；在模型 3 中，CEO 经验异质性一次项的回归系数为 -0.036，在 1% 水平上显著，二次项的回归系数为 0.002，在 5% 水平上显著，表明 CEO 经验异质性与风险偏好之间存在显著的正 U 型关系，因此研究假设 H4b 成立；在模型 4 中，CEO 社会阶层异质性一次项的回归系数为 -0.054，在 5% 水平上显著，二次项的回归系数为 0.002，在 10% 水平上显著，表明 CEO 社会阶层异质性与风险偏好之间存在显著的正 U 型关系，因此研究假设 H4c 成立；在模型 5 中，CEO 管理认知异质性一次项的回归系数为 -0.039，在 1% 水平上显著，二次项的回归系数为 0.001，在 1% 水平上显著，表明 CEO 管理认知异质性与风险偏好之间存在显著的正 U 型关系，因此研究假设 H4 成立；在模型 6 中，风险偏好的回归系数为 3.405，在 1% 水平上显著，表明风险偏好与跨国公司 OFDI 风险不确定性区位选择之间呈正向线性关系，因此研究假设 H5 成立。

表 6-7　风险偏好的中介效应检验结果

变量	风险偏好					跨国公司 OFDI 风险不确定性区位选择
	模型 1	模型 2	模型 3	模型 4	模型 5	模型 6
CEO 知识异质性一次项		-0.088 ** (0.035)				

续表

变量	风险偏好					跨国公司 OFDI 风险不确定性区位选择
	模型 1	模型 2	模型 3	模型 4	模型 5	模型 6
CEO 知识异质性二次项		0.007* (0.004)				
CEO 经验异质性一次项			-0.036*** (0.014)			
CEO 经验异质性二次项			0.002** (0.001)			
CEO 社会阶层异质性一次项				-0.054** (0.025)		
CEO 社会阶层异质性二次项				0.002* (0.001)		
CEO 管理认知异质性一次项					-0.039*** (0.011)	
CEO 管理认知异质性二次项					0.001*** (0.000)	
风险偏好						3.405*** (1.306)
CEO 性别	0.071*** (0.025)	0.047* (0.027)	0.041 (0.026)	0.046* (0.026)	0.036 (0.026)	-0.368 (0.626)
CEO 年龄	-0.000 (0.001)	0.001 (0.001)	0.001 (0.001)	0.001 (0.001)	0.001 (0.001)	-0.047 (0.029)
两职合一	-0.062*** (0.017)	-0.067*** (0.017)	-0.060*** (0.019)	-0.077*** (0.018)	-0.064*** (0.018)	-0.463 (0.464)
团队规模	0.047 (0.065)	-0.029 (0.069)	-0.003 (0.066)	0.004 (0.067)	-0.021 (0.065)	0.035 (1.629)
公司规模	0.033*** (0.006)	0.033*** (0.007)	0.015** (0.007)	0.028*** (0.006)	0.016** (0.007)	0.271* (0.154)
公司年龄	0.001 (0.002)	0.001 (0.002)	-0.000 (0.002)	0.000 (0.002)	0.001 (0.002)	0.103* (0.056)
净资产收益率	-0.196*** (0.072)	-0.242*** (0.074)	-0.115 (0.075)	-0.229*** (0.073)	-0.133* (0.073)	4.681** (1.859)

续表

变量	风险偏好					跨国公司 OFDI 风险不确定性区位选择
	模型 1	模型 2	模型 3	模型 4	模型 5	模型 6
公司成长性	0.016* (0.008)	0.014* (0.008)	0.022*** (0.008)	0.015* (0.008)	0.022*** (0.008)	0.181 (0.196)
东道国市场规模	-0.212** (0.086)	-0.202** (0.087)	-0.234*** (0.085)	-0.203** (0.086)	-0.246*** (0.086)	-6.132*** (2.233)
行业虚拟变量	0.068*** (0.020)	0.070*** (0.020)	0.058*** (0.020)	0.062*** (0.020)	0.053*** (0.020)	0.925* (0.540)
投资虚拟变量	-0.045*** (0.005)	-0.044*** (0.005)	-0.035*** (0.005)	-0.041*** (0.005)	-0.036*** (0.005)	0.055 (0.128)
对数似然函数的最大值						-217.069
似然比检验统计	34.300***	31.390***	31.590***	31.030***	32.410***	50.67***
准可决系数						0.105
调整的 R^2	0.511	0.530	0.532	0.527	0.538	
有效样本	351	351	351	351	351	351

注：*、**、*** 分别表示 10%、5%、1% 的显著性水平，括号内的数据为标准误。

上述模型 1 至模型 6 的检验结果表明，风险偏好的中介效应研究假设 H4（H4a、H4b、H4c）和 H5 均成立，即 CEO 管理认知异质性及其三个维度与风险偏好之间存在显著的 U 型关系，风险偏好与跨国公司 OFDI 风险不确定性区位选择呈正向线性关系。

（二）TMT 管理认知断裂带的调节效应检验结果

如表 6-8 所示，在模型 7 中，CEO 知识异质性一次项的回归系数为 -0.089，在 1% 水平上显著，二次项的回归系数为 0.007，在 10% 水平上显著，表明 CEO 知识异质性与风险偏好之间存在显著的正 U 型关系，并且 TMT 管理认知断裂带一次项的回归系数为 -0.481，在

1%水平上显著，TMT 管理认知断裂带与 CEO 知识异质性二次项交互项的回归系数为 0.014，在 1%水平上显著，表明 TMT 管理认知断裂带对 CEO 知识异质性与风险偏好之间的正 U 型关系具有正向调节作用，因此研究假设 H6a 成立；在模型 8 中，CEO 经验异质性一次项的回归系数为 −0.032，在 5%水平上显著，二次项的回归系数为 0.002，在 5%水平上显著，表明 CEO 经验异质性与风险偏好之间存在显著的正 U 型关系，并且 TMT 管理认知断裂带一次项的回归系数为 −0.412，在 1%水平上显著，TMT 管理认知断裂带与 CEO 经验异质性二次项交互项的回归系数为 0.005，在 1%水平上显著，表明 TMT 管理认知断裂带对 CEO 经验异质性与风险偏好之间的正 U 型关系具有正向调节作用，因此研究假设 H6b 成立；在模型 9 中，CEO 社会阶层异质性一次项的回归系数为 −0.058，在 5%水平上显著，二次项的回归系数为 0.002，在 10%水平上显著，表明 CEO 社会阶层异质性与风险偏好之间存在显著的正 U 型关系，并且 TMT 管理认知断裂带的回归系数为 −0.535，在 1%水平上显著，TMT 管理认知断裂带与 CEO 社会阶层异质性二次项交互项的回归系数为 0.004，在 1%水平上显著，表明 TMT 管理认知断裂带对 CEO 社会阶层异质性与风险偏好之间的正 U 型关系具有正向调节作用，因此研究假设 H6c 成立；在模型 10 中，CEO 管理认知异质性一次项的回归系数为 −0.032，在 1%水平上显著，二次项的回归系数为 0.001，在 1%水平上显著，表明 CEO 管理认知异质性与风险偏好之间存在显著的正 U 型关系，并且 TMT 管理认知断裂带的回归系数为 −0.535，在 1%水平上显著，TMT 管理认知断裂带与 CEO 管理认知异质性二次项交互项的回归系数为 0.002，在 1%水平上显著，表明 TMT 管理认知断裂带对 CEO 管理认知异质性与风险偏好之间的正 U 型关系具有正向调节作用，因此研究假设 H6 成立。

表 6-8　TMT 管理认知断裂带的调节效应检验结果

变量	风险偏好			
	模型 7	模型 8	模型 9	模型 10
CEO 知识异质性一次项	-0.089*** (0.034)			
CEO 知识异质性二次项	0.007* (0.004)			
CEO 经验异质性一次项		-0.032** (0.013)		
CEO 经验异质性二次项		0.002** (0.001)		
CEO 社会阶层异质性一次项			-0.058** (0.024)	
CEO 社会阶层异质性二次项			0.002* (0.001)	
CEO 管理认知异质性一次项				-0.032*** (0.010)
CEO 管理认知异质性二次项				0.001*** (0.000)
TMT 管理认知断裂带	-0.481*** (0.079)	-0.412*** (0.051)	-0.535*** (0.084)	-0.535*** (0.056)
TMT 管理认知断裂带×CEO 知识异质性二次项	0.014*** (0.003)			
TMT 管理认知断裂带×CEO 经验异质性二次项		0.005*** (0.001)		
TMT 管理认知断裂带×CEO 社会阶层异质性二次项			0.004*** (0.001)	
TMT 管理认知断裂带×CEO 管理认知异质性二次项				0.002*** (0.000)
CEO 性别	0.006 (0.026)	0.037 (0.024)	0.047* (0.025)	0.014 (0.024)
CEO 年龄	0.003* (0.001)	0.002* (0.001)	0.001 (0.001)	0.002 (0.001)

续表

变量	风险偏好			
	模型 7	模型 8	模型 9	模型 10
两职合一	-0.057 *** (0.017)	-0.052 *** (0.018)	-0.059 *** (0.017)	-0.054 *** (0.016)
团队规模	-0.030 (0.066)	-0.071 (0.062)	-0.025 (0.065)	-0.105 * (0.060)
公司规模	0.027 *** (0.006)	0.016 ** (0.007)	0.028 *** (0.006)	0.017 *** (0.006)
公司年龄	0.004 * (0.002)	0.004 * (0.002)	0.000 (0.002)	0.004 * (0.002)
净资产收益率	-0.206 *** (0.070)	-0.153 ** (0.070)	-0.226 *** (0.070)	-0.114 * (0.065)
公司成长性	0.013 (0.008)	0.022 *** (0.008)	0.014 * (0.008)	0.024 *** (0.007)
东道国市场规模	-0.196 ** (0.082)	-0.242 *** (0.078)	-0.200 ** (0.082)	-0.196 ** (0.076)
行业虚拟变量	0.039 * (0.020)	0.046 ** (0.019)	0.038 * (0.020)	0.048 ** (0.019)
投资虚拟变量	-0.052 *** (0.005)	-0.045 *** (0.005)	-0.044 *** (0.005)	-0.044 *** (0.005)
似然比检验统计	32.740 ***	37.080 ***	33.010 ***	41.810 ***
调整的 R^2	0.576	0.607	0.578	0.636
有效样本	351	351	351	351

注：* 、** 、*** 分别表示 10%、5%、1%的显著性水平，括号内的数据为标准误。

上述模型 7 至模型 10 的检验结果表明，TMT 管理认知断裂带的调节效应研究假设 H6 和 H6a、H6b、H6c 均成立，即 TMT 管理认知断裂带对 CEO 管理认知异质性及其三个维度与风险偏好之间的正 U 型关系具有正向调节作用，如图 6-2 至图 6-5 所示。

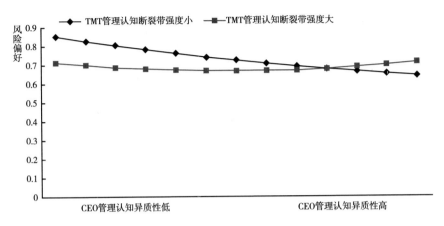

图 6-2　TMT 管理认知断裂带对 CEO 管理认知异质性
与风险偏好之间 U 型关系的调节作用

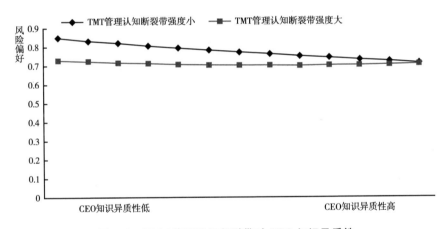

图 6-3　TMT 管理认知断裂带对 CEO 知识异质性
与风险偏好之间 U 型关系的调节作用

（三）被风险偏好中介的 TMT 管理认知断裂带的调节效应检验结果

如表 6-8 和表 6-9 所示，模型 11 为跨国公司 OFDI 风险不确定性区位选择对 CEO 知识异质性一次项、CEO 知识异质性二次项、TMT 管理认知断裂带、TMT 管理认知断裂带×CEO 知识异质性二次项的回归，交互项的回归系数 0.160，在 10% 水平上显著；模型 7 为风险偏好对

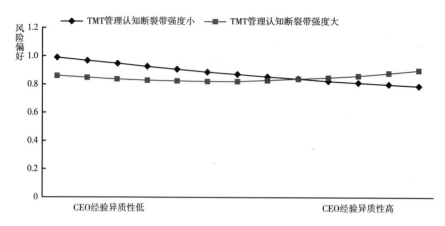

**图 6-4　TMT 管理认知断裂带对 CEO 经验异质性
与风险偏好之间 U 型关系的调节作用**

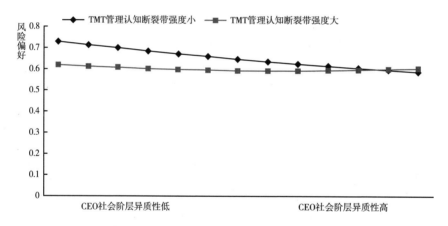

**图 6-5　TMT 管理认知断裂带对 CEO 社会阶层异质性
与风险偏好之间 U 型关系的调节作用**

CEO 知识异质性一次项、CEO 知识异质性二次项、TMT 管理认知断裂带、TMT 管理认知断裂带×CEO 知识异质性二次项的回归，交互项的回归系数 0.014，在 1% 水平上显著；模型 15 为跨国公司 OFDI 风险不确定性区位选择对 CEO 知识异质性一次项、CEO 知识异质性二次项、TMT 管理认知断裂带、TMT 管理认知断裂带×CEO 知识异质性二次项、风险偏好的回归，风险偏好的回归系数为 2.476，在 10% 水平上显著，交互项的回归系数不显著。综上表明，调节变量 TMT 管理认知断裂带完全通过中介变量风险偏好起作用。因此，研究假设 H7a 成立。

如表 6-8 和表 6-9 所示，模型 12 为跨国公司 OFDI 风险不确定性区位选择对 CEO 经验异质性一次项、CEO 经验异质性二次项、TMT 管理认知断裂带、TMT 管理认知断裂带×CEO 经验异质性二次项的回归，交互项的回归系数 0.046，在 5% 水平上显著；模型 8 为风险偏好对 CEO 经验异质性一次项、CEO 经验异质性二次项、TMT 管理认知断裂带、TMT 管理认知断裂带×CEO 经验异质性二次项的回归，交互项的回归系数 0.005，在 1% 水平上显著；模型 16 为跨国公司 OFDI 风险不确定性区位选择对 CEO 经验异质性一次项、CEO 经验异质性二次项、TMT 管理认知断裂带、TMT 管理认知断裂带×CEO 经验异质性二次项、风险偏好的回归，风险偏好的回归系数为 3.154，在 10% 水平上显著，交互项的回归系数不显著。综上表明，调节变量 TMT 管理认知断裂带完全通过中介变量风险偏好起作用。因此，研究假设 H7b 成立。

如表 6-8 和表 6-9 所示，模型 13 为跨国公司 OFDI 风险不确定性区位选择对 CEO 社会阶层异质性一次项、CEO 社会阶层异质性二次项、TMT 管理认知断裂带、TMT 管理认知断裂带×CEO 社会阶层异质性二次项的回归，交互项的回归系数 0.036，在 10% 水平上显著；模型 9 为风险偏好对 CEO 社会阶层异质性一次项、CEO 社会阶层异质性二次项、TMT 管理认知断裂带、TMT 管理认知断裂带×CEO 社会阶层异质性二次项的回归，交互项的回归系数为 0.004，在 1% 水平上显著；模型 17 为跨国公司 OFDI 风险不确定性区位选择对 CEO 社会阶层异质性一次项、CEO 社会阶层异质性二次项、TMT 管理认知断裂带、TMT 管理认知断裂带×CEO 社会阶层异质性二次项、风险偏好的回归，风险偏好的回归系数为 2.550，在 10% 水平上显著，交互项的回归系数不显著。综上表明，调节变量 TMT 管理认知断裂带完全通过中介变量风险偏好起作用。因此，研究假设 H7c 成立。

表 6-9 被风险偏好中介的 TMT 管理认知断裂带的调节效应检验结果
跨国公司 OFDI 风险不确定性区位选择

变量	模型 11	模型 12	模型 13	模型 14	模型 15	模型 16	模型 17	模型 18
CEO 知识异质性—一次项	-3.345 (1.881)				-2.585 (1.715)			
CEO 知识异质性—二次项	0.373* (0.200)				0.301* (0.183)			
CEO 经验异质性—一次项		-0.896** (0.415)				-0.790* (0.423)		
CEO 经验异质性—二次项		0.071*** (0.025)				0.065** (0.026)		
CEO 社会阶层异质性—一次项			-1.724* (0.938)				-1.487* (0.872)	
CEO 社会阶层异质性—二次项			0.081** (0.041)				0.072 (0.038)	
CEO 管理认知异质性—一次项				-0.740** (0.350)				-0.676* (0.349)
CEO 管理认知异质性—二次项				0.027** (0.010)				0.025** (0.010)
风险偏好					2.476* (1.459)	3.154* (1.666)	2.550* (1.484)	2.765* (1.638)
TMT 管理认知断裂带	-6.611** (2.871)	-5.196*** (1.951)	-6.684** (2.949)	-5.456** (2.201)	-4.885* (2.970)	-3.285 (2.118)	-4.535 (3.133)	-3.559 (2.424)

续表

跨国公司 OFDI 风险不确定性区位选择

变量	模型 11	模型 12	模型 13	模型 14	模型 15	模型 16	模型 17	模型 18
TMT 管理认知断裂带×CEO 知识异质性二次项	0.160* (0.088)				0.115 (0.092)			
TMT 管理认知断裂带×CEO 经验异质性二次项		0.046** (0.023)				0.026 (0.025)		
TMT 管理认知断裂带×CEO 社会阶层异质性二次项			0.036* (0.020)				0.023 (0.022)	
TMT 管理认知断裂带×CEO 管理认知异质性二次项				0.012* (0.007)				0.007 (0.007)
CEO 性别	-0.308 (0.693)	0.080 (0.667)	-0.399 (0.651)	0.070 (0.672)	-0.334 (0.696)	-0.053 (0.674)	-0.516 (0.657)	0.025 (0.674)
CEO 年龄	-0.066* (0.038)	-0.067* (0.035)	-0.046 (0.034)	-0.069** (0.034)	-0.074* (0.038)	-0.075** (0.036)	-0.051 (0.034)	-0.075** (0.035)
两职合一	-0.288 (0.465)	0.603 (0.588)	-0.323 (0.478)	0.270 (0.519)	-0.167 (0.475)	0.753 (0.606)	-0.166 (0.489)	0.425 (0.539)
团队规模	-0.818 (1.832)	2.796 (2.131)	-0.594 (1.825)	1.132 (1.970)	-0.846 (1.826)	2.692 (2.059)	0.629 (1.807)	1.199 (1.939)
公司规模	0.514*** (0.174)	0.478** (0.236)	0.412** (0.166)	0.506** (0.211)	0.434** (0.178)	0.409** (0.237)	0.342** (0.170)	0.449** (0.210)
公司年龄	0.144** (0.061)	0.266*** (0.082)	0.172** (0.067)	0.233*** (0.072)	0.139** (0.061)	0.247*** (0.082)	0.176*** (0.067)	0.221*** (0.072)

续表

跨国公司 OFDI 风险不确定性区位选择

变量	模型 11	模型 12	模型 13	模型 14	模型 15	模型 16	模型 17	模型 18
净资产收益率	6.230*** (2.205)	7.111*** (2.358)	6.014*** (2.135)	7.464*** (2.248)	6.610*** (2.199)	7.523*** (2.376)	6.529*** (2.163)	7.851*** (2.270)
公司成长性	0.381* (0.210)	0.348* (0.207)	0.382* (0.207)	0.441** (0.209)	0.337 (0.210)	0.269 (0.211)	0.341 (0.208)	0.379* (0.212)
东道国市场规模	-7.458*** (2.288)	-7.701*** (2.254)	-7.567*** (2.279)	-7.826*** (2.295)	-7.015*** (2.298)	-7.045*** (2.306)	-7.133*** (2.301)	-7.426*** (2.324)
行业虚拟变量	0.989* (0.587)	0.818 (0.670)	0.824 (0.589)	0.943 (0.676)	0.887 (0.580)	0.675 (0.673)	0.786 (0.590)	0.782 (0.670)
投资虚拟变量	-0.253* (0.130)	-0.475*** (0.176)	-0.225 (0.137)	-0.380* (0.157)	-0.123 (0.151)	-0.324* (0.191)	-0.118 (0.151)	-0.255 (0.173)
对数似然函数的最大值	-214.359	-209.129	214.116	-209.824	212.931	-207.301	-212.631	-208.396
似然比检验统计	56.090***	66.550***	56.570***	65.160***	58.940***	70.200***	59.540***	68.020***
准可决系数	0.116	0.137	0.117	0.134	0.122	0.145	0.123	0.140
有效样本	351	351	351	351	351	351	351	351

注：*、**、*** 分别表示 10%、5%、1% 的显著性水平，括号内的数据为标准误。

如表6-8和表6-9所示，模型14为跨国公司OFDI风险不确定性区位选择对CEO管理认知异质性一次项、CEO管理认知异质性二次项、TMT管理认知断裂带、TMT管理认知断裂带×CEO管理认知异质性二次项的回归，交互项的回归系数为0.012，在10%水平上显著；模型10为风险偏好对CEO管理认知异质性一次项、CEO管理认知异质性二次项、TMT管理认知断裂带、TMT管理认知断裂带×CEO管理认知异质性二次项的回归，交互项的回归系数0.002，在1%水平上显著；模型18为跨国公司OFDI风险不确定性区位选择对CEO管理认知异质性一次项、CEO管理认知异质性二次项、TMT管理认知断裂带、TMT管理认知断裂带×CEO管理认知异质性二次项、风险偏好的回归，风险偏好的回归系数为2.765，在10%水平上显著，交互项的回归系数不显著。综上表明，调节变量TMT管理认知断裂带完全通过中介变量风险偏好起作用。因此，研究假设H7成立。

上述模型7至模型18的检验结果表明，被风险偏好中介的TMT管理认知断裂带的调节效应研究假设H7和H7a、H7b、H7c均成立，即风险偏好中介CEO管理认知异质性及其三个维度与TMT管理认知断裂带的交互效应对跨国公司OFDI风险不确定性区位选择的影响，如图6-6至图6-9所示。

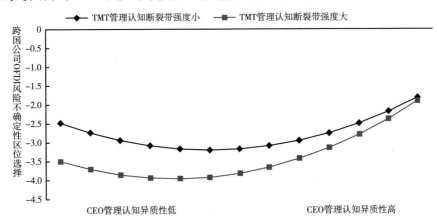

图6-6　CEO管理认知异质性与TMT管理认知断裂带的
交互效应通过风险偏好影响跨国公司OFDI
风险不确定性区位选择

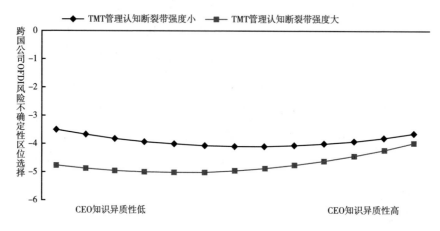

**图 6-7　CEO 知识异质性与 TMT 管理认知断裂带的
交互效应通过风险偏好影响跨国公司 OFDI
风险不确定性区位选择**

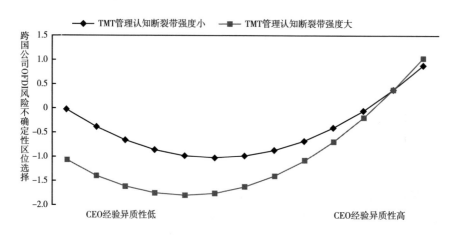

**图 6-8　CEO 经验异质性与 TMT 管理认知断裂带的
交互效应通过风险偏好影响跨国公司 OFDI
风险不确定性区位选择**

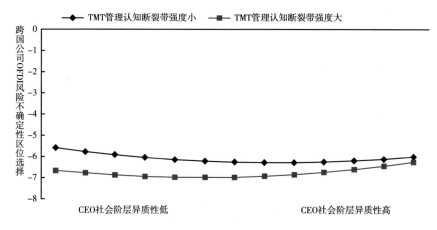

图 6-9　CEO 社会阶层异质性与 TMT 管理认知断裂带的
交互效应通过风险偏好影响跨国 OFDI
风险不确定性区位选择

第六节　稳健性检验

为了进一步验证实证检验结果的可靠性，本书采用三种方法进行稳健性检验。第一，选取世界治理指数（Worldwide Governance Index，WGI）代替 ICRG 的风险不确定性指数来对因变量东道国风险不确定性进行稳健性检验。WGI 涵盖 214 个国家和地区 1996~2016 年的指标得分情况，包括话语权和问责权、政治稳定性、政府效率、监管质量、法律规则和腐败控制 6 个维度的指标，值的范围从 -2.5 到 2.5，更高的值代表更高的治理质量。本书借鉴 Slangen 和 Beugelsdijk（2010）、陈岩和郭文博（2018）的研究成果，选取 5 个更符合东道国风险不确定性区位选择研究情境的维度指标，即政治稳定性（PSA）、政府效率（GOE）、监管质量（REQ）、法律规则（LAW）、腐败控制（CCO），加总后取平均值，分数在均值以上的赋值为 0，分数在均值及以下的赋值为 1，1 代表该东道国具有高风险不确定性。第二，选取由《华尔街日报》和美国传统基金会发布的经济自由度指数作为因变量东道国风险不确定性的测量指标进行稳健性检验。经济自由度指数由贸易自由度、商业自由度、金融自由度、财政自由度、货币自由度、劳动自由度、投资自由度、产权、腐败、政府干预 10 项指标构成。经济自由度指数为 10 项指标加总得出的分数，总分值为 100 分，分数越大表示该东道国风险不确定性越小。本书取各东道国经济自由度指数加总后的中位数，将东道国经济自由度指数低于或等于中位数的赋值为 1，高于中位数的赋值为 0，1 代表该东道国具有高风险不确定性。第三，选择 Probit 回归分析替代 Logit 回归分析，使用软件 STATA 15.0 进行稳健性检验。上述三种稳健性检验结果均与前文的回归结果基本一致，说明得出的研究结论比较稳健，限于篇幅，仅列出第一种方法的稳健性检验结果，如表 6-10 至表 6-15 所示，具体运行结果见附录 G 至附录 J。

表 6-10　主效应稳健性检验结果

变量	跨国公司 OFDI 风险不确定性区位选择				
	模型 1	模型 2	模型 3	模型 4	模型 5
CEO 知识异质性一次项		-2.027 * (1.075)			
CEO 知识异质性二次项		0.239 ** (0.121)			
CEO 经验异质性一次项			-0.823 ** (0.369)		
CEO 经验异质性二次项			0.063 *** (0.023)		
CEO 社会阶层异质性一次项				-1.449 ** (0.684)	
CEO 社会阶层异质性二次项				0.069 ** (0.031)	
CEO 管理认知异质性一次项					-0.787 ** (0.310)

续表

变量	跨国公司 OFDI 风险不确定性区位选择				
	模型 1	模型 2	模型 3	模型 4	模型 5
CEO 管理认知异质性二次项					0.027***
					(0.010)
CEO 性别	-0.197	0.026	0.204	-0.369	0.266
	(0.609)	(0.661)	(0.650)	(0.637)	(0.660)
CEO 年龄	-0.045	-0.075**	-0.070**	-0.047	-0.072**
	(0.028)	(0.037)	(0.034)	(0.032)	(0.033)
两职合一	-0.652	-0.487	0.331	-0.582	0.056
	(0.452)	(0.459)	(0.556)	(0.476)	(0.510)
团队规模	0.041	-1.320	2.598	-0.999	0.966
	(1.618)	(1.794)	(1.977)	(1.755)	(1.839)
公司规模	0.347**	0.495***	0.404*	0.378**	0.443**
	(0.146)	(0.167)	(0.209)	(0.155)	(0.190)
公司年龄	0.100	0.114**	0.196***	0.165**	0.196***
	(0.055)	(0.056)	(0.069)	(0.064)	(0.066)
净资产收益率	4.223**	4.965**	6.517***	5.171***	6.706***
	(1.808)	(1.954)	(2.165)	(1.943)	(2.111)
公司成长性	0.238	0.322	0.300	0.336*	0.392*
	(0.194)	(0.202)	(0.202)	(0.202)	(0.205)
东道国市场规模	-6.467***	-7.285***	-7.368***	-7.463***	-8.009***
	(2.193)	(2.256)	(2.224)	(2.261)	(2.255)
行业虚拟变量	1.029*	1.257**	0.998	1.071*	0.967
	(0.531)	(0.558)	(0.607)	(0.550)	(0.600)
投资虚拟变量	-0.104	-0.132	-0.314**	-0.158	-0.261*
	(0.113)	(0.116)	(0.147)	(0.123)	(0.137)
对数似然函数的最大值	-221.536	-219.145	-214.417	-218.682	-214.808
似然比检验统计	41.120***	45.900***	55.360***	46.830***	54.570***
准可决系数	0.085	0.095	0.114	0.097	0.113
有效样本	351	351	351	351	351

注：*、**、*** 分别表示 10%、5%、1% 的显著性水平，括号内的数据为标准误。

表 6-11　政治资本的调节效应稳健性检验结果

变量	跨国公司 OFDI 风险不确定性区位选择			
	模型 1	模型 2	模型 3	模型 4
CEO 知识异质性一次项	-1.767* (1.055)			
CEO 知识异质性二次项	0.201 (0.123)			
CEO 经验异质性一次项		-0.861** (0.395)		
CEO 经验异质性二次项		0.068** (0.026)		
CEO 社会阶层异质性一次项			-1.532** (0.697)	
CEO 社会阶层异质性二次项			0.075** (0.032)	
CEO 管理认知异质性一次项				-0.848*** (0.325)
CEO 管理认知异质性二次项				0.030*** (0.010)
政治资本	-0.110 (0.083)	-0.019 (0.047)	0.023 (0.079)	-0.017 (0.060)
政治资本×CEO 知识异质性二次项	0.003 (0.003)			
政治资本×CEO 经验异质性二次项		-0.000 (0.000)		
政治资本×CEO 社会阶层异质性二次项			-0.000 (0.001)	
政治资本×CEO 管理认知异质性二次项				-0.000 (0.000)
CEO 性别	-0.147 (0.669)	0.005 (0.692)	-0.478 (0.667)	0.059 (0.699)
CEO 年龄	-0.070* (0.040)	-0.072** (0.036)	-0.045 (0.033)	-0.076** (0.036)
两职合一	-0.329 (0.508)	0.448 (0.597)	-0.571 (0.507)	0.207 (0.565)
团队规模	-1.477 (1.943)	2.690 (2.021)	-0.834 (1.837)	0.984 (1.901)

续表

变量	跨国公司 OFDI 风险不确定性区位选择			
	模型 1	模型 2	模型 3	模型 4
公司规模	0.457 ***	0.429 *	0.372 **	0.461 **
	(0.171)	(0.228)	(0.162)	(0.207)
公司年龄	0.124 **	0.250 ***	0.207 ***	0.256 ***
	(0.060)	(0.085)	(0.073)	(0.084)
净资产收益率	3.545 *	5.799 **	4.765 **	6.101 ***
	(2.106)	(2.303)	(2.121)	(2.240)
公司成长性	0.272	0.293	0.349 *	0.399 *
	(0.205)	(0.206)	(0.208)	(0.211)
东道国市场规模	-7.137 ***	-7.113 ***	-7.322 ***	-7.824 ***
	(2.250)	(2.235)	(2.257)	(2.265)
行业虚拟变量	1.022 **	0.964	0.962 *	0.861
	(0.564)	(0.618)	(0.559)	(0.615)
投资虚拟变量	-0.077	-0.328 **	-0.160	-0.272 *
	(0.121)	(0.160)	(0.129)	(0.147)
对数似然函数的最大值	-217.228	-212.761	-216.712	-212.887
似然比检验统计	49.740 ***	58.670 ***	50.770 ***	58.420 ***
准可决系数	0.103	0.121	0.105	0.121
有效样本	351	351	351	351

注：*、**、*** 分别表示 10%、5%、1%的显著性水平，括号内的数据为标准误。

表 6-12　风险忍受的调节效应稳健性检验结果

变量	跨国公司 OFDI 风险不确定性区位选择			
	模型 1	模型 2	模型 3	模型 4
CEO 知识异质性一次项	-2.027 **			
	(0.997)			
CEO 知识异质性二次项	-0.207			
	(0.377)			
CEO 经验异质性一次项		-0.782 *		
		(0.401)		
CEO 经验异质性二次项		-0.015		
		(0.070)		

续表

变量	跨国公司 OFDI 风险不确定性区位选择			
	模型 1	模型 2	模型 3	模型 4
CEO 社会阶层异质性一次项			−1.441** (0.652)	
CEO 社会阶层异质性二次项			−0.055 (0.081)	
CEO 管理认知异质性一次项				−0.746** (0.306)
CEO 管理认知异质性二次项				0.001 (0.023)
风险忍受	−0.999 (0.751)	−0.254 (0.442)	−1.126 (0.740)	−0.564 (0.509)
风险忍受×CEO 知识异质性二次项	0.034 (0.027)			
风险忍受×CEO 经验异质性二次项		0.006 (0.005)		
风险忍受×CEO 社会阶层异质性二次项			0.010 (0.006)	
风险忍受×CEO 管理认知异质性二次项				0.002 (0.002)
CEO 性别	−0.100 (0.673)	0.199 (0.658)	−0.498 (0.645)	0.201 (0.663)
CEO 年龄	−0.080** (0.039)	−0.080** (0.038)	−0.059 (0.036)	−0.070* (0.036)
两职合一	−0.270 (0.489)	0.451 (0.564)	−0.283 (0.503)	0.242 (0.528)
团队规模	−0.571 (2.087)	3.723* (2.177)	0.083 (2.025)	1.758 (2.018)
公司规模	0.554*** (0.190)	0.374 (0.228)	0.418** (0.173)	0.451** (0.201)
公司年龄	0.106* (0.056)	0.170** (0.074)	0.129* (0.069)	0.166** (0.069)
净资产收益率	5.420** (2.326)	5.415** (2.347)	5.252** (2.300)	6.495*** (2.362)

续表

变量	跨国公司 OFDI 风险不确定性区位选择			
	模型 1	模型 2	模型 3	模型 4
公司成长性	0.437 * (0.232)	0.237 (0.215)	0.409 * (0.224)	0.402 * (0.219)
东道国市场规模	−7.276 *** (2.269)	−7.433 *** (2.241)	−6.850 *** (2.291)	−7.986 *** (2.269)
行业虚拟变量	1.469 ** (0.608)	0.949 (0.621)	1.382 ** (0.619)	1.025 * (0.613)
投资虚拟变量	−0.069 (0.125)	−0.310 ** (0.153)	−0.093 (0.129)	−0.227 (0.140)
对数似然函数的最大值	−218.244	−213.361	−216.034	−213.990
似然比检验统计	47.700 ***	57.470 ***	52.120 ***	56.210 ***
准可决系数	0.099	0.119	0.108	0.116
有效样本	351	351	351	351

注：* 、** 、*** 分别表示 10%、5%、1%的显著性水平，括号内的数据为标准误。

表 6-13　风险偏好的中介效应稳健性检验结果

变量	风险偏好					跨国公司 OFDI 风险不确定性区位选择
	模型 1	模型 2	模型 3	模型 4	模型 5	模型 6
CEO 知识异质性一次项		−0.088 ** (0.035)				
CEO 知识异质性二次项		0.007 * (0.004)				
CEO 经验异质性一次项			−0.036 *** (0.014)			
CEO 经验异质性二次项			0.002 ** (0.001)			
CEO 社会阶层异质性一次项				−0.054 ** (0.025)		
CEO 社会阶层异质性二次项				0.002 * (0.001)		

续表

变量	风险偏好					跨国公司 OFDI 风险不确定性区位选择
	模型 1	模型 2	模型 3	模型 4	模型 5	模型 6
CEO 管理认知异质性一次项					-0.039 *** (0.011)	
CEO 管理认知异质性二次项					0.001 *** (0.000)	
风险偏好						3.298 ** (1.302)
CEO 性别	0.071 *** (0.025)	0.047 * (0.027)	0.041 (0.026)	0.046 * (0.026)	0.036 (0.026)	-0.448 (0.624)
CEO 年龄	-0.000 (0.001)	0.001 (0.001)	0.001 (0.001)	0.001 (0.001)	0.001 (0.001)	-0.044 (0.029)
两职合一	-0.062 *** (0.017)	-0.067 *** (0.017)	-0.060 *** (0.019)	-0.077 *** (0.018)	-0.064 *** (0.018)	-0.427 (0.464)
团队规模	0.047 (0.065)	-0.029 (0.069)	-0.003 (0.066)	0.004 (0.067)	-0.021 (0.065)	-0.150 (1.630)
公司规模	0.033 *** (0.006)	0.033 *** (0.007)	0.015 ** (0.007)	0.028 *** (0.006)	0.016 ** (0.007)	0.235 (0.153)
公司年龄	0.001 (0.002)	0.001 (0.002)	-0.000 (0.002)	0.000 (0.002)	0.001 (0.002)	0.098 * (0.056)
净资产收益率	-0.196 *** (0.072)	-0.242 *** (0.074)	-0.115 (0.075)	-0.229 *** (0.073)	-0.133 * (0.073)	5.023 *** (1.863)
公司成长性	0.016 * (0.008)	0.014 * (0.008)	0.022 *** (0.008)	0.015 * (0.008)	0.022 *** (0.008)	0.193 (0.196)
东道国市场规模	-0.212 ** (0.086)	-0.202 ** (0.087)	-0.234 *** (0.085)	-0.203 ** (0.086)	-0.246 *** (0.086)	-5.791 *** (2.216)
行业虚拟变量	0.068 *** (0.020)	0.070 *** (0.020)	0.058 *** (0.020)	0.062 *** (0.020)	0.053 *** (0.020)	0.833 (0.537)
投资虚拟变量	-0.045 *** (0.005)	-0.044 *** (0.005)	-0.035 *** (0.005)	-0.041 *** (0.005)	-0.036 *** (0.005)	0.035 (0.128)

续表

变量	风险偏好					跨国公司 OFDI 风险不确定性区位选择
	模型 1	模型 2	模型 3	模型 4	模型 5	模型 6
对数似然函数的最大值						-218.266
似然比检验统计	34.300***	31.390***	31.590***	31.030***	32.410***	47.660***
准可决系数						0.098
调整的 R^2	0.511	0.530	0.532	0.527	0.538	
有效样本	351	351	351	351	351	351

注：*、**、*** 分别表示 10%、5%、1%的显著性水平，括号内的数据为标准误。

表 6-14　TMT 管理认知断裂带的调节效应稳健性检验结果

变量	风险偏好			
	模型 7	模型 8	模型 9	模型 10
CEO 知识异质性一次项	-0.089*** (0.034)			
CEO 知识异质性二次项	0.007* (0.004)			
CEO 经验异质性一次项		-0.032** (0.013)		
CEO 经验异质性二次项		0.002** (0.001)		
CEO 社会阶层异质性一次项			-0.058** (0.024)	
CEO 社会阶层异质性二次项			0.002* (0.001)	
CEO 管理认知异质性一次项				-0.032*** (0.010)
CEO 管理认知异质性二次项				0.001*** (0.000)
TMT 管理认知断裂带	-0.481*** (0.079)	-0.412*** (0.051)	-0.535*** (0.084)	-0.535*** (0.056)

续表

变量	风险偏好			
	模型 7	模型 8	模型 9	模型 10
TMT 管理认知断裂带×CEO 知识异质性二次项	0.014 *** (0.003)			
TMT 管理认知断裂带×CEO 经验异质性二次项		0.014 *** (0.003)		
TMT 管理认知断裂带×CEO 社会阶层异质性二次项		0.005 *** (0.001)		
TMT 管理认知断裂带×CEO 管理认知异质性二次项				0.002 *** (0.000)
CEO 性别	0.006 (0.026)	0.037 (0.024)	0.047 * (0.025)	0.014 (0.024)
CEO 年龄	0.003 * (0.001)	0.002 * (0.001)	0.001 (0.001)	0.002 (0.001)
两职合一	−0.057 *** (0.017)	−0.052 *** (0.018)	−0.059 *** (0.017)	−0.054 *** (0.016)
团队规模	−0.030 (0.066)	−0.071 (0.062)	−0.025 (0.065)	−0.105 * (0.060)
公司规模	0.027 *** (0.006)	0.016 ** (0.007)	0.028 *** (0.006)	0.017 *** (0.006)
公司年龄	0.004 * (0.002)	0.004 * (0.002)	0.000 (0.002)	0.004 * (0.002)
净资产收益率	−0.206 *** (0.070)	−0.153 ** (0.070)	−0.226 *** (0.070)	−0.114 * (0.065)
公司成长性	0.013 (0.008)	0.022 *** (0.008)	0.014 * (0.008)	0.024 *** (0.007)
东道国市场规模	−0.196 ** (0.082)	−0.242 *** (0.078)	−0.200 ** (0.082)	−0.196 ** (0.076)
行业虚拟变量	0.039 * (0.020)	0.046 ** (0.019)	0.038 * (0.020)	0.048 ** (0.019)
投资虚拟变量	−0.052 *** (0.005)	−0.045 *** (0.005)	−0.044 *** (0.005)	−0.044 *** (0.005)
似然比检验统计	32.740 ***	37.080 ***	33.010 ***	41.810 ***
调整的 R^2	0.576	0.607	0.578	0.636
有效样本	351	351	351	351

注：*、**、*** 分别表示 10%、5%、1%的显著性水平，括号内的数据为标准误。

表6-15 被风险偏好中介的TMT管理认知断裂带调节效应稳健性检验结果

跨国公司OFDI风险不确定性区位选择

变量	模型11	模型12	模型13	模型14	模型15	模型16	模型17	模型18
CEO知识异质性一次项	-3.288* (1.848)				-2.581 (1.677)			
CEO知识异质性二次项	0.368* (0.197)				0.302* (0.179)			
CEO经验异质性一次项		-0.893** (0.414)				-0.789* (0.423)		
CEO经验异质性二次项		0.071*** (0.025)				0.065** (0.026)		
CEO社会阶层异质性一次项			-1.679* (0.912)				-1.457* (0.850)	
CEO社会阶层异质性二次项			0.080** (0.040)				0.071* (0.037)	
CEO管理认知异质性一次项				-0.736** (0.348)				-0.673* (0.347)
CEO管理认知异质性二次项				0.026** (0.010)				0.025** (0.010)
风险偏好					2.412* (1.455)	3.197* (1.659)	2.529* (1.480)	2.769* (1.634)
TMT管理认知断裂带	-6.303** (2.834)	-4.901** (1.934)	-6.317** (2.932)	-5.198** (2.171)	-4.634 (2.933)	-2.976 (2.098)	-4.200 (3.111)	-3.304 (2.392)

续表

跨国公司 OFDI 风险不确定性区位选择

变量	模型 11	模型 12	模型 13	模型 14	模型 15	模型 16	模型 17	模型 18
TMT 管理认知断裂带×CEO 知识异质性二次项	0.151* (0.087)				0.107 (0.091)			
TMT 管理认知断裂带×CEO 经验异质性二次项		0.042* (0.022)				0.022 (0.025)		
TMT 管理认知断裂带×CEO 社会阶层异质性二次项			0.034* (0.020)				0.21 (0.021)	
TMT 管理认知断裂带×CEO 管理认知异质性二次项				0.011* (0.006)				0.006 (0.007)
CEO 性别	-0.369 (0.691)	0.002 (0.666)	-0.476 (0.649)	0.005 (0.670)	-0.394 (0.694)	-0.134 (0.673)	-0.596 (0.655)	-0.042 (0.673)
CEO 年龄	-0.064* (0.038)	-0.065* (0.035)	-0.044 (0.033)	-0.067** (0.034)	-0.072** (0.039)	-0.073** (0.036)	-0.049 (0.033)	-0.073** (0.035)
两职合一	-0.245 (0.465)	0.649 (0.589)	-0.278 (0.478)	0.319 (0.520)	-0.124 (0.475)	0.808 (0.608)	-0.120 (0.489)	0.478 (0.540)
团队规模	-1.049 (1.833)	2.636 (2.116)	-0.798 (1.823)	0.961 (1.961)	-1.070 (1.830)	2.540 (2.046)	-0.823 (1.807)	1.033 (1.932)
公司规模	0.479*** (0.173)	0.438* (0.235)	0.378* (0.164)	0.473** (0.210)	0.402** (0.178)	0.371 (0.236)	0.308* (0.169)	0.417** (0.209)
公司年龄	0.139** (0.061)	0.257*** (0.081)	0.169** (0.067)	0.227*** (0.072)	0.134** (0.061)	0.239*** (0.081)	0.174** (0.067)	0.216*** (0.072)

续表

跨国公司 OFDI 风险不确定性区位选择

变量	模型 11	模型 12	模型 13	模型 14	模型 15	模型 16	模型 17	模型 18
净资产收益率	6.560*** (2.205)	7.510*** (2.363)	6.374*** (2.137)	7.835*** (2.251)	6.959*** (2.202)	7.967*** (2.385)	6.913*** (2.169)	8.247*** (2.276)
公司成长性	0.392* (0.210)	0.358* (0.207)	0.393* (0.207)	0.450** (0.208)	0.350* (0.210)	0.279 (0.210)	0.353* (0.208)	0.390* (0.212)
东道国市场规模	-7.114*** (2.268)	-7.325*** (2.239)	-7.235*** (2.261)	-7.475*** (2.280)	-6.685*** (2.280)	-6.651*** (2.293)	-6.804*** (2.284)	-7.073*** (2.310)
行业虚拟变量	0.901 (0.583)	0.710 (0.664)	0.741 (0.584)	0.839 (0.669)	0.804 (0.576)	0.564 (0.668)	0.702 (0.585)	0.678 (0.664)
投资虚拟变量	-0.267** (0.130)	-0.487*** (0.176)	-0.244* (0.137)	-0.396** (0.157)	-0.140 (0.151)	-0.337* (0.190)	-0.139 (0.151)	-0.273 (0.172)
对数似然函数的最大值	-215.484	-210.405	-215.328	-211.006	-214.121	-208.511	-213.859	-209.567
似然比检验统计	53.220***	63.380***	53.540***	62.180***	55.950***	67.170***	56.470***	65.060***
准可决系数	0.110	0.131	0.111	0.128	0.116	0.139	0.117	0.134
有效样本	351	351	351	351	351	351	351	351

注：*、**、*** 分别表示 10%、5%、1% 的显著性水平，括号内的数据为标准误差。

第七节 假设检验结果和讨论

本节首先根据实证检验得出的"接受的研究假设"和"拒绝的研究假设"结果，对本书 25 个研究假设的检验结果进行分类与汇总。其次，对研究假设的检验结果进行讨论，包括 CEO 管理认知异质性对跨国公司 OFDI 风险不确定性区位选择的非线性影响，政治资本和风险忍受分别对 CEO 管理认知异质性与跨国公司 OFDI 风险不确定性区位选择之间关系的调节效应，以及被风险偏好中介的 TMT 管理认知断裂带对 CEO 管理认知异质性与风险偏好之间关系的调节效应。

一 假设检验结果

本书运用大样本实证分析方法，探讨战略决策者管理认知对跨国公司 OFDI 风险不确定性区位选择的影响机制及其发挥作用的边界条件，选择 2009～2017 年沪深两市 A 股跨国公司对"一带一路"沿线国家的首次 OFDI 事件为研究样本，运用 SPSS23.0、STATA15.0 和 EXCEL 等软件对所构建的被中介的调节模型进行实证检验。实证检验结果表明，在本书提出的 25 个研究假设中，17 个研究假设通过了验证，如表 6-16 所示。因此，检验结果基本支持本书的理论预期。

表 6-16　研究假设的检验结果汇总

变量类型	变量名称	效应类型	研究假设	检验结果
自变量	CEO 管理认知异质性	主效应	H1:CEO 管理认知异质性与跨国公司 OFDI 风险不确定性区位选择之间存在显著的 U 型关系，即管理认知异质性越高/越低的跨国公司 CEO 越倾向于做出 OFDI 高风险不确定性区位选择，管理认知异质性中等的跨国公司 CEO 倾向于做出 OFDI 低风险不确定性区位选择	接受

续表

变量类型	变量名称	效应类型	研究假设	检验结果
自变量	CEO管理认知异质性	CEO知识异质性	主效应	H1a:CEO知识异质性与跨国公司OFDI风险不确定性区位选择之间存在显著的U型关系,即知识异质性越高/越低的跨国公司CEO越倾向于做出OFDI高风险不确定性区位选择,知识异质性中等的跨国公司CEO倾向于做出OFDI低风险不确定性区位选择	接受
		CEO经验异质性		H1b:CEO经验异质性与跨国公司OFDI风险不确定性区位选择之间存在显著的U型关系,即经验异质性越高/越低的跨国公司CEO越倾向于做出OFDI高风险不确定性区位选择,经验异质性中等的跨国公司CEO倾向于做出OFDI低风险不确定性区位选择	接受
		CEO社会阶层异质性		H1c:CEO社会阶层异质性与跨国公司OFDI风险不确定性区位选择之间存在显著的U型关系,即社会阶层越高/越低的跨国公司CEO越倾向于做出OFDI高风险不确定性区位选择,中间社会阶层的跨国公司CEO倾向于做出OFDI低风险不确定性区位选择	接受
调节变量	政治资本	调节效应	H2:跨国公司CEO拥有的政治资本越多,越正向强化CEO管理认知异质性与跨国公司OFDI风险不确定性区位选择之间的U型关系	拒绝
			H2a:跨国公司CEO拥有的政治资本越多,越正向强化CEO知识异质性与跨国公司OFDI风险不确定性区位选择之间的U型关系	拒绝
			H2b:跨国公司CEO拥有的政治资本越多,越正向强化CEO经验异质性与跨国公司OFDI风险不确定性区位选择之间的U型关系	拒绝

续表

变量类型	变量名称	效应类型	研究假设	检验结果
调节变量	政治资本	调节效应	H2c:跨国公司 CEO 拥有的政治资本越多,越正向强化 CEO 社会阶层异质性与跨国公司 OFDI 风险不确定性区位选择之间的 U 型关系	拒绝
	风险忍受		H3:跨国公司 CEO 的风险忍受水平越高,越正向强化 CEO 管理认知异质性与跨国公司 OFDI 风险不确定性区位选择之间的 U 型关系	拒绝
			H3a:跨国公司 CEO 的风险忍受水平越高,越正向强化 CEO 知识异质性与跨国公司 OFDI 风险不确定性区位选择之间的 U 型关系	拒绝
			H3b:跨国公司 CEO 的风险忍受水平越高,越正向强化 CEO 经验异质性与跨国公司 OFDI 风险不确定性区位选择之间的 U 型关系	拒绝
			H3c:跨国公司 CEO 的风险忍受水平越高,越正向强化 CEO 社会阶层异质性与跨国公司 OFDI 风险不确定性区位选择之间的 U 型关系	拒绝
中介变量	调节变量 风险偏好	TMT 管理认知断裂带 被中介的调节效应	H4:CEO 管理认知异质性与风险偏好之间存在显著的 U 型关系	接受
			H4a:CEO 知识异质性与风险偏好之间存在显著的 U 型关系	接受
			H4b:CEO 经验异质性与风险偏好之间存在显著的 U 型关系	接受
			H4c:CEO 社会阶层异质性与风险偏好之间存在显著的 U 型关系	接受
			H5:风险偏好与跨国公司 OFDI 风险不确定性区位选择呈正向线性关系	接受
			H6:TMT 管理认知断裂带强度越大,越正向强化 CEO 管理认知异质性与风险偏好之间的 U 型关系	接受
			H6a:TMT 管理认知断裂带强度越大,越正向强化 CEO 知识异质性与风险偏好之间的 U 型关系	接受

续表

变量类型	变量名称	效应类型	研究假设	检验结果
中介变量	调节变量	风险偏好	TMT管理认知断裂带	被中介的调节效应	H6b:TMT管理认知断裂带强度越大,越正向强化CEO经验异质性与风险偏好之间的U型关系 H6c:TMT管理认知断裂带强度越大,越正向强化CEO社会阶层异质性与风险偏好之间的U型关系	接受
				H7:风险偏好中介CEO管理认知异质性与TMT管理认知断裂带的交互效应对跨国公司OFDI风险不确定性区位选择的影响	接受
				H7a:风险偏好中介CEO知识异质性与TMT管理认知断裂带的交互效应对跨国公司OFDI风险不确定性区位选择的影响	接受
				H7b:风险偏好中介CEO经验异质性与TMT管理认知断裂带的交互效应对跨国公司OFDI风险不确定性区位选择的影响	接受
				H7c:风险偏好中介CEO社会阶层异质性与TMT管理认知断裂带的交互效应对跨国公司OFDI风险不确定性区位选择的影响	接受

二　CEO管理认知异质性对跨国公司OFDI风险不确定性区位选择的非线性影响

本书研究表明,CEO管理认知异质性与跨国公司OFDI风险不确定性区位选择之间存在显著的正U型关系。具体而言,在U型两端,管理认知异质性(CEO知识异质性、CEO经验异质性和CEO社会阶层异质性)越高/越低的跨国公司CEO,越具有高风险偏好,越倾向于做出

OFDI 高风险不确定性区位选择；在 U 型底部，管理认知异质性（CEO 知识异质性、CEO 经验异质性和 CEO 社会阶层异质性）中等的跨国公司 CEO 具有低风险偏好，倾向于做出 OFDI 低风险不确定性区位选择。本部分将对 CEO 管理认知异质性对跨国公司 OFDI 风险不确定性区位选择的影响进行讨论。

（一）丰富管理认知异质性的研究视角

第一，丰富管理认知异质性的构念维度。已有研究大多考察管理认知异质性对组织战略的影响，鲜少对管理认知异质性的构念维度进行划分，并深入研究管理认知异质性的不同维度对组织战略的影响。本书借鉴认知心理学的研究成果，将 CEO 管理认知异质性划分为 CEO 知识异质性、CEO 经验异质性和 CEO 社会阶层异质性三个维度。基于高阶理论和印记理论，探讨了由 CEO 知识异质性、CEO 经验异质性和 CEO 社会阶层异质性三个维度构成的 CEO 管理认知异质性对跨国公司 OFDI 风险不确定性区位选择的非线性影响，丰富了管理认知异质性的构念维度。第二，丰富社会阶层的构念维度。对于 CEO 管理认知异质性三个维度之一的 CEO 社会阶层，本书继续深入，探讨了先赋性因素和自致性因素对 CEO 高、中、低三个不同社会阶层特征的塑造作用与持久性影响，以及高、中、低三个不同的 CEO 社会阶层对跨国公司 OFDI 风险不确定性区位选择的影响机制，丰富了社会阶层的构念维度。第三，丰富管理认知异质性的研究视角。已有研究多从高管的单一特征（如单一学历、职能特征等）考察高管管理认知异质性对组织战略的影响，如李小青和孙银风（2013）分别考察了 CEO 的三个认知特征（任期、职能背景、受教育程度）与技术创新战略之间的非线性关系。本书在此基础上进一步从 CEO 自身多样化的特征（如多个学历、多个职能特征等）视角，探索了 CEO 自身管理认知异质性对组织战略的影响，丰富了管理认知异质性的研究视角。

（二）拓展跨国公司 OFDI 风险不确定性区位选择的研究层面

已有研究主要从宏观国家层面、中观行业层面和微观跨国公司层面展开 OFDI 风险不确定性区位选择影响研究，而没有考虑更为微观的战略决策者管理认知对跨国公司 OFDI 风险不确定性区位选择的影响（Ambos et al.，2020；Clarke and Liesch，2017）。在宏观国家层面，学者们考察了东道国或母国的制度因素与非制度因素（如制度同构性、制度距离、文化距离和双边关系等）对跨国公司 OFDI 风险不确定性区位选择的影响（Quer et al.，2012；Kang and Jiang，2012；Arnoldi and Villadsen，2015；潘镇和金中坤，2015；孟醒和董有德，2015）；在中观产业层面，学者们考察了聚集经济与合法性溢出对跨国公司 OFDI 风险不确定性区位选择的影响，研究发现来自发展中国家的跨国公司更倾向于以集群方式快速进入高风险不确定性东道国进行对外直接投资（John and Lawton，2018；Belderbos et al.，2011；Li and Yao，2010；余官胜等，2019）；在微观企业层面，学者们主要从所有权优势（Duanmu，2012）、知识资产（Makino et al.，2002）、国际化经验（李丽丽和綦建红，2017）等跨国公司异质性角度考察其对 OFDI 风险不确定性区位选择的影响。许多学者呼吁对战略决策者管理认知进行更多研究，以推进国际化微观基础的理论化，但到目前为止，只有少数研究（Chittoor et al.，2019；Maitland and Sammartino，2015b；Buckley et al.，2018；Ambos et al.，2020；Clarke and Liesch，2017）采用微观基础视角对国际化过程中的管理认知和决策进行实证研究，这其中鲜少涉及 OFDI 风险不确定性区位选择更为微观的层面。本书从 OFDI 风险不确定性区位选择更为微观的层面——跨国公司的内部影响因素切入，研究 CEO 管理认知异质性对跨国公司 OFDI 风险不确定性区位选择的影响机制，回答了"不同的 CEO 为什么会做出不同的跨国公司 OFDI 战略选择决策"（因为不同的 CEO 基于有限理性拥有不同的管理认知，其对外部环境的不同解释促使了他们做出了不同的战略选择。）因此，本书拓展了跨国公司 OFDI 风险不确定性区位选择的研究层面。

三　政治资本和风险忍受对 CEO 管理认知异质性与跨国公司 OFDI 风险不确定性区位选择之间关系的调节效应

本部分将分别讨论政治资本和风险忍受对 CEO 管理认知异质性与 OFDI 风险不确定性区位选择之间关系的调节效应，具体内容如下。

（一）关于政治资本调节效应的讨论

已有研究主要关注政治资本如何影响政府资源的获取，进而影响企业战略决策、绩效或价值。研究表明，公司董事在政府部门任职，其任职经验将帮助董事会增加对公司所在行业的了解，因此公司能够采取顺应行业主流发展的战略，从而提高公司业绩（Haynes and Hillman，2010）；拥有政府工作背景的企业家能够帮助公司获得更多的政府资源，从而为公司带来绩效（余汉等，2017）。另有学者研究了政治资本代际传承的影响，如父辈政治资本对子辈未来收入、就业和择校等方面的影响（谭远发，2015；马良等，2016；叶晓阳，2012）。本书整合政治资本的上述两类研究成果，研究由 CEO 父辈的政治资本和 CEO 自身的政治资本共同构成的政治资本对 CEO 管理认知异质性与跨国公司 OFDI 风险不确定性区位选择之间正 U 型关系的影响。政治资本不仅可以帮助跨国公司在母国获取资源和能力，以降低风险不确定性影响的实际水平，而且可以移植并嵌入与母国制度相似的东道国，帮助跨国公司获取竞争优势，因此，拥有政治资本越多，跨国公司可获取的 OFDI 风险不确定性区位选择所需资源就越丰富，抵御 OFDI 东道国风险不确定性的能力越强，进入 OFDI 高风险不确定性东道国的可能性就越大。在实证检验中，政治资本的调节效应未通过检验。原因可能在于以下两方面：一方面，相比于国内公司，跨国公司的经营更具复杂多变性，同时受东道国、母国及跨国公司自身因素的影响，东道国与母国之间存在制度差异，CEO 在母国拥有的政治资本在东道国制度中可能缺乏嵌入性；另一方面，随着东道国正式市场经济制度的不断发展完善，作为非正式制度的政治资本失去了发挥作用的前提条件。因而，政治资本对 CEO 管理认知异质性与跨国公司 OFDI 风险不确定性区位选择之间正 U 型关系的正向调节作用不显著。

（二）关于风险忍受调节效应的讨论

已有研究聚焦高管股权激励、企业风险承担与企业产出（战略决策与绩效）的影响，如李文贵和余明桂（2012）指出，企业风险承担反映企业在投资决策过程中对风险的接受能力，是企业面对不确定性结果做出的战略决策选择。Armstrong 和 Vashishtha（2012）将企业风险细分为特定风险、系统风险和总体风险三类，分别探讨了高管股权激励对企业风险承担的作用。马永强和邱煜（2019）研究了 CEO 贫困出身、薪酬激励与企业风险承担之间的关系。董保宝（2014）研究了风险承担与企业绩效的倒 U 型关系。然而，已有研究鲜少关注企业决策者的风险忍受对企业战略决策的影响。实际上，企业决策者的风险忍受会显著影响其风险偏好。跨国公司 CEO 的风险忍受水平越高，意味着感知风险越低，越具有高风险偏好。因此，在考虑风险中的不确定性收益时，风险忍受水平高的跨国公司 CEO 会表现出更为积极乐观的心理预期；在考虑风险中的不确定性损失时，风险忍受水平高的跨国公司 CEO 会表现出更高的风险承受能力。本书从这两个方面探讨了风险忍受对 CEO 管理认知异质性与跨国公司 OFDI 风险不确定性区位选择之间正 U 型关系的调节作用。在实证检验中，风险忍受的调节效应未通过检验。可能的原因在于：尽管改革开放以来中国取得了世人瞩目的成就，但目前仍是"转型+新兴"经济体，相比于发达经济体，一方面，中国跨国公司 CEO 在人力资本市场上的流动性较低、再就业机会成本较高，若在 OFDI 高风险不确定性区位选择的战略决策中失败，存在一定的雇用风险；另一方面，中国跨国公司 CEO 个人财富积累有限，不足以抵抗风险，存在一定的个人财富风险。上述两方面原因可能导致风险忍受对 CEO 管理认知异质性与跨国公司 OFDI 风险不确定性区位选择之间的正 U 型关系的正向调节作用不显著。

四　被风险偏好中介的 TMT 管理认知断裂带对 CEO 管理认知异质性与风险偏好之间关系的调节效应

风险偏好的中介效应、TMT 管理认知断裂带的调节效应和被风险偏好中介的 TMT 管理认知断裂带的调节效应均得到了验证，上述检验结果与本书的理论预期相一致。本部分将分别对风险偏好的中介效应和 TMT 管理认知断裂带的调节效应进行讨论。

（一）关于风险偏好中介效应的讨论

CEO 管理认知异质性是如何影响跨国公司 OFDI 风险不确定性区位选择的，即 CEO 管理认知异质性对跨国公司 OFDI 风险不确定性区位选择的影响机制是怎样的，鲜有研究触及此问题。本书根据对已有文献的回顾，提出了风险偏好可能在 CEO 管理认知异质性与跨国公司 OFDI 风险不确定性区位选择之间存在某种传导机制，并实证检验了三者之间的关系。研究结果表明，CEO 管理认知异质性与风险偏好之间呈 U 型关系，风险偏好与跨国公司 OFDI 风险不确定性区位选择之间正相关。本书揭示了 CEO 管理认知异质性与跨国公司 OFDI 风险不确定性区位选择之间正 U 型关系的内在作用机制，打开了 CEO 管理认知异质性影响跨国公司 OFDI 风险不确定性区位选择的"暗箱"，使得 CEO 管理认知异质性与跨国公司 OFDI 风险不确定性区位选择之间正 U 型关系的链条更为清楚和完善，建立了自变量与因变量间的传导机制与影响路径，并打破了 CEO 管理认知异质性与跨国公司 OFDI 风险不确定性区位选择之间关系的单一解释机制，进一步丰富和完善了风险偏好相关研究。

（二）关于 TMT 管理认知断裂带调节效应的讨论

第一，本书探索了 CEO 管理认知异质性与风险偏好之间关系的边界条件。在实证检验中，TMT 管理认知断裂带对 CEO 管理认知异质性与风险偏好之间正 U 型关系的调节效应得到验证，表明不同强度的 TMT 管理认知断裂带会对 TMT 子团队内外成员的人际互动、认知资源共享和人际行为一致性产生影响，这种影响会强化 CEO 管理认知异质性与风险偏好之间的正 U 型关系，使正 U 型变得陡峭。换言之，在 CEO 管理认知异质性高或低时，TMT 管理认知断裂带强度越大，越能促进 TMT 子团队内外成员的人际互动和认知资源共享并增强人际行为一致性，越能帮助 CEO 增强对东道国风险不确定性的识别与管控能力，从而使其更具风险偏好；在 CEO 管理认知异质性中等时，TMT 管理认知断裂带强度越大，越不能帮助 CEO 增强对东道国风险不确定性的识别与管控能力，不足以使其更具风险偏好。TMT 管理认知断裂带的调节效应明确了 CEO 管理认知异质性与风险偏好之间正 U 型关系的边界条件。第二，本书丰富了 TMT 断裂带相关研究。TMT 断裂带相关研究主要是根据 Lau 和 Murnighan（1998）提出的团队断裂带构念，研究多个子团队断裂带对组织产出（战略决策与绩效）的影响，例如：Chen 等（2017）从团队多个属性特征交叉分类的角度来研究团队断裂带与团队绩效；Richard 等（2019）运用人口和属性断裂带概念，研究了 TMT 关系相关（性别、年龄、学历）和任务相关（职能背景、任期）断裂带优势对战略变革的影响。本书借鉴 Li 和 Hambrick（2005）的研究成果，将 TMT 管理认知断裂带置于跨国公司特有的研究情境中，根据跨国公司 TMT 成员是否具有国际化经历这一特定属性特征，将 TMT 划分为具有不同管理认知的两个子团队（派系），即具有国际化经历的子团队和不具有国际化经历的子团队。Verbeke 等（2014）研究指出，高管先前的国际化经验可以帮助跨国公司识别和评估国际化机会，应对和管理国际化风险。因此，相比于不具有国际化经验的子团队高管，具有国际化经验的子团队高管更有能力将其以往在国际化经历中形成的对东道国制度、市场和文化等方面特定的管理认知作为跨国公司的特定优势，以识别和评估高风险不确定性东道国的机会，整合配置跨国公司内外部资源应对与管理东道国的高风险不确定性。具有不同管理认知的TMT 通过其不同强度的断裂带引发子团队间产生积极或消极的管理认知冲突，对子团队成员间的人际互动和人际行为一致性产生影响（曹红军等，2016），导致 TMT 对高风险不确定性东道国的机会识别能力、整合配置跨国公司内外部资源应对与管理风险不确定性的能力产生差异，进而影响 TMT 管理认知断裂带发挥调节作用。因此，不同于已有文献，本书将 TMT 管理认知断裂带置于跨国公司特有的研究情境中，研究 TMT 中具有国际化经历和不具有国际化经历的两个子团队不同管理认知断裂带的调节作用，为丰富和拓展 TMT 断裂带相关研究做出了贡献。

第八节　本章小结

本章首先根据第三章、第四章和第五章的内容构建了概念模型。其次，基于样本选择原则，选取 2009～2017 年沪深两市 A 股跨国公司对"一带一路"沿线国家的首次 OFDI 事件为研究样本，介绍了数据来源、各变量的定义及其测量指标。再次，运用 SPSS23.0、STATA15.0 和EXCEL 软件对所构建的被中介的调节效应模型进行了实证检验。在实证检验中，采用描述性统计分析和相关性分析进行数据分析，采用回归分析进行研究假设检验和稳健性检验。最后，报告假设检验结果并进行讨论。

在本书提出的所有研究假设中，大多数研究假设得到了验证。因此，检验结果基本支持了本书的理论预期。检验结果如下：①CEO 管理认知异质性与跨国公司 OFDI 风险不确定性区位选择之间存在显著的正 U 型关系，即主效应检验通过；②政治资本和风险忍受对 CEO 管理认知异质性与跨国公司 OFDI 风险不确定性区位选择之间关系的调节作用不显著，即政治资本和风险忍受的调节效应检验未通过；③被风险偏好中介的 TMT 管理认知断裂带对 CEO 管理认知异质性与风险偏好之间关系的调节效应检验通过。具体而言：①CEO 管理认知异质性与风险偏好之间呈 U 型关系；②TMT 管理认知断裂带对 CEO 管理认知异质性与风险偏好之间的关系具有正向调节作用；③风险偏好与跨国公司 OFDI 风险不确定性区位选择之间正相关；④风险偏好中介 CEO 管理认知异质性和 TMT 管理认知断裂带的交互作用对跨国公司 OFDI 风险不确定性区位选择的影响。

第七章

研究结论与展望

本章主要总结本书的研究结论、研究创新点，给出管理启示，进一步分析本书的研究局限，展望未来研究方向。

第一节　研究结论

本书从跨国公司 OFDI 风险不确定性区位选择更为微观层面的影响因素切入，以跨国公司战略决策者管理认知的个体和团队两个层面即 CEO 管理认知异质性和 TMT 管理认知断裂带交互为视角，研究战略决策者管理认知对跨国公司 OFDI 风险不确定性区位选择的影响机制及其发挥作用的边界条件，选择 2009～2017 年沪深两市 A 股跨国公司对"一带一路"沿线国家的首次 OFDI 事件为研究样本，主要基于高阶理论、印记理论和群体断裂带理论，构建被中介的调节模型，实证检验了 CEO 管理认知异质性对跨国公司 OFDI 风险不确定性区位选择非线性影响的主效应、政治资本和风险忍受对 CEO 管理认知异质性与跨国公司 OFDI 风险不确定性区位选择之间关系的调节效应，以及被风险偏好中介的 TMT 管理认知断裂带对 CEO 管理认知异质性与风险偏好之间关系的调节效应。研究结论具体如下。

（1）CEO 管理认知异质性与跨国公司 OFDI 风险不确定性区位选择之间存在显著的正 U 型关系。在 U 型两端，管理认知异质性越高/越低的跨国公司 CEO 越具有高风险偏好，越倾向于做出 OFDI 高风险不确定性区位选择；在 U 型底部，管理认知异质性中等的跨国公司 CEO 具有低风险偏好，倾向于做出 OFDI 低风险不确定性区位选择。

（2）政治资本和风险忍受对 CEO 管理认知异质性与跨国公司 OFDI 风险不确定性区位选择之间关系的调节作用不显著。政治资本调节作用不显著的原因在于，东道国与母国间的制度差异使 CEO 的政治资本在东道国缺乏嵌入性，不断发展完善的东道国正式市场经济制度使 CEO 的政治资本这项非正式制度的作用难以发挥，因而政治资本对 CEO 管理认知异质性与跨国公司 OFDI 风险不确定性区位选择之间关系的正向调节作用不显著。风险忍受调节作用不显著的原因在于，中国目前仍是"转型+新兴"经济体，中国跨国公司 CEO 存在一定的雇用风险和个人财富风险，因而风险忍受对 CEO 管理认知异质性与跨国公司 OFDI 风险不确定性区位选择之间关系的正向调节作用不显著。

（3）CEO 管理认知异质性与风险偏好之间呈 U 型关系。在 U 型两端，管理认知异质性越高/越低的跨国公司 CEO，越能够识别出东道国风险不确定性中的机会，并且越善于管理东道国的风险不确定性，越能够化东道国风险不确定性中的威胁为 OFDI 的机遇，因而越具有高风险偏好；在 U 型底部，管理认知异质性中等的跨国公司 CEO，不具备足够能力识别和掌控东道国的风险不确定性，因而具有低风险偏好。

（4）TMT 管理认知断裂带对 CEO 管理认知异质性与风险偏好之间的关系具有正向调节作用。CEO 管理认知异质性越高/越低，TMT 管理认知断裂带强度越大，越能促进 TMT 子团队内外成员的人际互动和认知资源共享并增强人际行为一致性，越能帮助 CEO 增强对东道国风险不确定性的识别与管控能力，从而使其更具风险偏好；在 CEO 管理认知异质性中等时，TMT 管理认知断裂带强度越大，越不能帮助 CEO 增强对东道国风险不确定性的识别与管控能力，不足以使其更具风险偏好。

（5）风险偏好与跨国公司 OFDI 风险不确定性区位选择之间正相关。CEO 作为跨国公司的战略决策者，对跨国公司 OFDI 风险不确定性区位选择起着决定性作用，风险偏好反映了行为主体在心理上对待风险的态度，不同风险偏好的个体会从不同角度分析、解释问题，采取不同的战略行为。高风险偏好的 CEO 具有采取冒险行为的倾向，因而倾向于做出跨国公司 OFDI 高风险不确定性区位选择，而低风险偏好的 CEO 具有规避风险行为的倾向，因而倾向于做出跨国公司 OFDI 低风险不确定性区位选择。

（6）风险偏好中介 CEO 管理认知异质性和 TMT 管理认知断裂带的交互作用对跨国公司 OFDI 风险不确定性区位选择的影响。TMT 管理认知断裂带强度越大，CEO 管理认知异质性对风险偏好的 U 型作用越强，这种影响会通过风险偏好传递给跨国公司 OFDI 风险不确定性区位选择，从而影响拥有高、中、低异质性管理认知的 CEO 是否做出跨国公司 OFDI 高风险不确定性区位选择。

上述结果通过了稳健性检验，排除了模型估计中可能出现的潜在偏误。

第二节　研究创新点

（1）深化了跨国公司 OFDI 风险不确定性区位选择理论。已有研究仅考察跨国公司外部的国家制度因素、行业因素及跨国公司内部技术水平、全要素生产率、资源等组织层面因素对跨国公司 OFDI 风险不确定性区位选择的影响，与此不同，本书以战略决策者管理认知为切入点，以跨国公司内部更为微观的战略决策者管理认知的个体和团队两个层面即 CEO 管理认知异质性和 TMT 管理认知断裂带交互为视角，探索了跨国公司 OFDI 风险不确定性区位选择的影响因素，在一定程度上回应了学者们提出的"用微观基础管理认知研究对外直接投资"（Buckley et al.，2016）和"为宏观构念提供微观基础"的呼吁（张明等，2018），将跨国公司 OFDI 风险不确定性区位选择理论研究得更为深入、具体，深化了跨国公司 OFDI 风险不确定性区位选择理论。

（2）丰富了 CEO 管理认知异质性的构念维度和研究视角。已有研究仅考察了管理认知异质性对组织战略的影响，本书借鉴认知心理学的研究成果，进一步将 CEO 管理认知异质性划分为 CEO 知识异质性、CEO 经验异质性和 CEO 社会阶层异质性三个维度，基于高阶理论和印记理论，探讨了由上述三个维度构成的 CEO 管理认知异质性对跨国公司 OFDI 风险不确定性区位选择的影响机制，丰富了 CEO 管理认知异质性的构念维度。对于 CEO 社会阶层，本书从先赋性因素和自致性因素两个方面入手，探讨了先赋性因素和自致性因素对 CEO 高、中、低三个不同社会阶层特征的塑造作用与持久性影响，以及高、中、低三个不同的社会阶层对跨国公司 OFDI 风险不确定性区位选择的影响机制，丰富了社会阶层的构念维度。已有研究仅从高管的单一特征（如单一学历、职能特征等）考察高管管理认知异质性对组织战略的影响，本书在此基础上进一步从 CEO 自身多样化的特征（如多个学历、多个职能特征等）视角，探索了 CEO 自身管理认知对组织战略的影响，丰富了管理认知异质性的研究视角。

（3）拓展了高阶理论的应用范围，为 CEO/TMT 与组织战略决策之间的关系研究提供了一种新的理论视角。已有研究仅考察 CEO 或 TMT 与组织战略决策之间正向或负向的线性关系，本书基于高阶理论，以 CEO 与 TMT 交互为视角，提出并基本检验了 CEO 管理认知异质性与跨国公司 OFDI 风险不确定性区位选择之间的非线性关系，在一定程度上拓展了高阶理论的应用范围，增强了高阶理论在 CEO 与 TMT 交互视角下的解释力，而且为 CEO/TMT 与组织战略决策之间的关系研究提供了一种新的理论视角。

（4）探索了 CEO 管理认知异质性与跨国公司 OFDI 风险不确定性区位选择之间的中介传导机制与边界条件。本书引入风险偏好作为中介变量，引入 TMT 管理认知断裂带作为调节变量，构建被中介的调节效应模型，研究假设经实证检验均成立。

（5）拓展了社会阶层的研究情境，明确了战略决策者管理认知与跨国公司 OFDI 风险不确定性区位选择之间关系的边界条件。不同于以往研究单一关注发达国家本国国内公司的研究情境，本书选用中国跨国公司微观数据，将社会阶层的研究情境设定为以中国为代表的发展中国家的跨国公司，将社会阶层的研究情境由发达国家本国国内公司拓展至发展中国家的跨国公司，拓展了社会阶层的研究情境。本书在借鉴西方理论研究成果的基础之上，根植于中国情境，选取政治资本、风险忍受为调节变量，分别考察了其对战略管理者管理认知与跨国公司 OFDI 风险不确定性区位选择之间关系的调节作用。

第三节　管理启示

为确保战略决策者制定的战略决策符合跨国公司的实际需要，跨国公司战略决策者的管理认知要与跨国公司 OFDI 风险不确定性区位选择的战略目标相契合。为此，本书从以下两个不同角度给出管理启示。

（1）有志于抓住市场机遇，选择高风险不确定性东道国开展 OFDI 的跨国公司，可以从跨国公司微观层面战略决策者遴选方面进行事前干预，即从 CEO 管理认知异质性视角科学选任 CEO，从 TMT 管理认知断裂带视角科学配置高管团队。从 CEO 管理认知异质性视角，应选择拥有高异质性或低异质性管理认知的高管任跨国公司 CEO，以充分发挥 CEO 管理认知异质性的优势，即从广度上发挥其多样化知识与信息搜集、整合优势，从深度上运用其复杂信息处理能力、不确定性问题分析能力和非正式制度经验的溢出效应，从社会阶层方面借助其先赋性因素与自致性因素形成的资源与能力，在高风险不确定性东道国识别并利用风险中的机会，做出科学的跨国公司 OFDI 风险不确定性区位选择。从 TMT 管理认知断裂带视角，应配置成员间的人口统计学特征具有较大差异的高管团队，以发挥 TMT 管理认知断裂带优势，帮助 CEO 增强对东道国风险不确定性的识别与管控能力，使其更具风险偏好，进而做出跨国公司 OFDI 高风险不确定性区位选择。

（2）为有效抑制 CEO 因过度自信引发盲目投资，做出 OFDI 高风险不确定性区位选择的跨国公司，可以从公司治理结构视角加强高管集体审慎决策。过度自信的 CEO 通常会高估自己的资源与能力，产生高风险偏好，在过度自信这一非理性因素作用下做出 OFDI 高风险不确定性区位选择，这会引发跨国公司的盲目投资。因而，跨国公司需要从公司治理结构角度加强高管集体审慎决策，以充分发挥 CEO 管理认知异质性和 TMT 管理认知断裂带优势来有效抑制 CEO 个人有限理性决策的不足，进而做出科学的跨国公司 OFDI 风险不确定性区位选择。

第四节　研究局限性与未来展望

本书尚存在不足之处，有待未来研究进一步深化，具体如下。

（1）本书考察了战略决策者管理认知对跨国公司 OFDI 风险不确定性区位选择的主效应、政治资本和风险忍受的调节作用及被风险偏好中介的 TMT 管理认知断裂带的调节作用，但并未考察其他不同情境下的边界效应，未来研究可以进一步考察其他情境的边界效应，拓展研究边界。

（2）本书主要运用高阶理论考察了 CEO 管理认知异质性和 TMT 管理认知断裂带两个层面的跨国公司战略决策者特征对跨国公司 OFDI 风险不确定性区位选择的影响，未来研究可以应用高阶理论进一步研究高管团队中具有不同影响力与话语权的团队成员在高管团队中是否发挥不同的作用及其对组织战略决策或绩效的影响，也可以将研究由组织内团队层面拓展至组织层面或组织间层面，以考察不同层次的群体对战略决策或绩效的影响。

（3）本书仅在高阶理论"战略决策者特征—战略选择"框架下，

研究了战略决策者管理认知对跨国公司 OFDI 风险不确定性区位选择的影响机制及其发挥作用的边界条件。未来研究可以在此基础上进一步深化，在高阶理论"战略决策者特征—战略选择—组织绩效"框架下，探讨在具有风险不确定性的东道国，战略决策者管理认知与跨国公司 OFDI 绩效的关系及其发挥作用的边界条件。

参考文献

[1] 白新文、齐舒婷、明晓东等，2019，《骏马易见，伯乐难寻：决策者心智模式影响创意识别的机制及边界条件》，《心理科学进展》第 4 期。

[2] 曹红军、肖国团、孟现航，2016，《资源配置战略变动对企业绩效的非线性影响——基于高管团队断层线的研究视角》，《科学与管理》第 3 期。

[3] 曹晶、杨百寅、王东，2018，《企业高管教育程度对其研发投入的影响——高管权力分布和企业所有制性质的调节作用》，《技术经济》第 5 期。

[4] 柴忠东，2013，《新兴市场跨国企业竞争优势：企业特定还是母国因素？》，《亚太经济》第 6 期。

[5] 陈传明、陈松涛，2007，《高层管理团队战略调整能力研究——认知的视角》，《江海学刊》第 1 期。

[6] 陈璐、杨百寅、井润田，2010，《如何提高战略决策效果？TMT 社会资本与冲突的作用》，第五届中国管理学年会——组织行为与人力资源管理分会场论文。

[7] 陈守明、简涛，2010，《企业家人口背景特征与"走出去"进入模式选择——基于中国制造业上市公司的实证研究》，《管理评论》第 10 期。

[8] 陈守明、郑洪亮，2009，《高阶理论的认知逻辑及其管理实践含

意》，《经济论坛》第 16 期。

[9] 陈晓萍、徐淑英、樊景立，2012，《组织与管理研究的实证方法》，北京大学出版社。

[10] 陈岩、郭文博，2018，《制度风险与跨国并购成败：大国外交和经济"软实力"的调节作用》，《世界经济研究》第 5 期。

[11] 丁锋，2019，《对外直接投资政治风险的测评及影响因素研究》，博士学位论文，对外经济贸易大学。

[12] 董保宝，2014，《风险需要平衡吗：新企业风险承担与绩效倒 U 型关系及创业能力的中介作用》，《管理世界》第 1 期。

[13] 杜晓君、齐朝顺、杨勃，2017，《政策风险与中国跨国企业海外市场进入模式选择》，《管理科学》第 4 期。

[14] 冯飞、杜晓君、石茹鑫，2018，《对外直接投资中的政治风险研究综述与未来展望》，《现代经济探讨》第 9 期。

[15] 高辉、邹国庆，2019，《制度理论与高阶理论整合视角下创业制度环境如何影响企业创新绩效》，《科技进步与对策》第 2 期。

[16] 高展军、江旭，2016，《联盟公平的工具效应及其对合作绩效的影响——被中介的调节效应研究》，《南开管理评论》第 2 期。

[17] 葛明贵、谢章明、解登峰，2009，《隐性知识：涵义、特征及其获取途径》，《心理科学》第 5 期。

[18] 龚光明、曾照存，2013，《公司特有风险、管理者风险特质与企业投资效率——来自中国上市公司的经验数据》，《经济与管理研究》第 11 期。

[19] 何丹，2016，《转型升级制度压力下企业的战略响应行为》，硕士学位论文，华南理工大学。

[20] 胡旭阳、吴一平，2016，《中国家族企业政治资本代际转移研究——基于民营企业家参政议政的实证分析》，《中国工业经济》第 1 期。

［21］ 胡志军、温丽琴，2014，《产品生命周期、融资约束与后危机时代民营企业外向国际化——基于 Logit 模型的实证研究》，《国际贸易问题》第 8 期。

［22］ 黄河、Starostin, N.，2016，《中国企业海外投资的政治风险及其管控——以"一带一路"沿线国家为例》，《深圳大学学报》（人文社会科学版）第 1 期。

［23］ 黄莲琴、主富峰，2015，《产权性质、高管政治网络与公司资本配置效率》，《华东经济管理》第 2 期。

［24］ 黄晓芬、彭正银，2018，《管理者认知视角下网络组织演化的动因与模式研究：综述与展望》，《外国经济与管理》第 6 期。

［25］ 黄勇、彭纪生，2014，《组织印记研究回顾与展望》，《南大商学评论》第 3 期。

［26］ 李冬伟、吴菁，2017，《高管团队异质性对企业社会绩效的影响》，《管理评论》第 12 期。

［27］ 李赫扬、周先波、丁芳清，2017，《社会阶层认知分化的实证研究——基于有序 Probit 面板模型的估计》，《南方经济》第 7 期。

［28］ 李静澎、王蒙，2012，《企业战略风险影响因素的综合分析框架——基于战略行为视角》，《技术经济与管理研究》第 4 期。

［29］ 李丽丽、綦建红，2017，《政治风险规避与中国企业的 OFDI 策略选择》，《财经研究》第 1 期。

［30］ 李拓晨、乔琳、杨萍，2018，《企业间信任对供应链企业组织即兴的影响机理研究——供应链柔性的中介作用与交互记忆系统的调节作用》，《南开管理评论》第 4 期。

［31］ 李维安、刘振杰、顾亮，2014，《董事会异质性、断裂带与跨国并购》，《管理科学》第 4 期。

［32］ 李文贵、余明桂，2012，《所有权性质、市场化进程与企业风险承担》，《中国工业经济》第 12 期。

[33] 李小青，2012，《董事会认知异质性对企业价值影响研究——基于创新战略中介作用的视角》，《经济与管理研究》第 8 期。

[34] 李小青、吕靓欣，2017，《董事会社会资本、群体断裂带与企业研发效率——基于随机前沿模型的实证分析》，《研究与发展管理》第 4 期。

[35] 李小青、孙银风，2013，《CEO 认知特征对企业技术创新影响研究——基于我国高科技行业上市公司的经验证据》，《科技进步与对策》第 22 期。

[36] 李新春、肖宵，2017，《制度逃离还是创新驱动？——制度约束与民营企业的对外直接投资》，《管理世界》第 10 期。

[37] 李雪灵、蔡莉、龙玉洁等，2018，《制度环境对企业关系构建的影响：基于中国转型情境的实证研究》，《南开管理评论》第 5 期。

[38] 梁强、邹立凯、宋丽红、李新春、王博，2017，《组织印记、生态位与新创企业成长——基于组织生态学视角的质性研究》，《管理世界》第 6 期。

[39] 廖中举，2015，《组织风险倾向研究述评与展望》，《外国经济与管理》第 8 期。

[40] 柳学信、曹晓芳，2019，《群体断裂带测度方法研究进展与展望》，《经济管理》第 1 期。

[41] 龙婷、衣长军、李雪、王玉敏，2019，《股权集中度、机构投资者与企业对外直接投资决策——冗余资源的调节作用》，《国际贸易问题》第 2 期。

[42] 罗明新，2014，《企业高管政治关联影响技术创新的作用机理研究》，博士学位论文，东北大学。

[43] 马良、方行明、雷震，2016，《父母的政治资本和人力资本对子女深造意愿的影响及传导机制——基于中介效应和调节效应的分

析》，《教育与经济》第 3 期。

［44］马永强、邱煜，2019，《CEO 贫困出身、薪酬激励与企业风险承担》，《经济与管理研究》第 1 期。

［45］孟晓华、曾赛星、张振波，2012，《高管团队特征与企业环境责任——基于制造业上市公司的实证研究》，《系统管理学报》第 6 期。

［46］孟醒、董有德，2015，《社会政治风险与我国企业对外直接投资的区位选择》，《国际贸易问题》第 4 期。

［47］倪旭东、贺爽爽，2018，《子团队利弊作用的调节机制》，《心理科学进展》第 5 期。

［48］潘清泉、唐刘钊、韦慧民，2015，《高管团队断裂带、创新能力与国际化战略——基于上市公司数据的实证研究》，《科学学与科学技术管理》第 10 期。

［49］潘镇、金中坤，2015，《双边政治关系、东道国制度风险与中国对外直接投资》，《财贸经济》第 6 期。

［50］尚航标、李卫宁、蓝海林，2013，《如何突破认知凝滞？管理认知变革的理论综述》，《科学学与科学技术管理》第 8 期。

［51］石盛林、黄芳，2017，《战略管理认知学派研究综述》，《科技进步与对策》第 6 期。

［52］谭远发，2015，《父母政治资本如何影响子女工资溢价："拼爹"还是"拼搏"?》，《管理世界》第 3 期。

［53］王付鹏、葛玉辉、陈悦明，2011，《高管团队认知能力的二维矩阵模型》，工程与企业管理国际会议（EBM2011）论文。

［54］王海军，2012，《政治风险与中国企业对外直接投资——基于东道国与母国两个维度的实证分析》，《财贸研究》第 1 期。

［55］王琳、伍麟，2018，《风险偏好可以代际传递吗？——来自多学科的证据与元理论思考》，《心理科学》第 3 期。

［56］王曦若、迟巍，2018，《高管团队人力资本异质性与企业创新投入的关系——高管团队地位不平等的调节作用》，《技术经济》第8期。

［57］王勇、苗雨萌、张佐敏，2019，《认知能力、风险偏好与离岸金融发展——基于跨国面板数据的联立方程模型》，《国际金融研究》第7期。

［58］韦军亮、陈漓高，2009，《政治风险对中国对外直接投资的影响——基于动态面板模型的实证研究》，《经济评论》第4期。

［59］卫旭华、王傲晨、江楠，2018，《团队断层前因及其对团队过程与结果影响的元分析》，《南开管理评论》第5期。

［60］温忠麟、张雷、侯杰泰，2006，《有中介的调节变量和有调节的中介变量》，《心理学报》第3期。

［61］谢凤华、古家军，2008，《团队认知特性、决策过程与决策绩效关系实证研究》，《华东经济管理》第6期。

［62］谢小云、张倩，2011，《国外团队断裂带研究现状评介与未来展望》，《外国经济与管理》第1期。

［63］薛安伟，2018，《跨国并购对企业管理效率的影响研究——基于倾向得分匹配方法的实证分析》，《国际贸易问题》第3期。

［64］杨卫忠、葛玉辉，2012，《TMT认知异质性、自反性对决策绩效的影响——基于中国企业的实证研究》，《预测》第2期。

［65］叶晓阳，2012，《"以权择校"：父母政治资本与子女择校》，《世界经济文汇》第4期。

［66］余官胜、范朋真、龙文，2019，《东道国风险境外经贸合作区与我国企业对外直接投资进入速度——度量与跨国面板数据实证研究》，《国际商务研究》第2期。

［67］余汉、蒲勇健、宋增基，2017，《企业家隐性政治资本、制度环境与企业绩效——来自中国民营上市公司的经验证据》，《经济经

纬》第 2 期。

［68］袁其刚、邰晨，2018，《企业对东盟直接投资的政治风险分析》，《国际商务》（对外经济贸易大学学报）第 3 期。

［69］张建君、李宏伟，2007，《私营企业的企业家背景、多元化战略与企业业绩》，《南开管理评论》第 5 期。

［70］张军、许庆瑞，2018，《管理者认知特征与企业创新能力关系研究》，《科研管理》第 4 期。

［71］张明、蓝海林、陈伟宏，2018，《企业注意力基础观研究综述——知识基础、理论演化与研究前沿》，《经济管理》第 9 期。

［72］张伟年、陈传明，2014，《企业家社会资本与创新战略选择——变革型领导风格调节影响》，《金融理论与实践》第 4 期。

［73］张文慧、张志学、刘雪峰，2005，《决策者的认知特征对决策过程及企业战略选择的影响》，《心理学报》第 3 期。

［74］张小红、张金昌、宋立荣，2013，《个体知识的特性及其开发管理研究》，《技术经济与管理研究》第 2 期。

［75］张艳辉、杜念茹、李宗伟等，2016，《国家政治风险对我国对外直接投资的影响研究——来自 112 个国家的经验证据》《投资研究》第 2 期。

［76］张雨、戴翔，2013，《政治风险影响了我国企业"走出去"吗》，《国际经贸探索》第 5 期。

［77］张玉利、曲阳、云乐鑫，2014，《基于中国情境的管理学研究与创业研究主题总结》，《外国经济与管理》第 1 期。

［78］钟熙、宋铁波、陈伟宏、翁艺敏，2019，《CEO 任期、高管团队特征与战略变革》，《外国经济与管理》第 6 期。

［79］周建、李小青，2012，《董事会认知异质性对企业创新战略影响的实证研究》，《管理科学》第 6 期。

［80］周经、王馗，2019，《国内市场分割影响了中国对外直接投资

吗——基于企业微观数据的实证研究》，《国际贸易问题》第
11 期。

［81］朱婕、任荣明，2018，《东道国制度环境、双边投资协议与中国
企业跨国并购的区位选择》，《世界经济研究》第 3 期。

［82］朱蓉、曹丽卿，2018，《创业企业组织印记的来源、蜕变与绩
效——以京东集团为例》，《管理案例研究与评论》第 5 期。

［83］左聪颖、周业安，2013，《风险偏好研究及其未来可能的进展》，
《教学与研究》第 3 期。

［84］Adner, R., Helfat, C. E. 2003. "Corporate Effects and Dynamic
Managerial Capabilities." *Strategic Management Journal* 24 (10):
1011-1025.

［85］Alessandri, T. M., Pattit, J. M. 2014. "Drivers of R&D Investment:
The Interaction of Behavioral Theory and Managerial Incentives."
Journal of Business Research 67 (2): 151-158.

［86］Aliber, R. Z. 1975. "Exchange Risk, Political Risk, and Investor
Demand for External Currency Deposits." *Journal of Money, Credit
and Banking* 7 (2): 161-179.

［87］Amason, A. C. 1996. "Distinguishing the Effects of Functional and
Dysfunctional Conflict on Strategic Decision Making: Resolving a
Paradox for Top Management Teams." *Academy of Management
Journal* 39 (1): 123-148.

［88］Ambos,T. C., Cesinger, B., Eggers, F., et al. 2020. "How does
Deglobalization Affect Location Decisions? A Study of Managerial
Perceptions of Risk and Return." *Global Strategy Journal* 10 (1):
210-236.

［89］Armstrong, C. S., Vashishtha, R. 2012. "Executive Stock Options,
Differential Risk-Taking Incentives, and Firm Value." *Journal of*

Financial Economics 104 （2）： 70-88.

[90] Arnoldi, J. , Villadsen, A. R. 2015. "Political Ties of Listed Chinese Companies, Performance Effects, and Moderating Institutional Factors. " *Management and Organization Review* 11 （2）： 217-236.

[91] Asiedu, E. , Lien, D. 2010. "Democracy, Foreign Direct Investment and Natural Resources. " Working Papers 84 （1）： 99-111.

[92] Barbosa, S. D. , Kickul, J. , Liao-Troth, M. 2007. "Development and Validation of a Multidimensional Scale of Entrepreneurial Risk Perception. " *Academy of Management Proceedings* 1： 1-6.

[93] Barkema, H. G. , Shvyrkov, O. 2007. "Does Top Management Team Diversity Promote or Hamper Foreign Expansion?" *Strategic Management Journal* 28 （7）： 663-680.

[94] Baron, R. M. , Kenny, D. A. 1986. "The Moderator-Mediator Variable Distinction in Social Psychological Research: Conceptual, Strategic, and Statistical Considerations. " *Journal of Psychology and Social Psychology* 51 （6）： 1173-1182.

[95] Belderbos, R. , Olffen, W. V. , Zou, J. L. 2011. "Generic and Specific Social Learning Mechanisms in Foreign Entry Location Choice. " *Strategic Management Journal* 32 （12）： 1309-1330.

[96] Bezrukova, K. , Jehn, K. A. , Zanutto, E. L. 2009. "Do Workgroup Faultlines Help or Hurt? A Moderated Model of Faultlines, Team Identification and Group Performance. " *Organization Science* 20 （1）： 35-50.

[97] Bezrukova, K. , Spell, C. S. , Caldwell, D. , et al. 2016. "A Multilevel Perspective on Faultlines: Differentiating the Effects between Group and Organizational-Level Faultlines. " *Journal of Applied Psychology* 101 （1）： 86-107.

[98] Bezrukova, K. , Uparna, J. 2009. "Group Splits and Culture Shifts: A New Map of the Creativity Terrain." *Research on Managing Groups and Teams* 12: 163-193.

[99] Bianchi, E. C. 2013. "The Bright Side of Bad Times: The Affective Advantages of Entering the Workforce in a Recession." *Administrative Science Quarterly* 58 (4): 587-623.

[100] Blau, P. M. , Duncan, O. D. 1967. *The American Occupational Structure*. New York: John Wiley.

[101] Brunetti, A. , Weder, B. 1998. "Investment and Institutional Uncertainty: A Comparative Study of Different Uncertainty Measures." *Weltwirtschaftliches Archiv* 134 (3): 513-533.

[102] Buckley,P. J. , Chen, L. , Clegg, L. J. , et al. 2016. "Experience and FDI Risk-Taking: A Microfoundational Reconceptualization." *Journal of International Management* 22 (2): 131-146.

[103] Buckley, P. J. , Chen, L. , Clegg, L. J. , et al. 2018. "Risk Propensity in the Foreign Direct Investment Location Decision of Emerging Multinationals." *Journal of International Business Studies* 49 (2): 1-19.

[104] Buckley,P. J. , Chen, L. , Clegg, L. J. , et al. 2020. "The Role of Endogenous and Exogenous Risk in FDI Entry Choices." *Journal of World Business* 55 (1): 1-11.

[105] Busenitz,L. W. , Barney, J. B. 1997. "Differences between Entrepreneurs and Managers in Large Organizations: Biases and Heuristics in Strategic Decision-Making." *Journal of Business Venturing* 12 (1): 9-30.

[106] Busenitz, L. W. , Lau, C. M. 1996. "A Cross-Cultural Cognitive Model of New Venture Creation." *Entrepreneurship Theory and Practice*

20 (4): 25-40.

[107] Cao, Q., Simsek, Z., Zhang, H. P. 2010. "Modelling the Joint Impact of the CEO and the TMT on Organizational Ambidexterity." *Journal of Management Studies* 47 (7): 1272-1296.

[108] Carpenter, M. A., Geletlcanycz, M. A., Sanders, W. G. 2004. "Upper Echelons Research Revisited: Antecedents, Elements, and Consequences of Top Management Team Composition." *Journal of Management* 30 (6): 749-778.

[109] Carpenter, M. A., Pollock, T. G., Leary, M. M. 2003. "Testing a Model of Reasoned Risk-Taking: Governance, the Experience of Principals and Agents, and Global Strategy in High-Technology IPO Firms." *Strategic Management Journal* 24 (9): 803-820.

[110] Chen, S., Wang, D., Zhou, Y., et al. 2017. "When Too Little or Too Much Hurts: Evidence for a Curvilinear Relationship between Team Faultlines and Performance." *Asia Pacific Journal of Management* 34 (4): 931-950.

[111] Chittoor, R., Aulakh, P. S., Ray, S. 2019. "Microfoundations of Firm Internationalization: The Owner CEO Effect." *Global Strategy Journal* 9 (1): 42-65.

[112] Ciarrapico, A. M. 1992. *Country Risk: A Theoretical Framework of Analysis.* Ashgate Pub. Co., US: Dartmouth Publishing Company.

[113] Clarke, J. E., Liesch, P. W. 2017. "Wait-and-See Strategy: Risk Management in the Internationalization Process Model." *Journal of International Business Studies* 48 (8): 923-940.

[114] Cooper, D., Patel, P. C., Thatcher, S. M. B. 2014. "It Depends: Environmental Context and the Effects of Faultlines on Top Management Team Performance." *Organization Science* 25 (2): 633-652.

［115］Costa, L. P. D. S. , Figueira, A. C. R. 2017. "Political Risk and Internationalization of Enterprises: A Literature Review." *Cadernos EBAPE. BR* 15 (1): 63-87.

［116］Crossland, C. , Zyung, J. , Hiller, N. J. 2014. "CEO Career Variety: Effects on Firm-Level Strategic and Social Novelty." *Academy of Management Journal* (3): 652-674.

［117］Cuervo-Cazurra, A. , Genc, M. 2008. "Transforming Disadvantages into Advantages: Developing-Country MNEs in the Least Developed Countries." *Journal of International Business Studies* 39 (6): 957-979.

［118］Díaz-Fernández, M. C. , González-Rodríguez, M. R. , Simonetti, B. 2015. "Top Management Teams' Demographic Characteristics and Their Influence on Strategic Change." *Quality and Quantity* 49 (3): 1305-1322.

［119］Delgado-Garcia, J. B. , Fuente-Sabate, J. M. D. L. 2010. "How do CEO Emotions Matter? Impact of CEO Affective Traits on Strategic and Performance Conformity in the Spanish Banking Industry." *Strategic Management Journal* 31 (5): 562-574.

［120］Dong,M. 2017. "Does Corporate Political Activity Make Firms Less Risk Taking?" *Advances in Management and Applied Economics* 7 (6): 1-16.

［121］Duanmu, J. L. 2012. "Firm Heterogeneity and Location Choice of Chinese Multinational Enterprises (MNEs) ." *Journal of World Business* 47 (1): 64-72.

［122］Dunning, J. H. 2000. "The Eclectic Paradigm as an Envelope for Economic and Business Theories of MNE Activity." *International Business Review* 9 (2): 163-190.

[123] Eisenmann, T. R. 2002. "The Effects of CEO Equity Ownership and Firm Diversification on Risk Taking." *Strategic Management Journal* 23 (6): 513-534.

[124] Faccio, M., Marchica, M. T., Mura, R. 2014. "CEO Gender and Corporate Risk-Taking." *Social Science Electronic Publishing* 39: 193-209.

[125] Fernández-Méndez, L., García-Canal, E., Guillén, M. F. 2015. "Legal Family and Infrastructure Voids as Drivers of Regulated Physical Infrastructure Firms' Exposure to Governmental Discretion." *Journal of International Management* 21 (2): 135-149.

[126] Fitzpatrick, M. 1983. "The Definition and Assessment of Political Risk in International Business: A Review of the Literature." *Academy of Management Review* 8 (2): 249-254.

[127] Gaur, A. S., Kumar, V., Singh, D. 2014. "Institutions, Resources, and Internationalization of Emerging Economy Firms." *Journal of World Business* 49 (1): 12-20.

[128] Georgakakis, D., Greve, P., Ruigrok, W. 2017. "Top Management Team Faultlines and Firm Performance: Examining the CEO-TMT Interface." *Leadership Quarterly* 28 (6): 741-758.

[129] Gomez-Mejia, W. L. R. 1998. "A Behavioral Agency Model of Managerial Risk Taking." *The Academy of Management Review* 23 (1): 133-153.

[130] Gray, B., Kish-Gephart, J. J. 2013. "Encountering Social Class Differences at Work: How 'Class Work' Perpetuates Inequality." *Academy of Management Review* 38 (4): 670-699.

[131] Green, R. T. 1974. "Political Structures as a Predictor of Radical Political Change." *Columbia Journal of World Business* 9 (1):

28-36.

[132] Hambrick, D. C. 2007. "Upper Echelons Theory: An Update." *Academy of Management Review* 32 (2): 334-343.

[133] Hambrick, D. C., Mason, P. A. 1984. "Upper Echelons: The Organization as a Reflection of its Top Managers." *Academy of Management Review* 9 (2): 193-206.

[134] Haynes, K. T., Hillman, A. 2010. "The Effect of Board Capital and CEO Power on Strategic Change." *Strategic Management Journal* 31 (11): 1145-1163.

[135] Helfat, C. E., Peteraf, M. A. 2015. "Managerial Cognitive Capabilities and the Microfoundations of Dynamic Capabilities." *Strategic Management Journal* 36 (6): 831-850.

[136] Henderson, R. M., Clark, K. B. 1990. "Architectural Innovation: The Reconfiguration of Existing Product Technologies and the Failure of Established Firms." *Administrative Science Quarterly* 35 (1): 9-30.

[137] Henisz, W. J. 2003. "The Power of the Buckley and Casson Thesis: The Ability to Manage Institutional Idiosyncrasies." *Journal of International Business Studies* 34 (2): 173-184.

[138] Hernandez, E., Guillén, M. F. 2018. "What's Theoretically Novel about Emerging-Market Multinationals?" *Journal of International Business Studies* 49 (1): 24-33.

[139] Herrmann, P., Datta, D. K. 2006. "CEO Experiences: Effects on the Choice of FDI Entry Mode." *Journal of Management Studies* 43 (4): 755-778.

[140] Hoffmann, W. H., Meusburger, L. 2017. "How CEO Values and TMT Diversity Jointly Influence the Corporate Strategy Making Process."

Schmalenbach Business Review 24 （10）：1–39.

［141］ Holburn, G. L. , Zelner, B. A. 2010. "Political Capabilities, Policy Risk, and International Investment Strategy: Evidence from the Global Electric Power Generation Industry. " *Strategic Management Journal* 31 （12）：1290–1315.

［142］ Hong, J. , Wang, C. , Kafouros, M. 2015. "The Role of the State in Explaining the Internationalization of Emerging Market Enterprises. " *British Journal of Management* 26 （1）：45–62.

［143］ Hsu, D. H. , Lim, K. 2014. "Knowledge Brokering and Organizational Innovation: Founder Imprinting Effects. " *Organization Science* 25 （4）：1134–1153.

［144］ John, A. , Lawton, T. C. 2018. "International Political Risk Management: Perspectives, Approaches and Emerging Agendas. " *International Journal of Management Reviews* 20 （4）：847–879.

［145］ Jong, G. D. , Phan, T. B. , Ees, H. V. 2011. " Does the Meta-Environment Determine Firm Performance? Theory and Evidence from European Multinational Enterprises. " *International Business Review* 20 （4）：454–465.

［146］ Josefy, M. , Kuban, S. , Ireland, R. D. , et al. 2015. "All Things Great and Small: Organizational Size, Boundaries of the Firm, and a Changing Environment. " *Academy of Management Annals* 9 （1）：715–802.

［147］ Kaczmarek, S. , Kimino, S. , Pye, A. 2012. "Board Task-related Faultlines and Firm Performance: A Decade of Evidence. " *Corporate Governance: An International Review* 20 （4）：337–351.

［148］ Kang, Y. 2018. "Regulatory Institutions, Natural Resource Endowment and Location Choice of Emerging-Market FDI: A Dynamic Panel Data

Analysis." *Journal of Multinational Financial Management* 45 (6): 1-14.

[149] Kang, Y., Jiang, F. 2012. "FDI Location Choice of Chinese Multinationals in East and Southeast Asia: Traditional Economic Factors and Institutional Perspective." *Journal of World Business* 47 (1): 45-53.

[150] Kish-Gephart, J. J., Campbell, J. T. 2015. "You don't Forget Your Roots: The Influence of CEO Social Class Background on Strategic Risk Taking." *Academy of Management Journal* 58 (6): 1614-1636.

[151] Kobrin, S. J. 1978. "When does Political Instability Result in Increased Investment Risk." *Columbia Journal of World Business* 13 (3): 113-122.

[152] Kochan,T., Bezrukova, K., Ely, R., et al. 2003. "The Effects of Diversity on Business Performance: Report of the Diversity Research Network." *Human Resource Management* 42 (1): 3-21.

[153] Kolstad, I., Wiig, A. 2012. "What Determines Chinese Outward FDI." *Journal of World Business* 47 (1): 26-34.

[154] Kraus, M. W., Piff, P. K., Mendoza-Denton, R., et al. 2012. "Social Class, Solipsism, and Contextualism: How the Rich are Different From the Poor." *Psychological Review* 119 (3): 546-572.

[155] Lau, D. C., Murnighan, J. K. 1998. "Demographic Diversity and Faultlines: The Compositional Dynamics of Organizational Groups." *Academy of Management Review* 23 (2): 325-340.

[156] Li, H., Li, J. 2009. "Top Management Team Conflict and Entrepreneurial Strategy Making in China." *Asia Pacific Journal of Management* 26 (2): 263-283.

[157] Li,J., Hambrick, D. C. 2005. "Factional Groups: A New Vantage

on Demographic Faultlines, Conflict, and Disintegration in Work Teams. " *Academy of Management Journal* 48 (5): 794-813.

[158] Li,J. , Yao, F. 2010. "The Role of Reference Groups in International Investment Decisions by Firms From Emerging Economies?" *Journal of International Management* 16 (2): 143-153.

[159] Li, W. , Lau, D. 2014. "Asymmetric Factional Groups in Family Firms: When is Family Faultline Beneficial to the Firm?" *Academy of Management Proceedings* 8: 1-6.

[160] Li, Y. , Zhang, Y. A. , Shi, W. 2020. "Navigating Geographic and Cultural Distances in International Expansion: The Paradoxical Roles of Firm Size, Age, and Ownership. " *Strategic Management Journal* 41 (5): 921-949.

[161] Loree, D. W. , Guisinger, S. E. 1995. "Policy and Non-Policy Determinants of US Equity Foreign Direct Investment. " *Journal of International Business Studies* 26 (2): 281-299.

[162] Maitland, E. , Sammartino, A. 2015a. "Managerial Cognition and Internationlization. " *Journal of International Business Studies* 46 (7): 733-760.

[163] Maitland, E. , Sammartino, A. 2015b. "Decision Making and Uncertainty: The Role of Heuristics and Experience in Assessing a politically Hazardous Environment. " *Strategic Management Journal* 36 (10): 1554-1578.

[164] Makino, S. , Lau, C. M. , Yeh, R. S. 2002. "Asset-Exploitation Versus Asset-Seeking: Implications for Location Choice of Foreign Direct Investment from Newly Industrialized Economies. " *Journal of International Business Studies* 33 (3): 403-421.

[165] Malmendier,U. , Tate, G. 2008. "Who Makes Acquisitions? CEO

Overconfidence and the Market's Reaction. " *Journal of Financial Economics* 89 （1）: 20-43.

[166] March, J. G. , Simon, H. A. 1958. *Organizations.* New York: John Wiley.

[167] Markowitz, H. M. 1952. "Portfolio Selection. " *Journal of Finance* 7 （1）: 77-91.

[168] Marquis, C. , Tilcsik, A. 2013. "Imprinting: Toward a Multilevel Theory. " *Academy of Manage-ment Annals* 7 （1）: 195-245.

[169] Mcnamara, G. M. , Luce, R. A. , "Tompson, G. H. 2022. Examining the Effect of Complexity in Strategic Group Knowledge Structure on Firm Performance. " *Strategic Management Journal* 23 （2）: 153-170.

[170] Meyer, B. , Shemla, M. , Li, J. , et al. 2015. "On the Same Side of the Faultline: Inclusion in the Leaders' Subgroup and Employee Performance. " *Journal of Management Studies* 52 （3）: 354-380.

[171] Minichilli, A. , Corbetta, G. , Macmillan, I. C. 2010. "Top Management Teams in Family-Controlled Companies: 'Familiness', 'Faultlines', and Their Impact on Financial Performance. " *Journal of Management Studies* 47 （2）: 205-222.

[172] Muller, D. , Judd, C. M. , Yzerbyt, V. Y. 2005. "When Moderation is Mediated and Mediation is Moderated. " *Journal of Personality and Social Psychology* 89 （6）: 852-863.

[173] Murnighan, K. , Lau, D. 2017. *Faultlines.* Oxford Research Encyclopedia of Business and Management.

[174] Nadkarni, S. , Barr, P. S. 2008. "Environmental Context, Managerial Cognition, and Strategic Action: An Integrated View. " *Strategic Management Journal* 29 （13）: 1395-1427.

[175] Ndofor, H. A. , Sirmon, D. G. , He, X. 2015. "Utilizing the Firm's

Resources: How TMT Heterogeneity and Resulting Faultlines Affect TMT Tasks. " *Strategic Management Journal* 36 (11): 1656-1674.

[176] Nguyen, L. , Gallery, G. , Newton, C. 2019. "The Joint Influence of Financial Risk Perception and Risk Tolerance on Individual Investment Decision-Making. " *Accounting and Finance* 59: 747-771.

[177] Nigh, D. 1985. "The Effect of Political Events on United States Direct Foreign Investment: A Pooled Time-Series Cross-Sectional Analysis. " *Journal of International Business Studies* 16 (1): 1-17.

[178] North, D. C. 1991. "Institutions. " *Journal of Economic Perspectives* 5 (1): 97-112.

[179] Oh, C. H. , Oetzel, J. 2017. "Once Bitten Twice Shy? Experience Managing Violent Conflict Risk and MNC Subsidiary-Level Investment and Expansion. " *Strategic Management Journal* 38 (3): 714-731.

[180] Peng, M. , Luo, Y. 2002. "Institutional Escapism or Innovation-Driven? Institutional Constraints and Chinese Private Enterprises' Outward Foreign Direct Investment. " *Academy of Management Journal* 43 (3): 486-501.

[181] Peng, M. W. , Lu, Y. , Shenkar, O. , et al. 2001. "Treasures in the China House: A Review of Management and Organizational Research on Greater China. " *Journal of Business Research* 52 (2): 95-110.

[182] Plambeck, N. 2012. "The Development of New Products: The Role of Firm Context and Managerial Cognition. " *Journal of Business Venturing* 27 (6): 607-621.

[183] Quer, D. , Claver, E. , Rienda, L. 2012. "Political Risk, Cultural Distance and Outward Foreign Direct Investment: Empirical Evidence From Large Chinese Firms. " *Asia Pacific Journal of Management* 29

（4）：1089-1244.

[184] Rajan,R. , Hattari, R. 2009. "What Explains Intra-Asian FDI Flows? Do Distance and Trade Matter?" *Economics Bulletin* 29 （1）：122-128.

[185] Ramaswamy,G. K. 1999. "An Empirical Examination of the Form of Relationship between Multinationality and Performance. " *Journal of International Business Studies* 30 （1）：173-188.

[186] Richard, O. C. , Wu, J. , Markoczy, L. A. , et al. 2019. "Top Management Team Demographic-Faultline Strength and Strategic Change：What Role Does Environmental Dynamism Play?" *Strategic Management Journal* 40 （6）：987-1009.

[187] Robock,S. H. 1971. "Political Risk–Identification and Assessment. " *Columbia Journal of World Business* 6 （4）：6-20.

[188] Root,F. R. 1972. "Analyzing Political Risks in International Business. " *The Multinational Enterprise in Transition*：354-365.

[189] Sawant,R. J. , Nachum, L. , Panibratov, A. 2017. "Which Types of Political Capital Matter for Internationalizing Firm and Where Do They Matter?" *Evidence from Russia FDI and Exports* 1 （1）.

[190] Shaw,J. B. 2004. "The Development and Analysis of a Measure of Group Faultlines. " *Organizational Research Methods* 7 （1）：66-100.

[191] Shipler, D. K. 2005. *The Working Poor：Invisible in America.* London：Vintage.

[192] Simsek, Z. , Fox, B. C. , Heavey, C. 2015. " ' What's Past is Prologue ' ：A Framework, Review, and Future Directions for Organizational Research on Imprinting. " *Journal of Management* 41 （1）：288-317.

[193] Sissani,M. , Belkacem, Z. 2014. "The Effect of Political Risk on

Foreign Direct Investment: The Case of Algeria." *Hyperion Economic Journal* 2 (3): 29-35.

[194] Sitkin, S. B., Pablo, A. L. 1992. "Reconceptualizing the Determinants of Risk Behavior." *Academy of Management Review* 17 (1): 9-38.

[195] Slangen, A. J., Beugelsdijk, S. 2010. "The Impact of Institutional Hazards on Foreign Multinational Activity: A Contingency Perspective." *Journal of International Business Studies* 41 (6): 980-995.

[196] Sniazhko, S. 2019. "Uncertainty in Decision-Making: A Review of the International Business Literature." *Cogent Business and Management* 6 (1): 1650-1692.

[197] Sottilotta, C. E. 2013. "Political Risk: Concepts, Definitions, Challenges." Luiss School of Government Conference 2012, Investing in the Age of Political Risks.

[198] Spoelma, T. M., Ellis, A. P. J. 2017. "Fuse or Fracture? Threat as a Moderator of the Effects of Diversity Faultlines in Teams." *Journal of Applied Psychology* 102 (9): 1344.

[199] Stanciu, A. 2015. "The Underlying Structure of Diverse Work Groups: A Literature Review on Faultlines and Diversity Outcomes." *Romanian Journal of Applied Psychology* 17 (2): 63-71.

[200] Stephens, N. M., Markus, H. R., Phillips, L. T. 2014. "Social Class Culture Cycles: How Three Gateway Contexts Shape Selves and Inequality." *Annual Review of Psychology* 65 (1): 611-634.

[201] Stinchcombe, A. L. 1965. "Social Structure and Organizations." In J. G. March (Ed.), *Handbook of Organizations* Chicago, I. L.: Rand McNally: 142-193.

[202] Tallman, S., Jenkins, M., Henry, N., et al. 2004. "Knowledge, Clusters, and Competitive Advantage." *Academy of Management*

Review 29 （2）：258-271.

[203] Tarun, K. , Krishna, G. P. 2006. " Emerging Giants： Building World-Class Companies in Emerging Markets. " *Harvard Business Review* 84 （10）： 60-69.

[204] Thatcher,S. M. B. , Patel, P. C. 2012. "Group Faultlines： A Review, Integration, and Guide to Future Research. " *Journal of Management* 38 （4）： 969-1009.

[205] Thatcher, S. M. , Jehn, K. A. , Zanutto, E. 2003. " Cracks in Diversity Research： The Effects of Diversity Faultlines on Conflict and Performance. " *Group Decision and Negotiation* 12 （3）： 217-241.

[206] Uppal, N. , Cornelius, N. , Garavan, T. 2017. "Uncovering Curvilinearity in the Organizational Tenure-Job Performance Relationship： A Moderated Mediation Model of Continuance Commitment and Motivational Job Characteristics. " *Personnel Review* 46 （8）： 1552-1570.

[207] Van,K. D. , Dreu, C. K. , Homan, A. C. 2004. " Work Group Diversity and Group Performance： An Integrative Model and Research Agenda. " *Journal of Applied Psychology* 89 （6）： 1008-1022.

[208] Verbeke, A. , Zargarzadeh, M. A. , Osiyevskyy, O. 2014. " Internalization Theory, Entrepreneurship and International New Ventures. " *Multinational Business Review* 22 （3）： 246-269.

[209] Walsh,J. P. 1995. "Managerial and Organizational Cognition： Notes from a Trip Down Memory Lane. " *Organization Science* 6 （3）： 280-321.

[210] Wheeler,D. , Mody, A. 1992. " International Investment Location Decision： The Case of United-States Firms. " *Journal of International Economics* 33 （1-2）： 57-76.

[211] Wiersema, M. F. , Bantel, K. A. 1992. " Top Management Team

Demography and Corporate Strategic Change. " *Academy of Management Journal* 35 （1）: 91-121.

[212] Williams,J. C. 2012. "*The Class Culture Gap*," *Facing Social Class: How Societal Rank Influences Interaction*, Eds. Fiske, S. T. , Markus, H. R. Russell Sage Foundation: 39-57.

[213] Wu,J. 2011. "Asymmetric Roles of Business Ties and Political Ties in Product Innovation. " *Journal of Business Research* 64 （11）: 1151-1156.

[214] Yasuda,N. , Kotabe, M. 2021. "Political Risks and Foreign Direct Investments by MNCs: A Reference Point Approach. " *Global Strategy Journal* 11 （2）: 156-184.

附　录

附录 A　描述性统计分析运行结果

表 A.1　描述性统计分析运行结果

	样本量	最小值	最大值	平均值	标准差
RULS	351	0.000	1.000	0.464	0.499
CEOKH	351	1.000	6.000	4.487	0.903
CEOEH	351	2.000	14.000	7.291	3.217
CEOCH	351	5.000	17.000	10.254	1.746
CEOMCH	351	7.000	27.000	15.259	4.373
RP	351	0.000	0.431	0.172	0.128
Fau	351	0.068	1.459	0.347	0.167
PC	351	0.000	56.000	3.484	9.035
RB	351	11.184	16.639	13.034	0.774
CEOG	351	0.000	1.000	0.923	0.267
CEOA	351	28.000	55.000	35.476	5.926
CEOC	351	0.000	1.000	0.128	0.335
TeamS	351	2.485	3.091	2.839	0.085
LnSize	351	20.448	25.290	22.420	1.013
CA	351	7.000	27.000	16.758	2.850
ROE	351	−0.255	0.294	0.097	0.076
Growth	351	−0.618	2.966	0.345	0.645
LnGDP	351	3.107	3.416	3.328	0.062

注：本表与正文中表 6-2 内容一致，为完整展示原始运行结果，保留本表。

附录 B 相关性分析运行结果

表 B.1 相关性分析运行结果

		RULS	CEOMCH	Fau	RP	PC	RB	CEOG	CEOA	CEOC	TeamS	LnSize	ROE	CA	Growth	LnGDP
RULS	P	1	-0.080	-0.112*	0.226**	-0.180**	-0.022	0.033	-0.149*	-0.152**	0.058	0.087	0.123*	0.049	0.060	-0.143**
	S		0.134	0.035	0.000	0.001	0.680	0.538	0.005	0.004	0.276	0.102	0.021	0.359	0.266	0.007
	N	351	351	351	351	351	351	351	351	351	351	351	351	351	351	351
CEOMCH	P	-0.080	1	-0.113*	-0.528**	0.129*	0.059	-0.367**	0.120*	-0.087	-0.146**	-0.500**	-0.018	-0.256**	0.112*	-0.188**
	S	0.134		0.035	0.000	0.015	0.273	0.000	0.025	0.103	0.006	0.000	0.741	0.000	0.036	0.000
	N	351	351	351	351	351	351	351	351	351	351	351	351	351	351	351
Fau	P	-0.112*	-0.113*	1	-0.101	-0.134*	-0.012	-0.078	0.166**	0.151**	0.189**	0.137**	0.034	0.026	-0.082	0.005
	S	0.035	0.035		0.059	0.012	0.822	0.144	0.002	0.005	0.000	0.010	0.524	0.628	0.126	0.932
	N	351	351	351	351	351	351	351	351	351	351	351	351	351	351	351
RP	P	0.226**	-0.528**	-0.101	1	-0.335**	-0.195**	0.187**	-0.296**	-0.261**	0.018	0.255**	-0.178**	-0.056	0.105*	0.055
	S	0.000	0.000	0.059		0.000	0.000	0.000	0.000	0.000	0.734	0.000	0.001	0.293	0.049	0.303
	N	351	351	351	351	351	351	351	351	351	351	351	351	351	351	351
PC	P	-0.180**	0.129*	-0.134*	-0.335**	1	0.075	-0.082	0.237**	0.107*	0.089	-0.047	-0.199**	0.153**	-0.044	-0.024
	S	0.001	0.015	0.012	0.000		0.164	0.127	0.000	0.045	0.098	0.385	0.000	0.004	0.411	0.654
	N	351	351	351	351	351	351	351	351	351	351	351	351	351	351	351

续表

		RULS	CEOMCH	Fau	RP	PC	RB	CEOG	CEOA	CEOC	TeamS	LnSize	ROE	CA	Growth	LnGDP
RB	P	-0.022	0.059	-0.012	-0.195**	0.075	1	0.157**	0.611**	0.400**	-0.119*	0.277**	0.388**	0.265**	-0.015	-0.012
	S	0.680	0.273	0.822	0.000	0.164		0.003	0.000	0.000	0.026	0.000	0.000	0.000	0.776	0.821
	N	351	351	351	351	351	351	351	351	351	351	351	351	351	351	351
CEOG	P	0.033	-0.367**	-0.078	0.187**	-0.082	0.157**	1	0.173**	0.111*	-0.295**	-0.081	0.194**	0.434**	0.046	0.135*
	S	0.538	0.000	0.144	0.000	0.127	0.003		0.001	0.038	0.000	0.131	0.000	0.000	0.385	0.011
	N	351	351	351	351	351	351	351	351	351	351	351	351	351	351	351
CEOA	P	-0.149**	0.120*	0.166**	-0.296**	0.237**	0.611**	0.173**	1	0.511**	0.067	0.252**	0.201**	0.243**	-0.249**	0.025
	S	0.005	0.025	0.002	0.000	0.000	0.000	0.001		0.000	0.210	0.000	0.000	0.000	0.000	0.643
	N	351	351	351	351	351	351	351	351	351	351	351	351	351	351	351
CEOC	P	-0.152**	-0.087	0.151**	-0.261**	0.107*	0.400**	0.111*	0.511**	1	-0.085	0.176**	0.082	0.125*	-0.172**	0.153**
	S	0.004	0.103	0.005	0.000	0.045	0.000	0.038	0.000		0.113	0.001	0.127	0.019	0.001	0.004
	N	351	351	351	351	351	351	351	351	351	351	351	351	351	351	351
TeamS	P	0.058	-0.146**	0.189**	0.018	0.089	-0.119*	-0.295**	0.067	-0.085	1	0.306**	0.180**	-0.002	-0.225**	-0.077
	S	0.276	0.006	0.000	0.734	0.098	0.026	0.000	0.210	0.113		0.000	0.001	0.968	0.000	0.152
	N	351	351	351	351	351	351	351	351	351	351	351	351	351	351	351
LnSize	P	0.087	-0.500**	0.137**	0.255**	-0.047	0.277**	-0.081	0.252**	0.176**	0.306**	1	0.028	0.159**	-0.317**	0.113*
	S	0.102	0.000	0.010	0.000	0.385	0.000	0.131	0.000	0.001	0.000		0.606	0.003	0.000	0.034
	N	351	351	351	351	351	351	351	351	351	351	351	351	351	351	351
ROE	P	0.123*	-0.018	0.034	-0.178**	-0.199**	0.388**	0.194**	0.201**	0.082	0.180**	0.028	1	0.134*	-0.213**	-0.140**
	S	0.021	0.741	0.524	0.001	0.000	0.000	0.000	0.000	0.127	0.001	0.606		0.012	0.000	0.009
	N	351	351	351	351	351	351	351	351	351	351	351	351	351	351	351

续表

		RULS	CEOMCH	Fau	RP	PC	RB	CEOG	CEOA	CEOC	TeamS	LnSize	ROE	CA	Growth	LnGDP
CA	P	0.049	-0.256**	0.026	-0.056	0.153**	0.265**	0.434**	0.243**	0.125*	-0.002	0.159**	0.134*	1	-0.012	0.184**
	S	0.359	0.000	0.628	0.293	0.004	0.000	0.000	0.000	0.019	0.968	0.003	0.012		0.827	0.001
	N	351	351	351	351	351	351	351	351	351	351	351	351	351	351	351
Growth	P	0.060	0.112*	-0.082	0.105*	-0.044	-0.015	0.046	-0.249**	-0.172**	-0.225**	-0.317**	-0.213**	-0.012	1	-0.107*
	S	0.266	0.036	0.126	0.049	0.411	0.776	0.385	0.000	0.001	0.000	0.000	0.000	0.827		0.045
	N	351	351	351	351	351	351	351	351	351	351	351	351	351	351	351
LnGDP	P	-0.143**	-0.188**	0.005	0.055	-0.024	-0.012	0.135*	0.025	0.153**	-0.077	0.113*	-0.140**	0.184**	-0.107*	1
	S	0.007	0.000	0.932	0.303	0.654	0.821	0.011	0.643	0.004	0.152	0.034	0.009	0.001	0.045	
	N	351	351	351	351	351	351	351	351	351	351	351	351	351	351	351

注：*、**分别表示5%、1%的显著性水平；P为皮尔逊相关性，S为显著性（双尾），N为个案数。

表 B. 2　方差膨胀因子运行结果

· qui reg RUPL CEOMCH RP Fau PC RB CEOG CEOA CEOC TeamS LnSize CA ROE Growth LnGDP

· Estat vif

Variable	VIF	1/VIF
CEOMCH	2. 95	0. 339069
CEOA	2. 73	0. 366311
RB	2. 58	0. 388329
LnSize	2. 42	0. 413178
CEOG	2. 24	0. 445896
RP	2. 11	0. 473263
ROE	1. 85	0. 541317
CEOC	1. 66	0. 601695
TeamS	1. 63	0. 611732
CA	1. 51	0. 663907
PC	1. 49	0. 670652
Growth	1. 41	0. 710124
Fau	1. 23	0. 812260
LnGDP	1. 15	0. 870304
Mean VIF	1. 93	

· return list

scalars：

r（vif_ 14）= 1. 149023294448853

r（vif_ 13）= 1. 231133580207825

r（vif_ 12）= 1. 408204078674316

r（vif_ 11）= 1. 491086959838867

r（vif_ 10）= 1. 506235837936401

r（vif_ 9）= 1. 63470196723938

r （vif_ 8） = 1. 661971807479858

r （vif_ 7） = 1. 847345948219299

r （vif_ 6） = 2. 112989664077759

r （vif_ 5） = 2. 242672920227051

r （vif_ 4） = 2. 420264005661011

r （vif_ 3） = 2. 575133085250855

r （vif_ 2） = 2. 729920625686646

r （vif_ 1） = 2. 949256181716919

macros：

r （name_ 14）： "LnGDP"

r （name_ 13）： "Fau"

r （name_ 12）： "Growth"

r （name_ 11）： "PC"

r （name_ 10）： "CA"

r （name_ 9）： "TeamS"

r （name_ 8）： "CEOC "

r （name_ 7）： "ROE"

r （name_ 6）： "RP"

r （name_ 5）： "CEOG"

r （name_ 4）： "LnSize"

r （name_ 3）： "RB"

r （name_ 2）： "CEOA"

r （name_ 1）： "CEOMCH"

附录 C 主效应检验运行结果

表 C.1 模型 1 的检验结果

. Logit RULS CEOG CEOA CEOC TeamS LnSize CA ROE Growth LnGDP Industry Year

Iteration 0：log likelihood = −242.40359

Iteration 1：log likelihood = −220.66635

Iteration 2：log likelihood = −220.53899

Iteration 3：log likelihood = −220.53888

Iteration 4：log likelihood = −220.53888

Logistic regression				Number of obs = 351		
				LR chi2(11) = 43.73		
				Prob>chi2 = 0.0000		
Log likelihood = −220.53888				Pseudo R2 = 0.0902		
RULS	Coef.	Std. Err.	z	P>|z|	[95% Conf.	Interval]
CEOG	−0.1129557	0.6112624	−0.18	0.853	−1.311008	1.085097
CEOA	−0.0478478	0.028377	−1.69	0.092	−0.1034657	0.0077701
CEOC	−0.6931547	0.4524342	−1.53	0.126	−1.579909	0.1935999
TeamS	0.2363059	1.61877	0.15	0.884	−2.936426	3.409038
LnSize	0.3851914	0.1462708	2.63	0.008	0.0985059	0.671877
CA	0.1041868	0.0551484	1.89	0.059	−0.0039021	0.2122758
ROE	3.873214	1.805493	2.15	0.032	0.334513	7.411914
Growth	0.2271488	0.1937572	1.17	0.241	−0.1526083	0.6069058
LnGDP	−6.836873	2.210396	−3.09	0.002	−11.16917	−2.504576
Industry	1.122891	0.5353337	2.10	0.036	0.0736563	2.172126
Year	−0.0889321	0.1134815	−0.78	0.433	−0.3113518	0.1334876
_cons	12.39353	8.874802	1.40	0.163	−5.00076	29.78782

表 C.2　模型 2 的检验结果

. Logit RULS CEOKH CEOKH2 CEOG CEOA CEOC TeamS LnSize CA ROE Growth LnGDP
Industry Year

Iteration 0: log likelihood = −242. 40359

Iteration 1: log likelihood = −218. 45052

Iteration 2: log likelihood = −218. 2636

Iteration 3: log likelihood = −218. 26306

Iteration 4: log likelihood = −218. 26306

Logistic regression				Number of obs = 351		
				LR chi2(13) = 48. 28		
				Prob>chi2 = 0. 0000		
Log likelihood = −218. 26306				Pseudo R2 = 0. 0996		
ULS |	Coef.	Std. Err.	z	P>|z|	[95% Conf.	Interval]
CEOKH	−1. 988455	1. 077619	−1. 85	0. 065	−4. 10055	0. 1236398
CEOKH2	0. 2340163	0. 1215072	1. 93	0. 054	−0. 0041334	0. 4721659
CEOG	0. 1040611	0. 6641418	0. 16	0. 875	−1. 197633	1. 405755
CEOA	−0. 076688	0. 0368413	−2. 08	0. 037	−0. 1488956	−0. 0044805
CEOC	−0. 536988	0. 4591277	−1. 17	0. 242	−1. 436862	0. 3628857
TeamS	−1. 087347	1. 790665	−0. 61	0. 544	−4. 596986	2. 422292
LnSize	0. 5288951	0. 1677925	3. 15	0. 002	0. 2000278	0. 8577624
CA	0. 1168069	0. 056101	2. 08	0. 037	0. 0068509	0. 2267629
ROE	4. 571808	1. 947776	2. 35	0. 019	0. 7542361	8. 38938
Growth	0. 3080521	0. 202245	1. 52	0. 128	−0. 0883409	0. 7044451
LnGDP	−7. 636298	2. 275102	−3. 36	0. 001	−12. 09542	−3. 177179
Industry	1. 348606	0. 5626079	2. 40	0. 017	0. 2459153	2. 451298
Year	−0. 1148934	0. 1156368	−0. 99	0. 320	−0. 3415373	0. 1117505
_cons	20. 03581	9. 79568	2. 05	0. 041	0. 8366283	39. 23499

表 C.3 模型 3 的检验结果

. Logit RULS CEOEH CEOEH2 CEOG CEOA CEOC TeamS LnSize CA ROE Growth LnGDP Industry Year

Iteration 0: log likelihood = −242. 40359
Iteration 1: log likelihood = −214. 60357
Iteration 2: log likelihood = −213. 5497
Iteration 3: log likelihood = −213. 54598
Iteration 4: log likelihood = −213. 54598

Logistic regression	Number of obs = 351
	LR chi2(13) = 57. 72
	Prob>chi2 = 0. 0000
Log likelihood = −213. 54598	Pseudo R2 = 0. 1190

RULS	Coef.	Std. Err.	z	P>|z|	[95% Conf.	Interval]
CEOEH	−0. 82452	0. 3679697	−2. 24	0. 025	−1. 545727	−0. 1033125
CEOEH2	0. 0623658	0. 0227055	2. 75	0. 006	0. 0178638	0. 1068679
CEOG	0. 2821108	0. 651919	0. 43	0. 665	−0. 9956269	1. 559849
CEOA	−0. 0721272	0. 0339619	−2. 12	0. 034	−0. 1386913	−0. 005563
CEOC	0. 2731705	0. 5544338	0. 49	0. 622	−0. 8134998	1. 359841
TeamS	2. 797577	1. 985927	1. 41	0. 159	−1. 094769	6. 689922
LnSize	0. 4367682	0. 2094226	2. 09	0. 037	0. 0263074	0. 8472289
CA	0. 1993743	0. 0686691	2. 90	0. 004	0. 0647853	0. 3339632
ROE	6. 122753	2. 156215	2. 84	0. 005	1. 896649	10. 34886
Growth	0. 2891789	0. 2020225	1. 43	0. 152	−0. 106778	0. 6851358
LnGDP	−7. 735717	2. 2378	−3. 46	0. 001	−12. 12173	−3. 349708
Industry	1. 104063	0. 6118633	1. 80	0. 071	−0. 0951667	2. 303293
Year	−0. 2944364	0. 147387	−2. 00	0. 046	−0. 5833097	−0. 0055632
_cons	8. 607477	11. 04763	0. 78	0. 436	−13. 04549	30. 26044

表 C.4　模型 4 的检验结果

. Logit RULS CEOCH CEOCH2 CEOG CEOA CEOC TeamS LnSize CA ROE Growth LnGDP Industry Year

Iteration 0:log likelihood = -242.40359
Iteration 1:log likelihood = -217.97514
Iteration 2:log likelihood = -217.7545
Iteration 3:log likelihood = -217.75396
Iteration 4:log likelihood = -217.75396

Logistic regression	Number of obs = 351
	LR chi2(13) = 49.30
	Prob>chi2 = 0.0000
Log likelihood = -217.75396	Pseudo R2 = 0.1017

RULS	Coef.	Std. Err.	z	P>|z|	[95% Conf.	Interval]
CEOCH	-1.45365	0.6877496	-2.11	0.035	-2.801614	-0.1056853
CEOCH2	0.0686812	0.0310433	2.21	0.027	0.0078375	0.1295248
CEOG	-0.2918216	0.6390016	-0.46	0.648	-1.544242	0.9605986
CEOA	-0.0487331	0.0315751	-1.54	0.123	-0.1106192	0.0131529
CEOC	-0.6365647	0.4758708	-1.34	0.181	-1.569254	0.2961249
TeamS	-0.7907969	1.754461	-0.45	0.652	-4.229477	2.647883
LnSize	0.4118467	0.1560825	2.64	0.008	0.1059305	0.7177628
CA	0.1676673	0.0646338	2.59	0.009	0.0409874	0.2943473
ROE	4.771271	1.935739	2.46	0.014	0.9772936	8.565249
Growth	0.3221217	0.2018994	1.60	0.111	-0.0735939	0.7178372
LnGDP	-7.81499	2.278744	-3.43	0.001	-12.28125	-3.348734
Industry	1.161542	0.55366	2.10	0.036	0.0763888	2.246696
Year	-0.1388361	0.1230373	-1.13	0.259	-0.3799848	0.1023126
_cons	24.67032	10.78687	2.29	0.022	3.528441	45.81221

表 C.5　模型 5 的检验结果

. Logit RULS CEOMCH CEOMCH2 CEOG CEOA CEOC TeamS LnSize CA ROE Growth LnGDP Industry Year

| Iteration 0：log likelihood = -242.40359 |
| Iteration 1：log likelihood = -214.63324 |
| Iteration 2：log likelihood = -213.91602 |
| Iteration 3：log likelihood = -213.91496 |
| Iteration 4：log likelihood = -213.91496 |

Logistic regression	Number of obs = 351
	LR chi2(13) = 56.98
	Prob>chi2 = 0.0000
Log likelihood = -213.91496	Pseudo R2 = 0.1175

RULS	Coef.	Std. Err.	z	P>|z|	[95% Conf.	Interval]
CEOMCH	-0.7898158	0.3104564	-2.54	0.011	-1.398299	-0.1813323
CEOMCH2	0.0273234	0.0095133	2.87	0.004	0.0086777	0.0459692
CEOG	0.3379599	0.6618822	0.51	0.610	-0.9593053	1.635225
CEOA	-0.0737958	0.0332334	-2.22	0.026	-0.138932	-0.0086595
CEOC	-0.0020029	0.5089204	-0.00	0.997	-0.9994685	0.9954627
TeamS	1.166261	1.845699	0.63	0.527	-2.451241	4.783764
LnSize	0.4750481	0.1904804	2.49	0.013	0.1017133	0.8483828
CA	0.1995332	0.0661581	3.02	0.003	0.0698658	0.3292006
ROE	6.314171	2.103553	3.00	0.003	2.191283	10.43706
Growth	0.3810889	0.2048419	1.86	0.063	-0.0203938	0.7825716
LnGDP	-8.373136	2.269514	-3.69	0.000	-12.8213	-3.924969
Industry	1.068373	0.6050652	1.77	0.077	-0.1175332	2.254279
Year	-0.2405101	0.1369889	-1.76	0.079	-0.5090034	0.0279831
_cons	17.3681	11.06891	1.57	0.117	-4.326562	39.06276

附录 D　政治资本的调节效应检验运行结果

表 D.1　模型 1 的检验结果

. Logit RULS CEOKH CEOKH2 PC CEOKH2 * PC CEOG CEOA CEOC TeamS LnSize CA ROE Growth LnGDP Industry Year

| Iteration 0：log likelihood = −242.40359 |
| Iteration 1：log likelihood = −216.613 |
| Iteration 2：log likelihood = −216.13376 |
| Iteration 3：log likelihood = −216.12066 |
| Iteration 4：log likelihood = −216.12062 |
| Iteration 5：log likelihood = −216.12062 |

Logistic regression		Number of obs = 351
		LR chi2(15) = 52.57
		Prob>chi2 = 0.0000
Log likelihood = −216.12062		Pseudo R2 = 0.1084

RULS	Coef.	Std. Err.	z	P>│z│	[95% Conf.	Interval]
CEOKH	−1.693881	1.054632	−1.61	0.108	−3.760921	0.3731589
CEOKH2	0.1906927	0.1225684	1.56	0.120	−0.049537	0.4309223
PC	−0.1174144	0.0838729	−1.40	0.162	−0.2818023	0.0469736
CEOKH2PC	0.0030178	0.0028086	1.07	0.283	−0.0024869	0.0085225
CEOG	−0.0749723	0.6715395	−0.11	0.911	−1.391165	1.241221
CEOA	−0.0702743	0.0398317	−1.76	0.078	−0.1483429	0.0077943
CEOC	−0.3810146	0.5090232	−0.75	0.454	−1.378682	0.6166525
TeamS	−1.21891	1.943034	−0.63	0.530	−5.027187	2.589368
LnSize	0.4871575	0.1712715	2.84	0.004	0.1514715	0.8228435
CA	0.1268499	0.0603487	2.10	0.036	0.0085686	0.2451311
ROE	3.038314	2.103607	1.44	0.149	−1.084679	7.161307
Growth	0.252996	0.2048967	1.23	0.217	−0.1485943	0.6545862
LnGDP	−7.48326	2.267599	−3.30	0.001	−11.92767	−3.038847
Industry	1.106815	0.5668561	1.95	0.051	−0.0042023	2.217833
Year	−0.0553213	0.1211694	−0.46	0.648	−0.2928089	0.1821663
_cons	20.35083	9.950912	2.05	0.041	0.8473984	39.85426

表 D. 2　模型 2 的检验结果

. Logit RULS CEOEH CEOEH2 PC CEOEH2 * PC CEOG CEOA CEOC TeamS LnSize CA ROE Growth LnGDP Industry Year

Iteration 0：log likelihood = −242. 40359	
Iteration 1：log likelihood = −213. 21683	
Iteration 2：log likelihood = −211. 77354	
Iteration 3：log likelihood = −211. 74597	
Iteration 4：log likelihood = −211. 74588	
Iteration 5：log likelihood = −211. 74588	
Logistic regression	Number of obs = 351
	LR chi2(15) = 61. 32
	Prob>chi2 = 0. 0000
Log likelihood = −211. 74588	Pseudo R2 = 0. 1265

RULS	Coef.	Std. Err.	z	P>|z|	[95% Conf.	Interval]
CEOEH	−0. 8586635	0. 3946556	−2. 18	0. 030	−1. 632174	−0. 0851527
CEOEH2	0. 0671008	0. 0260572	2. 58	0. 010	0. 0160296	0. 118172
PC	−0. 0208418	0. 0468912	−0. 44	0. 657	−0. 1127469	0. 0710634
CEOEH2PC	−0. 0002579	0. 0004561	−0. 57	0. 572	−0. 0011518	0. 0006359
CEOG	0. 0764974	0. 6943903	0. 11	0. 912	−1. 284483	1. 437477
CEOA	−0. 0739248	0. 0363457	−2. 03	0. 042	−0. 1451611	−0. 0026884
CEOC	0. 3894298	0. 5978757	0. 65	0. 515	−0. 782385	1. 561245
TeamS	2. 903808	2. 030372	1. 43	0. 153	−1. 075649	6. 883264
LnSize	0. 4601846	0. 2287953	2. 01	0. 044	0. 0117541	0. 9086151
CA	0. 2535182	0. 0855849	2. 96	0. 003	0. 0857748	0. 4212615
ROE	5. 33858	2. 296987	2. 32	0. 020	0. 8365687	9. 84059
Growth	0. 2801498	0. 2057024	1. 36	0. 173	−0. 1230194	0. 6833191
LnGDP	−7. 477681	2. 248033	−3. 33	0. 001	−11. 88375	−3. 071617
Industry	1. 067399	0. 6219119	1. 72	0. 086	−0. 151526	2. 286324
Year	−0. 3070404	0. 1605364	−1. 91	0. 056	−0. 6216859	0. 0076051
_cons	6. 476073	11. 48895	0. 56	0. 573	−16. 04186	28. 99401

表 D. 3　模型 3 的检验结果

. logit RULS CEOCH CEOCH2 PC CEOCH2 * PC CEOG CEOA CEOC TeamS LnSize CA ROE Growth LnGDP Industry Year

Iteration 0 : log likelihood = −242. 40359

Iteration 1 : log likelihood = −216. 11501

Iteration 2 : log likelihood = −215. 65684

Iteration 3 : log likelihood = −215. 65307

Iteration 4 : log likelihood = −215. 65306

Logistic regression					Number of obs = 351	
					LR chi2(15) = 53. 50	
					Prob>chi2 = 0. 0000	
Log likelihood = −215. 65306					Pseudo R2 = 0. 1104	
RULS	Coef.	Std. Err.	z	P>|z|	[95% Conf.	Interval]
CEOCH	−1. 528561	0. 7020375	−2. 18	0. 029	−2. 904529	−0. 1525923
CEOCH2	0. 0748416	0. 0324998	2. 30	0. 021	0. 0111431	0. 13854
PC	0. 0190443	0. 0787142	0. 24	0. 809	−0. 1352326	0. 1733212
CEOCH2PC	−0. 0004293	0. 0005897	−0. 73	0. 467	−0. 001585	0. 0007264
CEOG	−0. 4024872	0. 6698521	−0. 60	0. 548	−1. 715373	0. 9103988
CEOA	−0. 0468798	0. 0331011	−1. 42	0. 157	−0. 1117567	0. 0179971
CEOC	−0. 6259128	0. 5078138	−1. 23	0. 218	−1. 621209	0. 369384
TeamS	−0. 6007488	1. 837777	−0. 33	0. 744	−4. 202725	3. 001227
LnSize	0. 4031573	0. 1626277	2. 48	0. 013	0. 0844128	0. 7219017
CA	0. 2088444	0. 0734417	2. 84	0. 004	0. 0649012	0. 3527876
ROE	4. 280401	2. 117274	2. 02	0. 043	0. 1306198	8. 430182
Growth	0. 3321017	0. 2079906	1. 60	0. 110	−0. 0755523	0. 7397557
LnGDP	−7. 676263	2. 273885	−3. 38	0. 001	−12. 133	−3. 219531
Industry	1. 048403	0. 5622414	1. 86	0. 062	−0. 0535695	2. 150376
Year	−0. 1378539	0. 1286422	−1. 07	0. 284	−0. 389988	0. 1142803
_cons	23. 55456	11. 00217	2. 14	0. 032	1. 990703	45. 11841

表 D. 4　模型 4 的检验结果

. logit RULS CEOMCH CEOMCH2 PC CEOMCH2 ∗ PC CEOG CEOA CEOC TeamS LnSize CA ROE Growth LnGDP Industry Year

| Iteration 0：log likelihood = −242. 40359 |
| Iteration 1：log likelihood = −213. 0191 |
| Iteration 2：log likelihood = −211. 86826 |
| Iteration 3：log likelihood = −211. 8431 |
| Iteration 4：log likelihood = −211. 84306 |
| Iteration 5：log likelihood = −211. 84306 |

Logistic regression	Number of obs = 351
	LR chi2(15) = 61. 12
	Prob>chi2 = 0. 0000
Log likelihood = −211. 84306	Pseudo R2 = 0. 1261

RULS	Coef.	Std. Err.	z	P>|z|	[95% Conf.	Interval]
CEOMCH	−0. 8499762	0. 3254437	−2. 61	0. 009	−1. 487834	−0. 2121184
CEOMCH2	0. 0300786	0. 0104401	2. 88	0. 004	0. 0096164	0. 0505409
PC	−0. 0186092	0. 0596399	−0. 31	0. 755	−0. 1355012	0. 0982828
CEOMCH2PC	−0. 0000875	0. 0001617	−0. 54	0. 589	−0. 0004045	0. 0002295
CEOG	0. 1270088	0. 7023407	0. 18	0. 856	−1. 249554	1. 503571
CEOA	−0. 0771932	0. 0358111	−2. 16	0. 031	−0. 1473816	−0. 0070048
CEOC	0. 1503059	0. 5661804	0. 27	0. 791	−0. 9593873	1. 259999
TeamS	1. 198034	1. 909277	0. 63	0. 530	−2. 544081	4. 940149
LnSize	0. 491377	0. 2079726	2. 36	0. 018	0. 0837582	0. 8989957
CA	0. 2603609	0. 0840394	3. 10	0. 002	0. 0956467	0. 4250752
ROE	5. 651926	2. 238555	2. 52	0. 012	1. 264438	10. 03941
Growth	0. 3863594	0. 2113665	1. 83	0. 068	−0. 0279114	0. 8006302
LnGDP	−8. 188379	2. 279353	−3. 59	0. 000	−12. 65583	−3. 72093
Industry	0. 9576826	0. 6191063	1. 55	0. 122	−0. 2557436	2. 171109
Year	−0. 2503066	0. 1475614	−1. 70	0. 090	−0. 5395217	0. 0389085
_cons	16. 12095	11. 40689	1. 41	0. 158	−6. 236131	38. 47804

附录 E　风险忍受的调节效应检验运行结果

表 E.1　模型 1 的检验结果

. Logit RULS CEOKH CEOKH2 RB CEOKH2 * RB CEOG CEOA CEOC TeamS LnSize CA ROE Growth LnGDP Industry Year

Iteration 0：log likelihood = -242.40359
Iteration 1：log likelihood = -217.7279
Iteration 2：log likelihood = -217.38333
Iteration 3：log likelihood = -217.3827
Iteration 4：log likelihood = -217.3827

Logistic regression	Number of obs = 351
	LR chi2(15) = 50.04
	Prob>chi2 = 0.0000
Log likelihood = -217.3827	Pseudo R2 = 0.1032

RULS	Coef.	Std. Err.	z	P>|z|	[95% Conf.	Interval]
CEOKH	-1.971193	0.9982835	-1.97	0.048	-3.927793	-0.0145933
CEOKH2	-0.2204713	0.379167	-0.58	0.561	-0.963625	0.5226823
RB	-0.9867369	0.7543768	-1.31	0.191	-2.465288	0.4918145
CEOKH2RB	0.0348064	0.02755	1.26	0.206	-0.0191906	0.0888035
CEOG	-0.0255976	0.676245	-0.04	0.970	-1.351013	1.299818
CEOA	-0.0829481	0.0392345	-2.11	0.035	-0.1598464	-0.0060498
CEOC	-0.3240298	0.4895184	-0.66	0.508	-1.283468	0.6354087
TeamS	-0.2668401	2.084446	-0.13	0.898	-4.352279	3.818599
LnSize	0.5815224	0.1899945	3.06	0.002	0.20914	0.9539048
CA	0.1086857	0.0562282	1.93	0.053	-0.0015196	0.218891
ROE	4.921826	2.32083	2.12	0.034	0.3730825	9.470569
Growth	0.41598	0.2321305	1.79	0.073	-0.0389874	0.8709474
LnGDP	-7.624251	2.288352	-3.33	0.001	-12.10934	-3.139164
Industry	1.565576	0.6138079	2.55	0.011	0.3625342	2.768617
Year	-0.0531401	0.1248575	-0.43	0.670	-0.2978562	0.191576
_cons	29.08102	12.1053	2.40	0.016	5.355064	52.80697

表 E.2 模型 2 的检验结果

. Logit RULS CEOEH CEOEH2 RB CEOEH2 * RB CEOG CEOA CEOC TeamS LnSize CA ROE Growth LnGDP Industry Year

Iteration 0: log likelihood = -242.40359	
Iteration 1: log likelihood = -213.65964	
Iteration 2: log likelihood = -212.5207	
Iteration 3: log likelihood = -212.51523	
Iteration 4: log likelihood = -212.51523	
Logistic regression	Number of obs = 351
	LR chi2(15) = 59.78
	Prob>chi2 = 0.0000
Log likelihood = -212.51523	Pseudo R2 = 0.1233

RULS	Coef.	Std. Err.	z	P>|z|	[95% Conf.	Interval]
CEOEH	-0.7971367	0.4004737	-1.99	0.047	-1.582051	-0.0122227
CEOEH2	-0.0103109	0.0700127	-0.15	0.883	-0.1475332	0.1269114
RB	-0.212597	0.4421695	-0.48	0.631	-1.079233	0.6540392
CEOEH2RB	0.0055267	0.0047283	1.17	0.242	-0.0037406	0.0147939
CEOG	0.2788544	0.6609089	0.42	0.673	-1.016503	1.574212
CEOA	-0.0833451	0.0377185	-2.21	0.027	-0.157272	-0.0094183
CEOC	0.3920839	0.5629514	0.70	0.486	-0.7112806	1.495448
TeamS	3.93678	2.1889	1.80	0.072	-0.3533843	8.226945
LnSize	0.399814	0.2292205	1.74	0.081	-0.0494498	0.8490779
CA	0.1755865	0.0740405	2.37	0.018	0.0304698	0.3207033
ROE	4.987058	2.341083	2.13	0.033	0.3986198	9.575496
Growth	0.2217264	0.2153165	1.03	0.303	-0.2002861	0.6437389
LnGDP	-7.811479	2.255693	-3.46	0.001	-12.23255	-3.390402
Industry	1.050209	0.6257482	1.68	0.093	-0.176235	2.276653
Year	-0.294437	0.1531148	-1.92	0.054	-0.5945366	0.0056625
_cons	10.0346	11.58307	0.87	0.386	-12.6678	32.73701

表 E.3　模型 3 的检验结果

. logit RULS CEOCH CEOCH2 RB CEOCH2 * RB CEOG CEOA CEOC TeamS LnSize CA ROE Growth LnGDP Industry Year

Iteration 0: log likelihood = -242. 40359
Iteration 1: log likelihood = -215. 95063
Iteration 2: log likelihood = -215. 1968
Iteration 3: log likelihood = -215. 13879
Iteration 4: log likelihood = -215. 13873
Iteration 5: log likelihood = -215. 13873

Logistic regression		Number of obs = 351
		LR chi2(15) = 54. 53
		Prob>chi2 = 0. 0000
Log likelihood = -215. 13873		Pseudo R2 = 0. 1125

RULS	Coef.	Std. Err.	z	P>|z|	[95% Conf.	Interval]
CEOCH	-1. 43631	0. 6554008	-2. 19	0. 028	-2. 720872	-0. 1517481
CEOCH2	-0. 0551798	0. 0814595	-0. 68	0. 498	-0. 2148375	0. 104478
RB	-1. 098948	0. 7414854	-1. 48	0. 138	-2. 552233	0. 3543362
CEOCH2RB	0. 009479	0. 005898	1. 61	0. 108	-0. 0020808	0. 0210389
CEOG	-0. 4190868	0. 6469285	-0. 65	0. 517	-1. 687043	0. 8488697
CEOA	-0. 0619821	0. 0360484	-1. 72	0. 086	-0. 1326356	0. 0086714
CEOC	-0. 3416457	0. 503283	-0. 68	0. 497	-1. 328062	0. 6447709
TeamS	0. 3330901	2. 024414	0. 16	0. 869	-3. 634689	4. 30087
LnSize	0. 4466103	0. 1736667	2. 57	0. 010	0. 1062297	0. 7869908
CA	0. 1317623	0. 0687006	1. 92	0. 055	-0. 0028883	0. 2664129
ROE	4. 749407	2. 293137	2. 07	0. 038	0. 2549409	9. 243872
Growth	0. 3875666	0. 2235423	1. 73	0. 083	-0. 0505682	0. 8257014
LnGDP	-7. 207598	2. 30961	-3. 12	0. 002	-11. 73435	-2. 680845
Industry	1. 481264	0. 6253544	2. 37	0. 018	0. 2555917	2. 706936
Year	-0. 076139	0. 1290145	-0. 59	0. 555	-0. 3290027	0. 1767247
_cons	33. 33224	13. 15602	2. 53	0. 011	7. 54691	59. 11757

表 E.4 模型 4 的检验结果

. logit RULS CEOMCH CEOMCH2 RB CEOMCH2 * RB CEOG CEOA CEOC TeamS LnSize CA ROE Growth LnGDP Industry Year

Iteration 0：log likelihood = -242.40359	
Iteration 1：log likelihood = -213.90517	
Iteration 2：log likelihood = -213.15285	
Iteration 3：log likelihood = -213.15151	
Iteration 4：log likelihood = -213.15151	

Logistic regression	
	Number of obs = 351
	LR chi2(15) = 58.50
	Prob>chi2 = 0.0000
Log likelihood = -213.15151	Pseudo R2 = 0.1207

RULS	Coef.	Std. Err.	z	P>|z|	[95% Conf.	Interval]
CEOMCH	-0.7512557	0.3066251	-2.45	0.014	-1.35223	-0.1502816
CEOMCH2	0.0020483	0.0228083	0.09	0.928	-0.0426551	0.0467517
RB	-0.5257885	0.5093365	-1.03	0.302	-1.52407	0.4724926
CEOMCH2RB	0.00186	0.0015535	1.20	0.231	-0.0011848	0.0049048
CEOG	0.2758942	0.665475	0.41	0.678	-1.028413	1.580201
CEOA	-0.0734498	0.0362231	-2.03	0.043	-0.1444458	-0.0024538
CEOC	0.1758604	0.5280539	0.33	0.739	-0.8591061	1.210827
TeamS	1.967065	2.024922	0.97	0.331	-2.00171	5.935839
LnSize	0.4776245	0.2020648	2.36	0.018	0.0815848	0.8736642
CA	0.1707636	0.0695526	2.46	0.014	0.0344429	0.3070842
ROE	6.037117	2.354139	2.56	0.010	1.423089	10.65114
Growth	0.3848844	0.2188329	1.76	0.079	-0.0440201	0.813789
LnGDP	-8.357555	2.284406	-3.66	0.000	-12.83491	-3.880202
Industry	1.123379	0.6178949	1.82	0.069	-0.0876732	2.33443
Year	-0.2099716	0.1402275	-1.50	0.134	-0.4848125	0.0648693
_cons	21.8257	11.90243	1.83	0.067	-1.502637	45.15405

附录 F 被风险偏好中介的 TMT 管理认知
断裂带调节效应检验运行结果

表 F.1 模型 1 的检验结果

. Reg RP CEOG CEOA CEOC TeamS LnSize CA ROE Growth LnGDP Industry Year

Source	SS	df	MS	Number of obs = 351	
				F(11, 339) = 34.30	
Model	3.00279624	11	0.272981477	Prob>F = 0.0000	
Residual	2.69796875	339	0.00795861	R-squared = 0.5267	
				Adj R-squared = 0.5114	
Total	5.700765	350	0.0162879	Root MSE = .08921	
RP	Coef.	Std. Err.	t	P>|t|	[95% Conf.	Interval]
CEOG	0.0712961	0.0251174	2.84	0.005	0.0218905	0.1207018
CEOA	−0.0004929	0.0011421	−0.43	0.666	−0.0027395	0.0017536
CEOC	−0.061708	0.0174256	−3.54	0.000	−0.0959839	−0.027432
TeamS	0.0474377	0.0651556	0.73	0.467	−0.0807226	0.175598
LnSize	0.0332815	0.0059671	5.58	0.000	0.0215443	0.0450188
CA	0.0010279	0.002179	0.47	0.637	−0.0032581	0.005314
ROE	−0.1955522	0.0719864	−2.72	0.007	−0.3371485	−0.0539559
Growth	0.0158252	0.0082754	1.91	0.057	−0.0004524	0.0321029
LnGDP	−0.2120086	0.0861955	−2.46	0.014	−0.3815541	−0.0424632
Industry	0.0678332	0.020176	3.36	0.001	0.0281473	0.1075191
Year	−0.044549	0.004764	−9.35	0.000	−0.0539197	−0.0351784
_cons	0.1265774	0.356412	0.36	0.723	−0.5744802	0.827635

表 F. 2　模型 2 的检验结果

. reg RP CEOKH CEOKH2 CEOG CEOA CEOC TeamS LnSize CA ROE Growth LnGDP Industry Year

Source	SS	df	MS	Number of obs = 351	
				F(13, 337) = 31. 39	
Model	3. 12234006	13	0. 240180005	Prob>F = 0. 0000	
Residual	2. 57842493	337	0. 007651113	R-squared = 0. 5477	
				Adj R-squared = 0. 5303	
Total	5. 700765	350	0. 0162879	Root MSE = . 08747	
RP	Coef.	Std. Err.	t	P>|t|	[95% Conf.　Interval]
CEOKH	−0. 0883953	0. 0353808	−2. 50	0. 013	−0. 1579903　−0. 0188004
CEOKH2	0. 0074318	0. 0041217	1. 80	0. 072	−0. 0006758　0. 0155393
CEOG	0. 0474223	0. 0265393	1. 79	0. 075	−0. 0047812　0. 0996258
CEOA	0. 0010555	0. 0014112	0. 75	0. 455	−0. 0017203　0. 0038313
CEOC	−0. 0669018	0. 017489	−3. 83	0. 000	−0. 1013032　−0. 0325005
TeamS	−0. 0289695	0. 0691997	−0. 42	0. 676	−0. 1650873　0. 1071484
LnSize	0. 0330567	0. 0065251	5. 07	0. 000	0. 0202216　0. 0458918
CA	0. 0006907	0. 0021664	0. 32	0. 750	−0. 0035707　0. 004952
ROE	−0. 2418326	0. 0736609	−3. 28	0. 001	−0. 3867258　−0. 0969395
Growth	0. 01382	0. 0083392	1. 66	0. 098	−0. 0025835　0. 0302236
LnGDP	−0. 2015264	0. 086664	−2. 33	0. 021	−0. 371997　−0. 0310559
Industry	0. 0698749	0. 0200414	3. 49	0. 001	0. 0304529　0. 1092969
Year	−0. 0437255	0. 004731	−9. 24	0. 000	−0. 0530315　−0. 0344196
_cons	0. 5269789	0. 3797298	1. 39	0. 166	−0. 2199604　1. 273918

表 F.3　模型 3 的检验结果

. reg RP CEOEH CEOEH2 CEOG CEOA CEOC TeamS LnSize CA ROE Growth LnGDP Industry Year

Source	SS	df	MS	Number of obs = 351	
				F(13, 337) = 31.59	
Model	3.13126928	13	0.240866868	Prob>F = 0.0000	
Residual	2.56949572	337	0.007624616	R-squared = 0.5493	
				Adj R-squared = 0.5319	
Total	5.700765	350	0.0162879	Root MSE = .08732	
RP	Coef.	Std. Err.	t	P>|t|	[95% Conf. Interval]
CEOEH	−0.035875	0.013612	−2.64	0.009	−0.0626501　−0.0090998
CEOEH2	0.0016059	0.0008073	1.99	0.047	0.0000179　0.0031939
CEOG	0.041078	0.0258536	1.59	0.113	−0.0097769　0.0919328
CEOA	0.0009166	0.001171	0.78	0.434	−0.0013868　0.00322
CEOC	−0.0596009	0.0193143	−3.09	0.002	−0.0975927　−0.0216092
TeamS	−0.0033183	0.0661717	−0.05	0.960	−0.1334799　0.1268432
LnSize	0.014794	0.0074686	1.98	0.048	0.0001031　0.029485
CA	−0.0003667	0.0022488	−0.16	0.871	−0.0047902　0.0040568
ROE	−0.1150742	0.0750213	−1.53	0.126	−0.2626432　0.0324948
Growth	0.0216196	0.0082375	2.62	0.009	0.0054161　0.037823
LnGDP	−0.2338202	0.0853759	−2.74	0.006	−0.4017571　−0.0658833
Industry	0.0579388	0.0200707	2.89	0.004	0.018459　0.0974185
Year	−0.0348733	0.0053087	−6.57	0.000	−0.0453157　−0.024431
_cons	0.8664316	0.3964735	2.19	0.030	0.0865569　1.646306

表 F. 4　模型 4 的检验结果

. reg RP CEOCH CEOCH2 CEOG CEOA CEOC TeamS LnSize CA ROE Growth LnGDP Industry Year

Source	SS	df	MS	Number of obs = 351		
				F(13, 337) = 31. 03		
Model	3. 10577907	13	0. 238906082	Prob>F = 0. 0000		
Residual	2. 59498593	337	0. 007700255	R-squared = 0. 5448		
				Adj R-squared = 0. 5272		
Total	5. 700765	350	0. 0162879	Root MSE = . 08775		
RP	Coef.	Std. Err.	t	P>|t|	[95% Conf.	Interval]
CEOCH	−0. 0541911	0. 0252806	−2. 14	0. 033	−0. 1039188	−0. 0044634
CEOCH2	0. 0019335	0. 0011562	1. 67	0. 095	−0. 0003408	0. 0042078
CEOG	0. 0457433	0. 0256819	1. 78	0. 076	−0. 0047738	0. 0962604
CEOA	0. 0009658	0. 0011982	0. 81	0. 421	−0. 0013909	0. 0033226
CEOC	−0. 0768417	0. 0178291	−4. 31	0. 000	−0. 1119121	−0. 0417713
TeamS	0. 0036902	0. 0670622	0. 06	0. 956	−0. 128223	0. 1356034
LnSize	0. 0282475	0. 0060876	4. 64	0. 000	0. 016273	0. 0402219
CA	0. 0004602	0. 0024187	0. 19	0. 849	−0. 0042975	0. 005218
ROE	−0. 2286568	0. 0734208	−3. 11	0. 002	−0. 3730776	−0. 084236
Growth	0. 0145572	0. 0083328	1. 75	0. 082	−0. 0018336	0. 0309481
LnGDP	−0. 2029301	0. 0863971	−2. 35	0. 019	−0. 3728757	−0. 0329845
Industry	0. 061583	0. 0199327	3. 09	0. 002	0. 0223747	0. 1007913
Year	−0. 0406724	0. 0049493	−8. 22	0. 000	−0. 0504078	−0. 0309369
_cons	0. 6520756	0. 4145848	1. 57	0. 117	−0. 1634244	1. 467576

表 F. 5　模型 5 的检验结果

. reg RP CEOMCH CEOMCH2 CEOG CEOA CEOC TeamS LnSize CA ROE Growth LnGDP Industry Year

Source	SS	df	MS	Number of obs = 351	
				F(13, 337) = 32.41	
Model	3.16729211	13	0.243637854	Prob>F = 0.0000	
Residual	2.53347289	337	0.007517724	R-squared = 0.5556	
				Adj R-squared = 0.5384	
Total	5.700765	350	0.0162879	Root MSE = .0867	
RP	Coef.	Std. Err.	t	P>|t|	[95% Conf. Interval]
CEOMCH	−0.0386264	0.0112013	−3.45	0.001	−0.0606597	−0.0165931
CEOMCH2	0.0009679	0.0003352	2.89	0.004	0.0003087	0.0016272
CEOG	0.036188	0.026219	1.38	0.168	−0.0153855	0.0877614
CEOA	0.0008554	0.0011636	0.74	0.463	−0.0014334	0.0031442
CEOC	−0.0641223	0.018278	−3.51	0.001	−0.1000758	−0.0281689
TeamS	−0.0207101	0.0651854	−0.32	0.751	−0.1489316	0.1075114
LnSize	0.0164434	0.0068614	2.40	0.017	0.0029468	0.0299401
CA	0.0009933	0.0022696	0.44	0.662	−0.003471	0.0054576
ROE	−0.1334991	0.072901	−1.83	0.068	−0.2768975	0.0098992
Growth	0.0215549	0.008216	2.62	0.009	0.0053938	0.037716
LnGDP	−0.2464104	0.0856015	−2.88	0.004	−0.4147909	−0.0780298
Industry	0.0529278	0.0199452	2.65	0.008	0.0136951	0.0921606
Year	−0.0364534	0.0051253	−7.11	0.000	−0.046535	−0.0263719
_cons	1.105905	0.410054	2.70	0.007	0.2993175	1.912493

表 F.6　模型 6 的检验结果

. Logit RULS RP CEOG CEOA CEOC TeamS LnSize CA ROE Growth LnGDP Industry Year
Iteration 0: log likelihood = −242.40359
Iteration 1: log likelihood = −217.25805
Iteration 2: log likelihood = −217.06963
Iteration 3: log likelihood = −217.0694
Iteration 4: log likelihood = −217.0694

Logistic regression				Number of obs = 351		
				LR chi2(12) = 50.67		
				Prob>chi2 = 0.0000		
Log likelihood = −217.0694				Pseudo R2 = 0.1045		
RULS	Coef.	Std. Err.	z	P>|z|	[95% Conf.	Interval]
RP	3.404866	1.305903	2.61	0.009	0.8453435	5.964388
CEOG	−0.3677423	0.6260782	−0.59	0.557	−1.594833	0.8593484
CEOA	−0.0468136	0.0286753	−1.63	0.103	−0.1030163	0.009389
CEOC	−0.4632495	0.4638975	−1.00	0.318	−1.372472	0.4459729
TeamS	0.0350365	1.629405	0.02	0.983	−3.158539	3.228612
LnSize	0.2711224	0.153527	1.77	0.077	−0.029785	0.5720297
CA	0.102523	0.0564149	1.82	0.069	−0.0080482	0.2130942
ROE	4.681455	1.85869	2.52	0.012	1.038489	8.324421
Growth	0.1813166	0.1957597	0.93	0.354	−0.2023654	0.5649986
LnGDP	−6.132474	2.232731	−2.75	0.006	−10.50855	−1.756403
Industry	0.925011	0.5403274	1.71	0.087	−0.1340112	1.984033
Year	0.0554531	0.1282844	0.43	0.666	−0.1959798	0.306886
_cons	12.1326	9.004549	1.35	0.178	−5.515992	29.78119

表 F.7　模型 7 的检验结果

. Reg RP CEOKH CEOKH2 Fau CEOKH2 * Fau CEOG CEOA CEOC TeamS LnSize CA ROE Growth LnGDP Industry Year

Source	SS	df	MS	Number of obs = 351	
				F(15, 335) = 32.74	
Model	3.38917939	15	0.225945293	Prob>F = 0.0000	
Residual	2.3115856	335	0.006900256	R-squared = 0.5945	
				Adj R-squared = 0.5764	
Total	5.700765	350	0.0162879	Root MSE = .08307	
RP	Coef.	Std. Err.	t	P>|t|	[95% Conf. Interval]
CEOKH	-0.0892903	0.0336005	-2.66	0.008	-0.1553848	-0.0231958
CEOKH2	0.0068079	0.0039162	1.74	0.083	-0.0008955	0.0145113
Fau	-0.4808422	0.0787777	-6.10	0.000	-0.6358034	-0.325881
CEOKH2Fau	0.0135091	0.0026043	5.19	0.000	0.0083862	0.018632
CEOG	0.0060937	0.0260746	0.23	0.815	-0.0451969	0.0573843
CEOA	0.0025751	0.0013624	1.89	0.060	-0.0001049	0.005255
CEOC	-0.0572137	0.0169177	-3.38	0.001	-0.090492	-0.0239353
TeamS	-0.0299522	0.0663884	-0.45	0.652	-0.160543	0.1006385
LnSize	0.0267349	0.0062815	4.26	0.000	0.0143787	0.0390911
CA	0.0035033	0.0021147	1.66	0.099	-0.0006563	0.007663
ROE	-0.2062858	0.0703271	-2.93	0.004	-0.3446242	-0.0679474
Growth	0.0128319	0.0079264	1.62	0.106	-0.0027599	0.0284238
LnGDP	-0.1956835	0.0823311	-2.38	0.018	-0.3576345	-0.0337325
Industry	0.0390854	0.0200406	1.95	0.052	-0.0003359	0.0785068
Year	-0.0523618	0.0047771	-10.96	0.000	-0.0617587	-0.042965
_cons	0.6736151	0.362112	1.86	0.064	-0.0386847	1.385915

表 **F. 8** 模型 8 的检验结果

. reg RP CEOEH CEOEH2 Fau CEOEH2 * Fau CEOG CEOA CEOC TeamS LnSize CA ROE Growth LnGDP Industry Year

Source	SS	df	MS	Number of obs = 351
				F(15, 335) = 37. 08
Model	3. 5577533	15	0. 237183553	Prob>F = 0. 0000
Residual	2. 1430117	335	0. 00639705	R-squared = 0. 6241
				Adj R-squared = 0. 6073
Total	5. 700765	350	0. 0162879	Root MSE = . 07998

RP	Coef.	Std. Err.	t	P>|t|	[95% Conf.	Interval]
CEOEH	-0. 0320018	0. 0125322	-2. 55	0. 011	-0. 0566535	-0. 0073501
CEOEH2	0. 0016117	0. 0007404	2. 18	0. 030	0. 0001553	0. 0030681
Fau	-0. 411543	0. 0505892	-8. 13	0. 000	-0. 5110555	-0. 3120305
CEOEH2Fau	0. 0051177	0. 0007256	7. 05	0. 000	0. 0036904	0. 0065449
CEOG	0. 0373872	0. 0240504	1. 55	0. 121	-0. 0099216	0. 084696
CEOA	0. 0018447	0. 0010895	1. 69	0. 091	-0. 0002984	0. 0039878
CEOC	-0. 0517454	0. 0179625	-2. 88	0. 004	-0. 087079	-0. 0164119
TeamS	-0. 070984	0. 062317	-1. 14	0. 255	-0. 1935659	0. 0515979
LnSize	0. 0160792	0. 0069842	2. 30	0. 022	0. 0023407	0. 0298177
CA	0. 0039473	0. 0021414	1. 84	0. 066	-0. 000265	0. 0081597
ROE	-0. 1525668	0. 0699575	-2. 18	0. 030	-0. 290178	-0. 0149555
Growth	0. 0215152	0. 0075524	2. 85	0. 005	0. 006659	0. 0363713
LnGDP	-0. 2416386	0. 0782521	-3. 09	0. 002	-0. 3955661	-0. 0877112
Industry	0. 0457268	0. 0194148	2. 36	0. 019	0. 0075366	0. 083917
Year	-0. 0446986	0. 0050513	-8. 85	0. 000	-0. 0546347	-0. 0347624
_cons	0. 9982344	0. 3635438	2. 75	0. 006	0. 2831182	1. 713351

表 F.9　模型 9 的检验结果

. reg RP CEOCH CEOCH2 Fau CEOCH2 * Fau CEOG CEOA CEOC TeamS LnSize CA ROE Growth LnGDP Industry Year

Source	SS	df	MS	Number of obs = 351		
				F(15 , 335) = 33.01		
Model	3.40012352	15	0.226674901	Prob>F = 0.0000		
Residual	2.30064148	335	0.006867586	R-squared = 0.5964		
				Adj R-squared = 0.5784		
Total	5.700765	350	0.0162879	Root MSE = .08287		
RP	Coef.	Std. Err.	t	P>|t|	[95% Conf.	Interval]
CEOCH	−0.0584623	0.0238848	−2.45	0.015	−0.1054454	−0.0114793
CEOCH2	0.0021082	0.0010924	1.93	0.054	−0.0000405	0.004257
Fau	−0.5354954	0.0836986	−6.40	0.000	−0.7001364	−0.3708545
CEOCH2Fau	0.0035544	0.0006493	5.47	0.000	0.0022771	0.0048316
CEOG	0.0469138	0.0246006	1.91	0.057	−0.0014774	0.095305
CEOA	0.0010399	0.0011489	0.91	0.366	−0.00122	0.0032999
CEOC	−0.0594011	0.017149	−3.46	0.001	−0.0931343	−0.0256678
TeamS	−0.0253773	0.0646037	−0.39	0.695	−0.1524572	0.1017027
LnSize	0.027686	0.005812	4.76	0.000	0.0162535	0.0391186
CA	0.0004478	0.0022859	0.20	0.845	−0.0040488	0.0049444
ROE	−0.2258647	0.0697045	−3.24	0.001	−0.3629783	−0.0887511
Growth	0.013826	0.0078728	1.76	0.080	−0.0016604	0.0293124
LnGDP	−0.1995462	0.0816395	−2.44	0.015	−0.3601369	−0.0389556
Industry	0.038349	0.0197617	1.94	0.053	−0.0005236	0.0772215
Year	−0.043514	0.0049	−8.88	0.000	−0.0531525	−0.0338754
_cons	0.7916157	0.3925521	2.02	0.045	0.019438	1.563793

表 F.10　模型 10 的检验结果

. reg RP CEOMCH CEOMCH2 Fau CEOMCH2 * Fau CEOG CEOA CEOC TeamS LnSize CA ROE Growth LnGDP Industry Year

Source	SS	df	MS	Number of obs = 351	
				F(15, 335) = 41.81	
Model	3.7158602	15	0.247724013	Prob>F = 0.0000	
Residual	1.98490479	335	0.005925089	R-squared = 0.6518	
				Adj R-squared = 0.6362	
Total	5.700765	350	0.0162879	Root MSE = .07697	

RP	Coef.	Std. Err.	t	P>|t|	[95% Conf.	Interval]
CEOMCH	-0.0320468	0.0099794	-3.21	0.001	-0.0516769	-0.0124167
CEOMCH2	0.00079	0.0002983	2.65	0.008	0.0002032	0.0013768
Fau	-0.5351919	0.0558697	-9.58	0.000	-0.6450916	-0.4252923
CEOMCH2Fau	0.0015757	0.0001801	8.75	0.000	0.0012215	0.0019299
CEOG	0.013823	0.0235472	0.59	0.558	-0.0324961	0.060142
CEOA	0.001694	0.0010465	1.62	0.106	-0.0003645	0.0037524
CEOC	-0.0536442	0.0164572	-3.26	0.001	-0.0860166	-0.0212717
TeamS	-0.1045965	0.0595479	-1.76	0.080	-0.2217315	0.0125384
LnSize	0.0165198	0.0061605	2.68	0.008	0.0044017	0.0286379
CA	0.0037704	0.0020364	1.85	0.065	-0.0002353	0.0077762
ROE	-0.1141741	0.0650364	-1.76	0.080	-0.2421053	0.013757
Growth	0.0235564	0.0072973	3.23	0.001	0.0092021	0.0379108
LnGDP	-0.1963507	0.076173	-2.58	0.010	-0.3461883	-0.046513
Industry	0.0482193	0.0186886	2.58	0.010	0.0114575	0.0849812
Year	-0.044451	0.0047297	-9.40	0.000	-0.0537546	-0.0351474
_cons	1.110068	0.3640421	3.05	0.002	0.3939719	1.826165

表 F. 11　模型 11 的检验结果

. Logit RULS CEOKH CEOKH2 Fau CEOKH2 * Fau CEOG CEOA CEOC TeamS LnSize CA ROE Growth LnGDP Industry Year

| Iteration 0: log likelihood = −242. 40359 |
| Iteration 1: log likelihood = −215. 22168 |
| Iteration 2: log likelihood = −214. 38584 |
| Iteration 3: log likelihood = −214. 35953 |
| Iteration 4: log likelihood = −214. 35946 |
| Iteration 5: log likelihood = −214. 35946 |

Logistic regression		Number of obs = 351
		LR chi2(15) = 56. 09
		Prob>chi2 = 0. 0000
Log likelihood = −214. 35946		Pseudo R2 = 0. 1157

RULS	Coef.	Std. Err.	z	P>|z|	[95% Conf.	Interval]
CEOKH	−3. 344562	1. 881251	−1. 78	0. 075	−7. 031746	0. 3426225
CEOKH2	0. 372844	0. 2002149	1. 86	0. 063	−0. 0195701	0. 765258
Fau	−6. 610951	2. 871013	−2. 30	0. 021	−12. 23803	−0. 9838677
CEOKH2Fau	0. 1604752	0. 0882444	1. 82	0. 069	−0. 0124807	0. 3334311
CEOG	−0. 3080469	0. 6933221	−0. 44	0. 657	−1. 666933	1. 050839
CEOA	−0. 0658003	0. 0379446	−1. 73	0. 083	−0. 1401703	0. 0085697
CEOC	−0. 288048	0. 4648878	−0. 62	0. 536	−1. 199211	0. 6231154
TeamS	−0. 8184256	1. 83157	−0. 45	0. 655	−4. 408237	2. 771386
LnSize	0. 513832	0. 173933	2. 95	0. 003	0. 1729296	0. 8547343
CA	0. 1438473	0. 0607711	2. 37	0. 018	0. 0247381	0. 2629566
ROE	6. 230184	2. 205479	2. 82	0. 005	1. 907524	10. 55284
Growth	0. 3811138	0. 2103007	1. 81	0. 070	−0. 0310681	0. 7932956
LnGDP	−7. 457838	2. 287964	−3. 26	0. 001	−11. 94217	−2. 973511
Industry	0. 988744	0. 5873328	1. 68	0. 092	−0. 1624071	2. 139895
Year|	−0. 2530782	0. 1302557	−1. 94	0. 052	−0. 5083748	0. 0022183
_cons	22. 54857	10. 31448	2. 19	0. 029	2. 332558	42. 76458

表 F. 12　模型 12 的检验结果

. Logit RULS CEOEH CEOEH2 Fau CEOEH2 * Fau CEOG CEOA CEOC TeamS LnSize CA ROE Growth LnGDP Industry Year

Iteration 0 : log likelihood = −242. 40359				
Iteration 1 : log likelihood = −210. 97751				
Iteration 2 : log likelihood = −209. 15488				
Iteration 3 : log likelihood = −209. 12937				
Iteration 4 : log likelihood = −209. 12936				

Logistic regression		Number of obs = 351	
		LR chi2(15) = 66. 55	
		Prob>chi2 = 0. 0000	
Log likelihood = −209. 12936		Pseudo R2 = 0. 1373	

RULS	Coef.	Std. Err.	z	P>│z│	[95% Conf.	Interval]
CEOEH	−0. 8955636	0. 414884	−2. 16	0. 031	−1. 708721	−0. 0824059
CEOEH2	0. 0709228	0. 0250535	2. 83	0. 005	0. 0218188	0. 1200267
Fau	−5. 195611	1. 951213	−2. 66	0. 008	−9. 019919	−1. 371304
CEOEH2Fau	0. 0462186	0. 0225029	2. 05	0. 040	0. 0021137	0. 0903235
CEOG	0. 0797522	0. 6672925	0. 12	0. 905	−1. 228117	1. 387622
CEOA	−0. 0674099	0. 0349549	−1. 93	0. 054	−0. 1359202	0. 0011003
CEOC	0. 6025719	0. 5883244	1. 02	0. 306	−0. 5505228	1. 755667
TeamS	2. 795936	2. 130529	1. 31	0. 189	−1. 379824	6. 971696
LnSize	0. 4783407	0. 2364678	2. 02	0. 043	0. 0148723	0. 9418091
CA	0. 2657968	0. 0817618	3. 25	0. 001	0. 1055465	0. 426047
ROE	7. 111236	2. 358454	3. 02	0. 003	2. 488752	11. 73372
Growth	0. 3479367	0. 2070698	1. 68	0. 093	−0. 0579126	0. 753786
LnGDP	−7. 701457	2. 254361	−3. 42	0. 001	−12. 11992	−3. 28299
Industry	0. 8182742	0. 6697651	1. 22	0. 222	−0. 4944413	2. 13099
Year	−0. 4750284	0. 1761536	−2. 70	0. 007	−0. 8202831	−0. 1297737
_cons	7. 527728	11. 94126	0. 63	0. 528	−15. 87671	30. 93217

表 F.13　模型 13 的检验结果

. logit RULS CEOCH CEOCH2 Fau CEOCH2 * Fau CEOG CEOA CEOC TeamS LnSize CA ROE Growth LnGDP Industry Year

| Iteration 0:log likelihood=−242.40359 |
| Iteration 1:log likelihood=−214.92547 |
| Iteration 2:log likelihood=−214.11952 |
| Iteration 3:log likelihood=−214.11639 |
| Iteration 4:log likelihood=−214.11638 |

Logistic regression	Number of obs=351
	LR chi2(15)=56.57
	Prob>chi2=0.0000
Log likelihood=−214.11638	Pseudo R2=0.1167

RULS	Coef.	Std. Err.	z	P>|z|	[95% Conf.	Interval]
CEOCH	−1.724044	0.9375188	−1.84	0.066	−3.561547	0.1134593
CEOCH2	0.0813675	0.0410396	1.98	0.047	0.0009313	0.1618037
Fau	−6.684324	2.948632	−2.27	0.023	−12.46354	−0.9051127
CEOCH2Fau	0.0362455	0.020121	1.80	0.072	−0.0031909	0.0756819
CEOG	−0.3985971	0.6513389	−0.61	0.541	−1.675198	0.8780036
CEOA	−0.0463558	0.0335073	−1.38	0.167	−0.1120289	0.0193174
CEOC	−0.3227088	0.4779116	−0.68	0.500	−1.259398	0.6139807
TeamS	−0.5939315	1.825407	−0.33	0.745	−4.171664	2.983801
LnSize	0.4119982	0.1657306	2.49	0.013	0.0871722	0.7368242
CA	0.1722532	0.0672957	2.56	0.010	0.0403561	0.3041503
ROE	6.014261	2.134834	2.82	0.005	1.830063	10.19846
Growth	0.3817807	0.2068308	1.85	0.065	−0.0236002	0.7871617
LnGDP	−7.567204	2.279278	−3.32	0.001	−12.03451	−3.099901
Industry	0.8239758	0.5890213	1.40	0.162	−0.3304847	1.978436
Year	−0.2248217	0.1374151	−1.64	0.102	−0.4941503	0.0445069
_cons	25.18522	11.64247	2.16	0.031	2.366386	48.00405

表 F. 14 模型 14 的检验结果

. logit RULS CEOMCH CEOMCH2 Fau CEOMCH2 * Fau CEOG CEOA CEOC TeamS LnSize CA ROE Growth LnGDP Industry Year

Iteration 0：log likelihood = -242. 40359	
Iteration 1：log likelihood = -211. 03011	
Iteration 2：log likelihood = -209. 83489	
Iteration 3：log likelihood = -209. 82392	
Iteration 4：log likelihood = -209. 82392	

Logistic regression	Number of obs = 351
	LR chi2(15) = 65. 16
	Prob>chi2 = 0. 0000
Log likelihood = -209. 82392	Pseudo R2 = 0. 1344

RULS	Coef.	Std. Err.	z	P>|z|	[95% Conf.	Interval]
CEOMCH	-0. 73982	0. 3504708	-2. 11	0. 035	-1. 42673	-0. 05291
CEOMCH2	0. 0265267	0. 0104661	2. 53	0. 011	0. 0060135	0. 0470398
Fau	-5. 456458	2. 20144	-2. 48	0. 013	-9. 771201	-1. 141714
CEOMCH2Fau	0. 0121177	0. 0065114	1. 86	0. 063	-0. 0006444	0. 0248798
CEOG	0. 0696024	0. 6716892	0. 10	0. 917	-1. 246884	1. 386089
CEOA	-0. 0690852	0. 0340677	-2. 03	0. 043	-0. 1358567	-0. 0023136
CEOC	0. 2698444	0. 5190442	0. 52	0. 603	-0. 7474636	1. 287152
TeamS	1. 13238	1. 970005	0. 57	0. 565	-2. 728758	4. 993519
LnSize	0. 5057895	0. 2113152	2. 39	0. 017	0. 0916193	0. 9199597
CA	0. 2325006	0. 0720452	3. 23	0. 001	0. 0912945	0. 3737066
ROE	7. 46442	2. 247814	3. 32	0. 001	3. 058784	11. 87005
Growth	0. 4407298	0. 2085248	2. 11	0. 035	0. 0320286	0. 8494309
LnGDP	-7. 825891	2. 294967	-3. 41	0. 001	-12. 32394	-3. 327838
Industry	0. 9430384	0. 6763211	1. 39	0. 163	-0. 3825267	2. 268603
Year	-0. 37987	0. 1571722	-2. 42	0. 016	-0. 6879219	-0. 0718181
_cons	14. 59815	11. 8748	1. 23	0. 219	-8. 676037	37. 87233

表 F.15　模型 15 的检验结果

. Logit RULS CEOKH CEOKH2 RP Fau CEOKH2 * Fau CEOG CEOA CEOC TeamS LnSize CA ROE Growth LnGDP Industry Year

Iteration 0: log likelihood = -242.40359	
Iteration 1: log likelihood = -213.72599	
Iteration 2: log likelihood = -212.95317	
Iteration 3: log likelihood = -212.93124	
Iteration 4: log likelihood = -212.93123	
Logistic regression	Number of obs = 351
	LR chi2(16) = 58.94
	Prob>chi2 = 0.0000
Log likelihood = -212.93123	Pseudo R2 = 0.1216

RULS	Coef.	Std. Err.	z	P>|z|	[95% Conf.	Interval]
CEOKH	-2.584771	1.715239	-1.51	0.132	-5.946578	0.7770364
CEOKH2	0.3012604	0.1825378	1.65	0.099	-0.0565071	0.659028
RP	2.475986	1.458721	1.70	0.090	-0.3830557	5.335027
Fau	-4.885174	2.97025	-1.64	0.100	-10.70676	0.936408
CEOKH2Fau	0.1147188	0.0916941	1.25	0.211	-0.0649983	0.2944359
CEOG	-0.3342405	0.6958949	-0.48	0.631	-1.69817	1.029689
CEOA	-0.0737187	0.0384987	-1.91	0.056	-0.1491748	0.0017374
CEOC	-0.1668815	0.4748467	-0.35	0.725	-1.097564	0.7638009
TeamS	-0.845793	1.825977	-0.46	0.643	-4.424643	2.733057
LnSize	0.434024	0.178471	2.43	0.015	0.0842272	0.7838208
CA	0.1387953	0.0611818	2.27	0.023	0.0188811	0.2587095
ROE	6.610075	2.199174	3.01	0.003	2.299774	10.92038
Growth	0.3374879	0.2104978	1.60	0.109	-0.0750803	0.750056
LnGDP	-7.014902	2.298338	-3.05	0.002	-11.51956	-2.510241
Industry	0.8870334	0.5799436	1.53	0.126	-0.2496351	2.023702
Year	-0.122952	0.1509555	-0.81	0.415	-0.4188195	0.1729154
_cons	20.35866	10.36517	1.96	0.050	0.0433107	40.67402

表 F. 16　模型 16 的检验结果

. logit RULS CEOEH CEOEH2 RP Fau CEOEH2 * Fau CEOG CEOA CEOC TeamS LnSize CA ROE Growth LnGDP Industry Year

Iteration 0 : log likelihood = −242. 40359
Iteration 1 : log likelihood = −208. 88742
Iteration 2 : log likelihood = −207. 32431
Iteration 3 : log likelihood = −207. 30133
Iteration 4 : log likelihood = −207. 30133

Logistic regression	Number of obs = 351
	LR chi2(16) = 70. 20
	Prob>chi2 = 0. 0000
Log likelihood = −207. 30133	Pseudo R2 = 0. 1448

RULS	Coef.	Std. Err.	z	P>|z|	[95% Conf.	Interval]
CEOEH	−0. 7903597	0. 4233096	−1. 87	0. 062	−1. 620031	0. 0393119
CEOEH2	0. 0649703	0. 0255029	2. 55	0. 011	0. 0149855	0. 1149551
RP	3. 153801	1. 665603	1. 89	0. 058	−0. 1107204	6. 418322
Fau	−3. 284807	2. 11793	−1. 55	0. 121	−7. 435873	0. 8662582
CEOEH2Fau	0. 0257016	0. 0247011	1. 04	0. 298	−0. 0227116	0. 0741148
CEOG	−0. 0528339	0. 6739167	−0. 08	0. 938	−1. 373686	1. 268019
CEOA	−0. 0746984	0. 0356656	−2. 09	0. 036	−0. 1446018	−0. 0047951
CEOC	0. 7530736	0. 6058696	1. 24	0. 214	−0. 434409	1. 940556
TeamS	2. 692276	2. 059048	1. 31	0. 191	−1. 343384	6. 727937
LnSize	0. 4092516	0. 2371214	1. 73	0. 084	−0. 0554977	0. 8740009
CA	0. 2470915	0. 0817358	3. 02	0. 003	0. 0868922	0. 4072908
ROE	7. 52278	2. 376451	3. 17	0. 002	2. 865022	12. 18054
Growth	0. 26924	0. 2106383	1. 28	0. 201	−0. 1436035	0. 6820836
LnGDP	−7. 044947	2. 306177	−3. 05	0. 002	−11. 56497	−2. 524924
Industry	0. 6752488	0. 672951	1. 00	0. 316	−0. 6437109	1. 994208
Year	−0. 3236037	0. 1908524	−1. 70	0. 090	−0. 6976675	0. 05046
_cons	6. 220611	11. 77434	0. 53	0. 597	−16. 85667	29. 29789

表 F.17　模型 17 的检验结果

. logit RULS CEOCH CEOCH2 RP Fau CEOCH2 ∗ Fau CEOG CEOA CEOC TeamS LnSize CA ROE Growth LnGDP Industry Year

Iteration 0: log likelihood = −242. 40359	
Iteration 1: log likelihood = −213. 42097	
Iteration 2: log likelihood = −212. 63382	
Iteration 3: log likelihood = −212. 63118	
Iteration 4: log likelihood = −212. 63118	
Logistic regression	Number of obs = 351
	LR chi2(16) = 59. 54
	Prob>chi2 = 0. 0000
Log likelihood = −212. 63118	Pseudo R2 = 0. 1228

RULS	Coef.	Std. Err.	z	P>|z|	[95% Conf.	Interval]
CEOCH	−1. 486667	0. 8720531	−1. 70	0. 088	−3. 19586	0. 2225252
CEOCH2	0. 0724046	0. 0382325	1. 89	0. 058	−0. 0025297	0. 1473388
RP	2. 55038	1. 483862	1. 72	0. 086	−0. 3579354	5. 458696
Fau	−4. 535223	3. 133289	−1. 45	0. 148	−10. 67636	1. 605911
CEOCH2Fau	0. 0229349	0. 0215667	1. 06	0. 288	−0. 0193349	0. 0652048
CEOG	−0. 5157143	0. 6566124	−0. 79	0. 432	−1. 802651	0. 7712223
CEOA	−0. 0513898	0. 0335668	−1. 53	0. 126	−0. 1171796	0. 0144
CEOC	−0. 1661511	0. 4885423	−0. 34	0. 734	−1. 123676	0. 7913742
TeamS	−0. 6290759	1. 80662	−0. 35	0. 728	−4. 169986	2. 911834
LnSize	0. 3419325	0. 1701496	2. 01	0. 044	0. 0084453	0. 6754197
CA	0. 1762741	0. 0674579	2. 61	0. 009	0. 0440591	0. 3084891
ROE	6. 529353	2. 162937	3. 02	0. 003	2. 290074	10. 76863
Growth	0. 3407956	0. 2083859	1. 64	0. 102	−0. 0676333	0. 7492244
LnGDP	−7. 132886	2. 301297	−3. 10	0. 002	−11. 64335	−2. 622426
Industry	0. 7862206	0. 5896512	1. 33	0. 182	−0. 3694744	1. 941916
Year	−0. 1182089	0. 1509344	−0. 78	0. 434	−0. 4140349	0. 1776171
_cons	23. 13453	11. 58592	2. 00	0. 046	0. 426552	45. 84251

表 F.18　模型 18 的检验结果

. logit RULS CEOMCH CEOMCH2 RP Fau CEOMCH2 * Fau CEOG CEOA CEOC TeamS LnSize CA
ROE Growth LnGDP Industry Year

Iteration 0: log likelihood = -242. 40359	
Iteration 1: log likelihood = -209. 50659	
Iteration 2: log likelihood = -208. 40484	
Iteration 3: log likelihood = -208. 39608	
Iteration 4: log likelihood = -208. 39607	

Logistic regression	Number of obs = 351
	LR chi2(16) = 68. 02
	Prob>chi2 = 0. 0000
Log likelihood = -208. 39607	Pseudo R2 = 0. 1403

RULS	Coef.	Std. Err.	z	P>|z|	[95% Conf.	Interval]
CEOMCH	-0. 6761301	0. 3487182	-1. 94	0. 053	-1. 359605	0. 007345
CEOMCH2	0. 0249765	0. 0103933	2. 40	0. 016	0. 004606	0. 0453469
RP	2. 764811	1. 638199	1. 69	0. 091	-0. 4460013	5. 975623
Fau	-3. 559276	2. 424492	-1. 47	0. 142	-8. 311192	1. 19264
CEOMCH2Fau	0. 0069436	0. 0071174	0. 98	0. 329	-0. 0070063	0. 0208935
CEOG	0. 0246986	0. 6737958	0. 04	0. 971	-1. 295917	1. 345314
CEOA	-0. 074895	0. 0347201	-2. 16	0. 031	-0. 1429452	-0. 0068448
CEOC	0. 4248194	0. 5386704	0. 79	0. 430	-0. 6309553	1. 480594
TeamS	1. 198558	1. 93912	0. 62	0. 537	-2. 602046	4. 999163
LnSize	0. 4487195	0. 2103575	2. 13	0. 033	0. 0364264	0. 8610127
CA	0. 2213614	0. 0718928	3. 08	0. 002	0. 0804541	0. 3622687
ROE	7. 850577	2. 269934	3. 46	0. 001	3. 401587	12. 29957
Growth	0. 3790131	0. 2122409	1. 79	0. 074	-0. 0369716	0. 7949977
LnGDP	-7. 425627	2. 323754	-3. 20	0. 001	-11. 9801	-2. 871153
Industry	0. 7820664	0. 6698908	1. 17	0. 243	-0. 5308955	2. 095028
Year	-0. 2547237	0. 1728213	-1. 47	0. 141	-0. 5934472	0. 0839999
_cons	13. 16932	11. 80075	1. 12	0. 264	-9. 95972	36. 29835

附录 G　稳健性检验运行结果（主效应）

表 G.1　模型 1 的检验结果

. logit RULS CEOG CEOA CEOC TeamS LnSize CA ROE Growth LnGDP Industry Year							
Iteration 0：log likelihood = −242. 09529							
Iteration 1：log likelihood = −221. 64945							
Iteration 2：log likelihood = −221. 53596							
Iteration 3：log likelihood = −221. 53588							
Iteration 4：log likelihood = −221. 53588							
Logistic regression					Number of obs = 351		
					LR chi2(11) = 41. 12		
					Prob>chi2 = 0. 0000		
Log likelihood = −221. 53588					Pseudo R2 = 0. 0849		
RULS	Coef.	Std. Err.	z	P>|z|	[95% Conf.	Interval]	
CEOG	−0. 1971457	0. 6089898	−0. 32	0. 746	−1. 390744	0. 9964523	
CEOA	−0. 0446643	0. 028334	−1. 58	0. 115	−0. 100198	0. 0108694	
CEOC	−0. 652029	0. 4521876	−1. 44	0. 149	−1. 5383	0. 2342424	
TeamS	0. 0411441	1. 618294	0. 03	0. 980	−3. 130654	3. 212942	
LnSize	0. 3466598	0. 145516	2. 38	0. 017	0. 0614536	0. 6318659	
CA	0. 0998932	0. 0549754	1. 82	0. 069	−0. 0078566	0. 2076431	
ROE	4. 222781	1. 808095	2. 34	0. 020	0. 6789802	7. 766582	
Growth	0. 237959	0. 1936793	1. 23	0. 219	−0. 1416455	0. 6175636	
LnGDP	−6. 467277	2. 192989	−2. 95	0. 003	−10. 76546	−2. 169097	
Industry	1. 029262	0. 5310361	1. 94	0. 053	−0. 0115497	2. 070074	
Year	−0. 1041541	0. 1133453	−0. 92	0. 358	−0. 3263069	0. 1179986	
_cons	12. 71888	8. 84358	1. 44	0. 150	−4. 614215	30. 05198	

表 G. 2 模型 2 的检验结果

. logit RULS CEOKH CEOKH2 CEOG CEOA CEOC TeamS LnSize CA ROE Growth LnGDP Industry Year

Iteration 0：log likelihood = −242. 09529	
Iteration 1：log likelihood = −219. 32078	
Iteration 2：log likelihood = −219. 14573	
Iteration 3：log likelihood = −219. 14525	
Iteration 4：log likelihood = −219. 14525	

Logistic regression	Number of obs = 351
	LR chi2(13) = 45. 90
	Prob>chi2 = 0. 0000
Log likelihood = −219. 14525	Pseudo R2 = 0. 0948

RULS	Coef.	Std. Err.	z	P>|z|	[95% Conf.	Interval]
CEOKH	−2. 027094	1. 074921	−1. 89	0. 059	−4. 133901	0. 0797125
CEOKH2	0. 2392785	0. 1212976	1. 97	0. 049	0. 0015396	0. 4770173
CEOG	0. 0264375	0. 6611646	0. 04	0. 968	−1. 269421	1. 322296
CEOA	−0. 0749162	0. 0369471	−2. 03	0. 043	−0. 1473313	−0. 0025012
CEOC	−0. 4873772	0. 4592767	−1. 06	0. 289	−1. 387543	0. 4127885
TeamS	−1. 319576	1. 794046	−0. 74	0. 462	−4. 835841	2. 196688
LnSize	0. 4948878	0. 1672685	2. 96	0. 003	0. 1670477	0. 822728
CA	0. 1135494	0. 0559386	2. 03	0. 042	0. 0039117	0. 2231871
ROE	4. 964809	1. 953915	2. 54	0. 011	1. 135206	8. 794412
Growth	0. 3224275	0. 2023341	1. 59	0. 111	−0. 07414	0. 7189949
LnGDP	−7. 285245	2. 2564	−3. 23	0. 001	−11. 70771	−2. 862783
Industry	1. 256959	0. 5578779	2. 25	0. 024	0. 163538	2. 350379
Year	−0. 1320059	0. 1155695	−1. 14	0. 253	−0. 3585179	0. 0945062
_cons	20. 51725	9. 773213	2. 10	0. 036	1. 362101	39. 67239

表 G. 3　模型 3 的检验结果

. logit RULS CEOEH CEOEH2 CEOG CEOA CEOC TeamS LnSize CA ROE Growth LnGDP Industry Year

Iteration 0: log likelihood = −242. 09529	
Iteration 1: log likelihood = −215. 44586	
Iteration 2: log likelihood = −214. 42019	
Iteration 3: log likelihood = −214. 41654	
Iteration 4: log likelihood = −214. 41654	

Logistic regression	Number of obs = 351
	LR chi2(13) = 55. 36
	Prob>chi2 = 0. 0000
Log likelihood = −214. 41654	Pseudo R2 = 0. 1143

RULS	Coef.	Std. Err.	z	P>|z|	[95% Conf.	Interval]
CEOEH	−0. 8233907	0. 3685639	−2. 23	0. 025	−1. 545763	−0. 1010188
CEOEH2	0. 062509	0. 0227619	2. 75	0. 006	0. 0178964	0. 1071216
CEOG	0. 2039117	0. 6496847	0. 31	0. 754	−1. 069447	1. 47727
CEOA	−0. 0701848	0. 0339969	−2. 06	0. 039	−0. 1368176	−0. 0035521
CEOC	0. 3305717	0. 5560412	0. 59	0. 552	−0. 7592491	1. 420393
TeamS	2. 597894	1. 977237	1. 31	0. 189	−1. 27742	6. 473208
LnSize	0. 4036772	0. 2086588	1. 93	0. 053	−0. 0052865	0. 8126409
CA	0. 1963042	0. 0685493	2. 86	0. 004	0. 06195	0. 3306584
ROE	6. 51666	2. 165248	3. 01	0. 003	2. 272852	10. 76047
Growth	0. 3000137	0. 2017852	1. 49	0. 137	−0. 095478	0. 6955054
LnGDP	−7. 368489	2. 22395	−3. 31	0. 001	−11. 72735	−3. 009627
Industry	0. 997885	0. 6072147	1. 64	0. 100	−0. 192234	2. 188004
Year	−0. 313972	0. 1474843	−2. 13	0. 033	−0. 6030359	−0. 0249081
_cons	8. 859506	11. 02234	0. 80	0. 422	−12. 74388	30. 46289

表 G.4　模型 4 的检验结果

. logit RULS CEOCH CEOCH2 CEOG CEOA CEOC TeamS LnSize CA ROE Growth LnGDP Industry Year

Iteration 0 : log likelihood = −242. 09529	
Iteration 1 : log likelihood = −218. 88417	
Iteration 2 : log likelihood = −218. 6821	
Iteration 3 : log likelihood = −218. 68165	
Iteration 4 : log likelihood = −218. 68165	
Logistic regression	Number of obs = 351
	LR chi2(13) = 46. 83
	Prob>chi2 = 0. 0000
Log likelihood = −218. 68165	Pseudo R2 = 0. 0967

RULS	Coef.	Std. Err.	z	P>|z|	[95% Conf.	Interval]
CEOCH	−1. 448916	0. 6837324	−2. 12	0. 034	−2. 789006	−0. 1088247
CEOCH2	0. 0688248	0. 0309187	2. 23	0. 026	0. 0082253	0. 1294243
CEOG	−0. 3694164	0. 6367314	−0. 58	0. 562	−1. 617387	0. 8785542
CEOA	−0. 0466435	0. 0315638	−1. 48	0. 139	−0. 1085074	0. 0152205
CEOC	−0. 5823617	0. 4755021	−1. 22	0. 221	−1. 514329	0. 3496053
TeamS	−0. 9994401	1. 75537	−0. 57	0. 569	−4. 439903	2. 441023
LnSize	0. 3775298	0. 1553921	2. 43	0. 015	0. 0729668	0. 6820927
CA	0. 1650788	0. 0644455	2. 56	0. 010	0. 0387678	0. 2913897
ROE	5. 170679	1. 942538	2. 66	0. 008	1. 363374	8. 977984
Growth	0. 3358352	0. 201864	1. 66	0. 096	−0. 0598109	0. 7314813
LnGDP	−7. 462879	2. 260926	−3. 30	0. 001	−11. 89421	−3. 031546
Industry	1. 070738	0. 5495212	1. 95	0. 051	−0. 0063042	2. 147779
Year	−0. 1577174	0. 122976	−1. 28	0. 200	−0. 3987459	0. 0833112
_cons	24. 94618	10. 76486	2. 32	0. 020	3. 847436	46. 04492

表 G. 5　模型 5 的检验结果

. logit RULS CEOMCH CEOMCH2 CEOG CEOA CEOC TeamS LnSize CA ROE Growth LnGDP Industry Year

Iteration 0：log likelihood = -242. 09529	
Iteration 1：log likelihood = -215. 52484	
Iteration 2：log likelihood = -214. 8088	
Iteration 3：log likelihood = -214. 80779	
Iteration 4：log likelihood = -214. 80779	
Logistic regression	Number of obs = 351
	LR chi2(13) = 54. 57
	Prob>chi2 = 0. 0000
Log likelihood = -214. 80779	Pseudo R2 = 0. 1127

RULS	Coef.	Std. Err.	z	P> │z│	[95% Conf.	Interval]
CEOMCH	-0. 7868699	0. 3102816	-2. 54	0. 011	-1. 395011	-0. 1787291
CEOMCH2	0. 0273316	0. 0095245	2. 87	0. 004	0. 0086639	0. 0459992
CEOG	0. 2657476	0. 6597631	0. 40	0. 687	-1. 027364	1. 558859
CEOA	-0. 0719196	0. 0332947	-2. 16	0. 031	-0. 1371761	-0. 0066631
CEOC	0. 0560907	0. 5098778	0. 11	0. 912	-0. 9432514	1. 055433
TeamS	0. 9655271	1. 83936	0. 52	0. 600	-2. 639552	4. 570606
LnSize	0. 4434889	0. 1896984	2. 34	0. 019	0. 0716868	0. 8152909
CA	0. 1964515	0. 0660022	2. 98	0. 003	0. 0670896	0. 3258134
ROE	6. 706491	2. 110806	3. 18	0. 001	2. 569388	10. 84359
Growth	0. 3924216	0. 2045942	1. 92	0. 055	-0. 0085756	0. 7934188
LnGDP	-8. 008981	2. 254874	-3. 55	0. 000	-12. 42845	-3. 589509
Industry	0. 9671028	0. 6003505	1. 61	0. 107	-0. 2095626	2. 143768
Year	-0. 2605309	0. 1370485	-1. 90	0. 057	-0. 529141	0. 0080792
_cons	17. 5641	11. 04807	1. 59	0. 112	-4. 089724	39. 21793

附录 H   稳健性检验运行结果（政治资本的调节效应）

表 H.1   模型 1 的检验结果

. logit RULS CEOKH CEOKH2 PC CEOKH2 * PC CEOG CEOA CEOC TeamS LnSize CA ROE Growth LnGDP Industry Year

Iteration 0: log likelihood = -242. 09529	
Iteration 1: log likelihood = -217. 71131	
Iteration 2: log likelihood = -217. 24074	
Iteration 3: log likelihood = -217. 22761	
Iteration 4: log likelihood = -217. 22757	
Iteration 5: log likelihood = -217. 22757	

Logistic regression	Number of obs = 351
	LR chi2(15) = 49. 74
	Prob>chi2 = 0. 0000
Log likelihood = -217. 22757	Pseudo R2 = 0. 1027

RULS	Coef.	Std. Err.	z	P>|z|	[95% Conf.	Interval]
CEOKH	-1. 767028	1. 055262	-1. 67	0. 094	-3. 835304	0. 3012473
CEOKH2	0. 2008397	0. 1225803	1. 64	0. 101	-0. 0394133	0. 4410927
PC	-0. 1103228	0. 0833654	-1. 32	0. 186	-0. 273716	0. 0530704
CEOKH2PC	0. 002808	0. 0027918	1. 01	0. 315	-0. 0026638	0. 0082798
CEOG	-0. 1470398	0. 6692416	-0. 22	0. 826	-1. 458729	1. 16465
CEOA	-0. 0698738	0. 0398169	-1. 75	0. 079	-0. 1479134	0. 0081658
CEOC	-0. 3291301	0. 5079981	-0. 65	0. 517	-1. 324788	0. 6665278
TeamS	-1. 476848	1. 94266	-0. 76	0. 447	-5. 284392	2. 330696
LnSize	0. 4569708	0. 1706731	2. 68	0. 007	0. 1224576	0. 791484
CA	0. 1243391	0. 0602469	2. 06	0. 039	0. 0062573	0. 2424208
ROE	3. 544918	2. 10589	1. 68	0. 092	-0. 5825506	7. 672387
Growth	0. 2718382	0. 2050305	1. 33	0. 185	-0. 1300141	0. 6736906
LnGDP	-7. 137408	2. 249778	-3. 17	0. 002	-11. 54689	-2. 727925
Industry	1. 022335	0. 564056	1. 81	0. 070	-0. 0831942	2. 127865
Year	-0. 0766716	0. 1209945	-0. 63	0. 526	-0. 3138165	0. 1604733
_cons	20. 91847	9. 929607	2. 11	0. 035	1. 456801	40. 38015

表 H. 2　模型 2 的检验结果

. logit RULS CEOEH CEOEH2 PC CEOEH2 * PC CEOG CEOA CEOC TeamS LnSize CA ROE Growth LnGDP Industry Year

Iteration 0: log likelihood = −242. 09529		
Iteration 1: log likelihood = −214. 19515		
Iteration 2: log likelihood = −212. 7881		
Iteration 3: log likelihood = −212. 76072		
Iteration 4: log likelihood = −212. 76063		
Iteration 5: log likelihood = −212. 76063		

Logistic regression		Number of obs = 351
		LR chi2(15) = 58. 67
		Prob>chi2 = 0. 0000
Log likelihood = −212. 76063		Pseudo R2 = 0. 1212

RULS	Coef.	Std. Err.	z	P>|z|	[95% Conf.	Interval]
CEOEH	−0. 8613853	0. 394683	−2. 18	0. 029	−1. 63495	−0. 0878208
CEOEH2	0. 0675059	0. 0260503	2. 59	0. 010	0. 0164482	0. 1185637
PC	−0. 0187449	0. 0468435	−0. 40	0. 689	−0. 1105565	0. 0730667
CEOEH2PC	−0. 0002635	0. 0004564	−0. 58	0. 564	−0. 001158	0. 000631
CEOG	0. 0048035	0. 6915218	0. 01	0. 994	−1. 350554	1. 360161
CEOA	−0. 072272	0. 0362157	−2. 00	0. 046	−0. 1432534	−0. 0012905
CEOC	0. 4481075	0. 5969577	0. 75	0. 453	−0. 7219081	1. 618123
TeamS	2. 689655	2. 020654	1. 33	0. 183	−1. 270755	6. 650065
LnSize	0. 4289944	0. 2275214	1. 89	0. 059	−0. 0169393	0. 8749282
CA	0. 2497128	0. 0852421	2. 93	0. 003	0. 0826414	0. 4167843
ROE	5. 79908	2. 302542	2. 52	0. 012	1. 286181	10. 31198
Growth	0. 293352	0. 205589	1. 43	0. 154	−0. 1095951	0. 6962991
LnGDP	−7. 113201	2. 234781	−3. 18	0. 001	−11. 49329	−2. 73311
Industry	0. 9643319	0. 6175918	1. 56	0. 118	−0. 2461259	2. 17479
Year	−0. 3283849	0. 1603002	−2. 05	0. 041	−0. 6425676	−0. 0142022
_cons	6. 758095	11. 45372	0. 59	0. 555	−15. 69079	29. 20698

表 H.3 模型 3 的检验结果

. logit RULS CEOCH CEOCH2 PC CEOCH2 * PC CEOG CEOA CEOC TeamS LnSize CA ROE Growth LnGDP Industry Year

| Iteration 0: log likelihood = −242. 09529 |
| Iteration 1: log likelihood = −217. 16118 |
| Iteration 2: log likelihood = −216. 71638 |
| Iteration 3: log likelihood = −216. 71245 |
| Iteration 4: log likelihood = −216. 71245 |

Logistic regression	Number of obs = 351
	LR chi2(15) = 50. 77
	Prob>chi2 = 0. 0000
Log likelihood = −216. 71245	Pseudo R2 = 0. 1048

RULS	Coef.	Std. Err.	z	P>|z|	[95% Conf.	Interval]
CEOCH	−1. 53247	0. 6972907	−2. 20	0. 028	−2. 899134	−0. 1658051
CEOCH2	0. 0754793	0. 0323231	2. 34	0. 020	0. 0121271	0. 1388314
PC	0. 022521	0. 0786211	0. 29	0. 775	−0. 1315737	0. 1766156
CEOCH2PC	−0. 0004467	0. 0005885	−0. 76	0. 448	−0. 0016001	0. 0007068
CEOG	−0. 477591	0. 6670185	−0. 72	0. 474	−1. 784923	0. 8297411
CEOA	−0. 0453946	0. 0330303	−1. 37	0. 169	−0. 1101328	0. 0193436
CEOC	−0. 571271	0. 5074295	−1. 13	0. 260	−1. 565815	0. 4232726
TeamS	−0. 8344239	1. 836694	−0. 45	0. 650	−4. 434278	2. 76543
LnSize	0. 3718887	0. 1618865	2. 30	0. 022	0. 0545971	0. 6891803
CA	0. 2065365	0. 0732272	2. 82	0. 005	0. 0630138	0. 3500592
ROE	4. 764579	2. 121252	2. 25	0. 025	0. 6070016	8. 922156
Growth	0. 3489443	0. 2079606	1. 68	0. 093	−0. 058651	0. 7565397
LnGDP	−7. 32241	2. 256659	−3. 24	0. 001	−11. 74538	−2. 89944
Industry	0. 9616208	0. 5590403	1. 72	0. 085	−0. 1340781	2. 05732
Year	−0. 159642	0. 1285015	−1. 24	0. 214	−0. 4115002	0. 0922163
_cons	23. 87427	10. 9827	2. 17	0. 030	2. 348565	45. 39997

表 H.4　模型 4 的检验结果

. logit RULS CEOMCH CEOMCH2 PC CEOMCH2 * PC CEOG CEOA CEOC TeamS LnSize CA ROE Growth LnGDP Industry Year

Iteration 0:log likelihood = −242. 09529

Iteration 1:log likelihood = −214. 05105

Iteration 2:log likelihood = −212. 91217

Iteration 3:log likelihood = −212. 88668

Iteration 4:log likelihood = −212. 88664

Iteration 5:log likelihood = −212. 88664

Logistic regression				Number of obs = 351		
				LR chi2(15) = 58. 42		
				Prob>chi2 = 0. 0000		
Log likelihood = −212. 88664				Pseudo R2 = 0. 1206		
RULS	Coef.	Std. Err.	z	P>│z│	[95% Conf.	Interval]
CEOMCH	−0. 8479649	0. 3247063	−2. 61	0. 009	−1. 484377	−0. 2115523
CEOMCH2	0. 0301122	0. 0104202	2. 89	0. 004	0. 009689	0. 0505353
PC	−0. 0167969	0. 0596148	−0. 28	0. 778	−0. 1336398	0. 100046
CEOMCH2PC	−0. 0000884	0. 0001617	−0. 55	0. 585	−0. 0004052	0. 0002285
CEOG	0. 0589419	0. 6993254	0. 08	0. 933	−1. 311711	1. 429595
CEOA	−0. 0755285	0. 0356996	−2. 12	0. 034	−0. 1454985	−0. 0055586
CEOC	0. 2073217	0. 565226	0. 37	0. 714	−0. 900501	1. 315144
TeamS	0. 9836572	1. 901118	0. 52	0. 605	−2. 742467	4. 709781
LnSize	0. 461052	0. 2068074	2. 23	0. 026	0. 0557169	0. 866387
CA	0. 2563617	0. 0836114	3. 07	0. 002	0. 0924864	0. 420237
ROE	6. 100867	2. 240396	2. 72	0. 006	1. 709771	10. 49196
Growth	0. 3993234	0. 2110839	1. 89	0. 059	−0. 0143934	0. 8130403
LnGDP	−7. 824297	2. 265035	−3. 45	0. 001	−12. 26368	−3. 384911
Industry	0. 861188	0. 6152416	1. 40	0. 162	−0. 3446635	2. 067039
Year	−0. 2717201	0. 1473654	−1. 84	0. 065	−0. 560551	0. 0171107
_cons	16. 34769	11. 38226	1. 44	0. 151	−5. 96112	38. 65651

附录 I　稳健性检验运行结果（风险忍受的调节效应）

表 I.1　模型 1 的检验结果

. logit RULS CEOKH CEOKH2 RB CEOKH2 * RB CEOG CEOA CEOC TeamS LnSize CA ROE Growth LnGDP Industry Year

Iteration 0：log likelihood = -242.09529	
Iteration 1：log likelihood = -218.57432	
Iteration 2：log likelihood = -218.2446	
Iteration 3：log likelihood = -218.24397	
Iteration 4：log likelihood = -218.24397	
Logistic regression	Number of obs = 351
	LR chi2(15) = 47.70
	Prob>chi2 = 0.0000
Log likelihood = -218.24397	Pseudo R2 = 0.0985

RULS	Coef.	Std. Err.	z	P>|z|	[95% Conf.	Interval]
CEOKH	-2.027242	0.9967627	-2.03	0.042	-3.980861	-0.0736229
CEOKH2	-0.2073407	0.3773892	-0.55	0.583	-0.9470099	0.5323285
RB	-0.9988474	0.7510621	-1.33	0.184	-2.470902	0.4732072
CEOKH2RB	0.0343801	0.0274079	1.25	0.210	-0.0193383	0.0880986
CEOG	-0.100103	0.6732259	-0.15	0.882	-1.419602	1.219395
CEOA	-0.0802207	0.0392588	-2.04	0.041	-0.1571666	-0.0032747
CEOC	-0.2703792	0.4893205	-0.55	0.581	-1.22943	0.6886714
TeamS	-0.5708013	2.086882	-0.27	0.784	-4.661014	3.519412
LnSize	0.5544512	0.189584	2.92	0.003	0.1828735	0.9260289
CA	0.1058411	0.0560872	1.89	0.059	-0.0040879	0.2157701
ROE	5.420484	2.325783	2.33	0.020	0.8620332	9.978935
Growth	0.4374946	0.2321218	1.88	0.059	-0.0174557	0.892445
LnGDP	-7.276253	2.269363	-3.21	0.001	-11.72412	-2.828383
Industry	1.468817	0.6075421	2.42	0.016	0.2780568	2.659578
Year	-0.069412	0.1246493	-0.56	0.578	-0.3137202	0.1748962
_cons	29.75236	12.07299	2.46	0.014	6.089733	53.41499

表 I. 2　模型 2 的检验结果

. logit RULS CEOEH CEOEH2 RB CEOEH2 * RB CEOG CEOA CEOC TeamS LnSize CA ROE Growth LnGDP Industry Year

Iteration 0: log likelihood = -242. 09529	
Iteration 1: log likelihood = -214. 47077	
Iteration 2: log likelihood = -213. 36633	
Iteration 3: log likelihood = -213. 36095	
Iteration 4: log likelihood = -213. 36095	
Logistic regression	Number of obs = 351
	LR chi2(15) = 57. 47
	Prob>chi2 = 0. 0000
Log likelihood = -213. 36095	Pseudo R2 = 0. 1187

RULS	Coef.	Std. Err.	z	P>│z│	[95% Conf.	Interval]
CEOEH	-0. 7824758	0. 4005217	-1. 95	0. 051	-1. 567484	0. 0025322
CEOEH2	-0. 0147303	0. 0702128	-0. 21	0. 834	-0. 1523449	0. 1228843
RB	-0. 2542924	0. 4422673	-0. 57	0. 565	-1. 12112	0. 6125355
CEOEH2RB	0. 0058146	0. 0047457	1. 23	0. 220	-0. 0034868	0. 0151159
CEOG	0. 1992542	0. 6580118	0. 30	0. 762	-1. 090425	1. 488934
CEOA	-0. 080166	0. 0377045	-2. 13	0. 033	-0. 1540655	-0. 0062665
CEOC	0. 4507349	0. 5635193	0. 80	0. 424	-0. 6537427	1. 555213
TeamS	3. 722548	2. 177468	1. 71	0. 087	-0. 5452107	7. 990308
LnSize	0. 3744024	0. 2283255	1. 64	0. 101	-0. 0731074	0. 8219122
CA	0. 1700577	0. 073821	2. 30	0. 021	0. 0253712	0. 3147442
ROE	5. 415266	2. 346905	2. 31	0. 021	0. 8154156	10. 01512
Growth	0. 2368657	0. 2150134	1. 10	0. 271	-0. 1845527	0. 6582842
LnGDP	-7. 433101	2. 241089	-3. 32	0. 001	-11. 82556	-3. 040647
Industry	0. 9490183	0. 621371	1. 53	0. 127	-0. 2688465	2. 166883
Year	-0. 3102267	0. 1530395	-2. 03	0. 043	-0. 6101786	-0. 0102749
_cons	10. 58399	11. 55405	0. 92	0. 360	-12. 06153	33. 2295

表 I.3 模型 3 的检验结果

. logit RULS CEOCH CEOCH2 RB CEOCH2 * RB CEOG CEOA CEOC TeamS LnSize CA ROE Growth LnGDP Industry Year

Iteration 0 : log likelihood = −242. 09529	
Iteration 1 : log likelihood = −216. 832	
Iteration 2 : log likelihood = −216. 09071	
Iteration 3 : log likelihood = −216. 0339	
Iteration 4 : log likelihood = −216. 03384	
Iteration 5 : log likelihood = −216. 03384	

Logistic regression	Number of obs = 351
	LR chi2(15) = 52. 12
	Prob>chi2 = 0. 0000
Log likelihood = −216. 03384	Pseudo R2 = 0. 1076

RULS	Coef.	Std. Err.	z	P>|z|	[95% Conf.	Interval]
CEOCH	− 1. 440836	0. 6515494	− 2. 21	0. 027	− 2. 717849	− 0. 1638224
CEOCH2	− 0. 055046	0. 0812069	− 0. 68	0. 498	− 0. 2142086	0. 1041167
RB	− 1. 125667	0. 7400632	− 1. 52	0. 128	− 2. 576164	0. 3248301
CEOCH2RB	0. 0095142	0. 0058856	1. 62	0. 106	− 0. 0020214	0. 0210497
CEOG	− 0. 4976764	0. 6446194	− 0. 77	0. 440	− 1. 761107	0. 7657544
CEOA	− 0. 0585816	0. 0359912	− 1. 63	0. 104	− 0. 1291231	0. 01196
CEOC	− 0. 2831519	0. 5025535	− 0. 56	0. 573	− 1. 268139	0. 7018348
TeamS	0. 0826891	2. 025036	0. 04	0. 967	− 3. 886309	4. 051687
LnSize	0. 4176763	0. 1730952	2. 41	0. 016	0. 0784159	0. 7569367
CA	0. 1291852	0. 0685772	1. 88	0. 060	− 0. 0052236	0. 2635941
ROE	5. 252253	2. 299717	2. 28	0. 022	0. 7448905	9. 759616
Growth	0. 4090374	0. 2235724	1. 83	0. 067	− 0. 0291564	0. 8472312
LnGDP	− 6. 850253	2. 29126	− 2. 99	0. 003	− 11. 34104	− 2. 359465
Industry	1. 382163	0. 6186666	2. 23	0. 025	0. 169599	2. 594727
Year	− 0. 0932087	0. 1289516	− 0. 72	0. 470	− 0. 3459492	0. 1595318
_cons	33. 92255	13. 13098	2. 58	0. 010	8. 186313	59. 6588

表 I.4　模型 4 的检验结果

. logit RULS CEOMCH CEOMCH2 RB CEOMCH2 * RB CEOG CEOA CEOC TeamS LnSize CA ROE Growth LnGDP Industry Year

Iteration 0：log likelihood = −242.09529

Iteration 1：log likelihood = −214.74166

Iteration 2：log likelihood = −213.99096

Iteration 3：log likelihood = −213.9897

Iteration 4：log likelihood = −213.9897

Logistic regression		Number of obs = 351				
		LR chi2(15) = 56.21				
		Prob>chi2 = 0.0000				
Log likelihood = −213.9897		Pseudo R2 = 0.1161				
RULS	Coef.	Std. Err.	z	P>|z|	[95% Conf.	Interval]
CEOMCH	−0.7464119	0.3058422	−2.44	0.015	−1.345852	−0.1469721
CEOMCH2	0.0011692	0.0228232	0.05	0.959	−0.0435634	0.0459018
RB	−0.5635304	0.5094822	−1.11	0.269	−1.562097	0.4350364
CEOMCH2RB	0.0019239	0.0015562	1.24	0.216	−0.0011261	0.0049739
CEOG	0.201102	0.6631066	0.30	0.762	−1.098563	1.500767
CEOA	−0.0703712	0.0362383	−1.94	0.052	−0.1413971	0.0006546
CEOC	0.2416889	0.5284353	0.46	0.647	−0.7940252	1.277403
TeamS	1.758397	2.01805	0.87	0.384	−2.196908	5.713702
LnSize	0.4507339	0.2011457	2.24	0.025	0.0564955	0.8449722
CA	0.1663768	0.0693893	2.40	0.016	0.0303762	0.3023774
ROE	6.495207	2.361606	2.75	0.006	1.866543	11.12387
Growth	0.4018212	0.2186152	1.84	0.066	−0.0266567	0.8302992
LnGDP	−7.986079	2.269181	−3.52	0.000	−12.43359	−3.538567
Industry	1.025248	0.6133753	1.67	0.095	−0.176945	2.227442
Year	−0.2268309	0.140248	−1.62	0.106	−0.5017119	0.0480502
_cons	22.34451	11.88319	1.88	0.060	−0.9461255	45.63514

附录 J　稳健性检验运行结果（被风险偏好中介的 TMT 管理认知断裂带的调节效应）

表 J.1　模型 1 的检验结果

. reg RP CEOG CEOA CEOC TeamS LnSize CA ROE Growth LnGDP Industry Year

Source	SS	df	MS	Number of obs = 351	
				F(11, 339) = 34.30	
Model	3.00279624	11	0.272981477	Prob>F = 0.0000	
Residual	2.69796875	339	0.00795861	R-squared = 0.5267	
				Adj R-squared = 0.5114	
Total	5.700765	350	0.0162879	Root MSE = .08921	
RP	Coef.	Std. Err.	t	P>|t|	[95% Conf. Interval]
CEOG	0.0712961	0.0251174	2.84	0.005	0.0218905	0.1207018
CEOA	−0.0004929	0.0011421	−0.43	0.666	−0.0027395	0.0017536
CEOC	−0.061708	0.0174256	−3.54	0.000	−0.0959839	−0.027432
TeamS	0.0474377	0.0651556	0.73	0.467	−0.0807226	0.175598
LnSize	0.0332815	0.0059671	5.58	0.000	0.0215443	0.0450188
CA	0.0010279	0.002179	0.47	0.637	−0.0032581	0.005314
ROE	−0.1955522	0.0719864	−2.72	0.007	−0.3371485	−0.0539559
Growth	0.0158252	0.0082754	1.91	0.057	−0.0004524	0.0321029
LnGDP	−0.2120086	0.0861955	−2.46	0.014	−0.3815541	−0.0424632
Industry	0.0678332	0.020176	3.36	0.001	0.0281473	0.1075191
Year	−0.044549	0.004764	−9.35	0.000	−0.0539197	−0.0351784
_cons	0.1265774	0.356412	0.36	0.723	−0.5744802	0.827635

表 J. 2 模型 2 的检验结果

. reg RP CEOKH CEOKH2 CEOG CEOA CEOC TeamS LnSize CA ROE Growth LnGDP Industry Year

Source	SS	df	MS	Number of obs = 351	
				F(13, 337) = 31. 39	
Model	3. 12234006	13	0. 240180005	Prob>F = 0. 0000	
Residual	2. 57842493	337	0. 007651113	R-squared = 0. 5477	
				Adj R-squared = 0. 5303	
Total	5. 700765	350	0. 0162879	Root MSE = . 08747	
RP	Coef.	Std. Err.	t	P>|t|	[95% Conf. Interval]
CEOKH	−0. 0883953	0. 0353808	−2. 50	0. 013	−0. 1579903	−0. 0188004
CEOKH2	0. 0074318	0. 0041217	1. 80	0. 072	−0. 0006758	0. 0155393
CEOG	0. 0474223	0. 0265393	1. 79	0. 075	−0. 0047812	0. 0996258
CEOA	0. 0010555	0. 0014112	0. 75	0. 455	−0. 0017203	0. 0038313
CEOC	−0. 0669018	0. 017489	−3. 83	0. 000	−0. 1013032	−0. 0325005
TeamS	−0. 0289695	0. 0691997	−0. 42	0. 676	−0. 1650873	0. 1071484
LnSize	0. 0330567	0. 0065251	5. 07	0. 000	0. 0202216	0. 0458918
CA	0. 0006907	0. 0021664	0. 32	0. 750	−0. 0035707	0. 004952
ROE	−0. 2418326	0. 0736609	−3. 28	0. 001	−0. 3867258	−0. 0969395
Growth	0. 01382	0. 0083392	1. 66	0. 098	−0. 0025835	0. 0302236
LnGDP	−0. 2015264	0. 086664	−2. 33	0. 021	−0. 371997	−0. 0310559
Industry	0. 0698749	0. 0200414	3. 49	0. 001	0. 0304529	0. 1092969
Year	−0. 0437255	0. 004731	−9. 24	0. 000	−0. 0530315	−0. 0344196
_cons	0. 5269789	0. 3797298	1. 39	0. 166	−0. 2199604	1. 273918

表 J. 3 模型 3 的检验结果

. reg RP CEOEH CEOEH2 CEOG CEOA CEOC TeamS LnSize CA ROE Growth LnGDP Industry Year

Source	SS	df	MS	Number of obs = 351	
				F(13, 337) = 31.59	
Model	3.13126928	13	0.240866868	Prob>F = 0.0000	
Residual	2.56949572	337	0.007624616	R-squared = 0.5493	
				Adj R-squared = 0.5319	
Total	5.700765	350	0.0162879	Root MSE = .08732	
RP	Coef.	Std. Err.	t	P>|t|	[95% Conf. Interval]
CEOEH	−0.035875	0.013612	−2.64	0.009	−0.0626501	−0.0090998
CEOEH2	0.0016059	0.0008073	1.99	0.047	0.0000179	0.0031939
CEOG	0.041078	0.0258536	1.59	0.113	−0.0097769	0.0919328
CEOA	0.0009166	0.001171	0.78	0.434	−0.0013868	0.00322
CEOC	−0.0596009	0.0193143	−3.09	0.002	−0.0975927	−0.0216092
TeamS	−0.0033183	0.0661717	−0.05	0.960	−0.1334799	0.1268432
LnSize	0.014794	0.0074686	1.98	0.048	0.0001031	0.029485
CA	−0.0003667	0.0022488	−0.16	0.871	−0.0047902	0.0040568
ROE	−0.1150742	0.0750213	−1.53	0.126	−0.2626432	0.0324948
Growth	0.0216196	0.0082375	2.62	0.009	0.0054161	0.037823
LnGDP	−0.2338202	0.0853759	−2.74	0.006	−0.4017571	−0.0658833
Industry	0.0579388	0.0200707	2.89	0.004	0.018459	0.0974185
Year	−0.0348733	0.0053087	−6.57	0.000	−0.0453157	−0.024431
_cons	0.8664316	0.3964735	2.19	0.030	0.0865569	1.646306

表 J.4 模型 4 的检验结果

. reg RP CEOCH CEOCH2 CEOG CEOA CEOC TeamS LnSize CA ROE Growth LnGDP Industry Year

Source	SS	df	MS	Number of obs = 351	
				F(13, 337) = 31.03	
Model	3.10577907	13	0.238906082	Prob>F = 0.0000	
Residual	2.59498593	337	0.007700255	R-squared = 0.5448	
				Adj R-squared = 0.5272	
Total	5.700765	350	0.0162879	Root MSE = .08775	

RP	Coef.	Std. Err.	t	P>|t|	[95% Conf.	Interval]
CEOCH	−0.0541911	0.0252806	−2.14	0.033	−0.1039188	−0.0044634
CEOCH2	0.0019335	0.0011562	1.67	0.095	−0.0003408	0.0042078
CEOG	0.0457433	0.0256819	1.78	0.076	−0.0047738	0.0962604
CEOA	0.0009658	0.0011982	0.81	0.421	−0.0013909	0.0033226
CEOC	−0.0768417	0.0178291	−4.31	0.000	−0.1119121	−0.0417713
TeamS	0.0036902	0.0670622	0.06	0.956	−0.128223	0.1356034
LnSize	0.0282475	0.0060876	4.64	0.000	0.016273	0.0402219
CA	0.0004602	0.0024187	0.19	0.849	−0.0042975	0.005218
ROE	−0.2286568	0.0734208	−3.11	0.002	−0.3730776	−0.084236
Growth	0.0145572	0.0083328	1.75	0.082	−0.0018336	0.0309481
LnGDP	−0.2029301	0.0863971	−2.35	0.019	−0.3728757	−0.0329845
Industry	0.061583	0.0199327	3.09	0.002	0.0223747	0.1007913
Year	−0.0406724	0.0049493	−8.22	0.000	−0.0504078	−0.0309369
_cons	0.6520756	0.4145848	1.57	0.117	−0.1634244	1.467576

表 J. 5　模型 5 的检验结果

. reg RP CEOMCH CEOMCH2 CEOG CEOA CEOC TeamS LnSize CA ROE Growth LnGDP Industry Year

Source	SS	df	MS	Number of obs = 351		
				F(13 , 337) = 32. 41		
Model	3. 16729211	13	0. 243637854	Prob>F = 0. 0000		
Residual	2. 53347289	337	0. 007517724	R-squared = 0. 5556		
				Adj R-squared = 0. 5384		
Total	5. 700765	350	0. 0162879	Root MSE = . 0867		
RP	Coef.	Std. Err.	t	P>|t|	[95% Conf.	Interval]
CEOMCH	−0. 0386264	0. 0112013	−3. 45	0. 001	−0. 0606597	−0. 0165931
CEOMCH2	0. 0009679	0. 0003352	2. 89	0. 004	0. 0003087	0. 0016272
CEOG	0. 036188	0. 026219	1. 38	0. 168	−0. 0153855	0. 0877614
CEOA	0. 0008554	0. 0011636	0. 74	0. 463	−0. 0014334	0. 0031442
CEOC	−0. 0641223	0. 018278	−3. 51	0. 001	−0. 1000758	−0. 0281689
TeamS	−0. 0207101	0. 0651854	−0. 32	0. 751	−0. 1489316	0. 1075114
LnSize	0. 0164434	0. 0068614	2. 40	0. 017	0. 0029468	0. 0299401
CA	0. 0009933	0. 0022696	0. 44	0. 662	−0. 003471	0. 0054576
ROE	−0. 1334991	0. 072901	−1. 83	0. 068	−0. 2768975	0. 0098992
Growth	0. 0215549	0. 008216	2. 62	0. 009	0. 0053938	0. 037716
LnGDP	−0. 2464104	0. 0856015	−2. 88	0. 004	−0. 4147909	−0. 0780298
Industry	0. 0529278	0. 0199452	2. 65	0. 008	0. 0136951	0. 0921606
Year	−0. 0364534	0. 0051253	−7. 11	0. 000	−0. 046535	−0. 0263719
_cons	1. 105905	0. 410054	2. 70	0. 007	0. 2993175	1. 912493

表 J.6　模型 6 的检验结果

. logit RULS RP CEOG CEOA CEOC TeamS LnSize CA ROE Growth LnGDP Industry Year

Iteration 0 : log likelihood = −242. 09529	
Iteration 1 : log likelihood = −218. 44194	
Iteration 2 : log likelihood = −218. 26654	
Iteration 3 : log likelihood = −218. 26636	
Iteration 4 : log likelihood = −218. 26636	
Logistic regression	Number of obs = 351
	LR chi2(12) = 47. 66
	Prob>chi2 = 0. 0000
Log likelihood = −218. 26636	Pseudo R2 = 0. 0984

RULS	Coef.	Std. Err.	z	P>∣z∣	[95% Conf.	Interval]
RP	3. 297968	1. 302095	2. 53	0. 011	0. 7459084	5. 850028
CEOG	−0. 447829	0. 6243932	−0. 72	0. 473	−1. 671617	0. 7759591
CEOA	−0. 0437608	0. 0286469	−1. 53	0. 127	−0. 0999077	0. 0123861
CEOC	−0. 4265933	0. 4640095	−0. 92	0. 358	−1. 336035	0. 4828487
TeamS	−0. 1502465	1. 629649	−0. 09	0. 927	−3. 344299	3. 043806
LnSize	0. 2354225	0. 1528482	1. 54	0. 124	−0. 0641544	0. 5349993
CA	0. 0983693	0. 0562421	1. 75	0. 080	−0. 0118633	0. 2086019
ROE	5. 022775	1. 862845	2. 70	0. 007	1. 371666	8. 673885
Growth	0. 1931591	0. 1955667	0. 99	0. 323	−0. 1901446	0. 5764627
LnGDP	−5. 790835	2. 216388	−2. 61	0. 009	−10. 13487	−1. 446794
Industry	0. 8334758	0. 536682	1. 55	0. 120	−0. 2184016	1. 885353
Year	0. 0345735	0. 1278176	0. 27	0. 787	−0. 2159444	0. 2850914
_cons	12. 50469	8. 965887	1. 39	0. 163	−5. 06813	30. 0775

表 J.7 模型 7 的检验结果

. reg RP CEOKH CEOKH2 Fau CEOKH2 * Fau CEOG CEOA CEOC TeamS LnSize CA ROE Growth LnGDP Industry Year

Source	SS	df	MS	Number of obs = 351	
				F(15, 335) = 32.74	
Model	3.38917939	15	0.225945293	Prob>F = 0.0000	
Residual	2.3115856	335	0.006900256	R-squared = 0.5945	
				Adj R-squared = 0.5764	
Total	5.700765	350	0.0162879	Root MSE = .08307	
RP	Coef.	Std. Err.	t	P>|t|	[95% Conf. Interval]
CEOKH	−0.0892903	0.0336005	−2.66	0.008	−0.1553848 −0.0231958
CEOKH2	0.0068079	0.0039162	1.74	0.083	−0.0008955 0.0145113
Fau	−0.4808422	0.0787777	−6.10	0.000	−0.6358034 −0.325881
CEOKH2Fau	0.0135091	0.0026043	5.19	0.000	0.0083862 0.018632
CEOG	0.0060937	0.0260746	0.23	0.815	−0.0451969 0.0573843
CEOA	0.0025751	0.0013624	1.89	0.060	−0.0001049 0.005255
CEOC	−0.0572137	0.0169177	−3.38	0.001	−0.090492 −0.0239353
TeamS	−0.0299522	0.0663884	−0.45	0.652	−0.160543 0.1006385
LnSize	0.0267349	0.0062815	4.26	0.000	0.0143787 0.0390911
CA	0.0035033	0.0021147	1.66	0.099	−0.0006563 0.007663
ROE	−0.2062858	0.0703271	−2.93	0.004	−0.3446242 −0.0679474
Growth	0.0128319	0.0079264	1.62	0.106	−0.0027599 0.0284238
LnGDP	−0.1956835	0.0823311	−2.38	0.018	−0.3576345 −0.0337325
Industry	0.0390854	0.0200406	1.95	0.052	−0.0003359 0.0785068
Year	−0.0523618	0.0047771	−10.96	0.000	−0.0617587 −0.042965
_cons	0.6736151	0.362112	1.86	0.064	−0.0386847 1.385915

表 J.8　模型 8 的检验结果

. reg RP CEOEH CEOEH2 Fau CEOEH2 * Fau CEOG CEOA CEOC TeamS LnSize CA ROE Growth LnGDP Industry Year

Source	SS	df	MS	Number of obs = 351	
				F(15 , 335) = 37. 08	
Model	3. 5577533	15	0. 237183553	Prob>F = 0. 0000	
Residual	2. 1430117	335	0. 00639705	R-squared = 0. 6241	
				Adj R-squared = 0. 6073	
Total	5. 700765	350	0. 0162879	Root MSE = . 07998	

RP	Coef.	Std. Err.	t	P>|t|	[95% Conf.	Interval]
CEOEH	−0. 0320018	0. 0125322	−2. 55	0. 011	−0. 0566535	−0. 0073501
CEOEH2	0. 0016117	0. 0007404	2. 18	0. 030	0. 0001553	0. 0030681
Fau	−0. 411543	0. 0505892	−8. 13	0. 000	−0. 5110555	−0. 3120305
CEOEH2Fau	0. 0051177	0. 0007256	7. 05	0. 000	0. 0036904	0. 0065449
CEOG	0. 0373872	0. 0240504	1. 55	0. 121	−0. 0099216	0. 084696
CEOA	0. 0018447	0. 0010895	1. 69	0. 091	−0. 0002984	0. 0039878
CEOC	−0. 0517454	0. 0179625	−2. 88	0. 004	−0. 087079	−0. 0164119
TeamS	−0. 070984	0. 062317	−1. 14	0. 255	−0. 1935659	0. 0515979
LnSize	0. 0160792	0. 0069842	2. 30	0. 022	0. 0023407	0. 0298177
CA	0. 0039473	0. 0021414	1. 84	0. 066	−0. 000265	0. 0081597
ROE	−0. 1525668	0. 0699575	−2. 18	0. 030	−0. 290178	−0. 0149555
Growth	0. 0215152	0. 0075524	2. 85	0. 005	0. 006659	0. 0363713
LnGDP	−0. 2416386	0. 0782521	−3. 09	0. 002	−0. 3955661	−0. 0877112
Industry	0. 0457268	0. 0194148	2. 36	0. 019	0. 0075366	0. 083917
Year	−0. 0446986	0. 0050513	−8. 85	0. 000	−0. 0546347	−0. 0347624
_cons	0. 9982344	0. 3635438	2. 75	0. 006	0. 2831182	1. 713351

表 J.9 模型 9 的检验结果

. reg RP CEOCH CEOCH2 Fau CEOCH2 * Fau CEOG CEOA CEOC TeamS LnSize CA ROE Growth LnGDP Industry Year

Source	SS	df	MS	Number of obs = 351
				F(15, 335) = 33.01
Model	3.40012352	15	0.226674901	Prob>F = 0.0000
Residual	2.30064148	335	0.006867586	R-squared = 0.5964
				Adj R-squared = 0.5784
Total	5.700765	350	0.0162879	Root MSE = .08287

RP	Coef.	Std. Err.	t	P>|t|	[95% Conf.	Interval]
CEOCH	-0.0584623	0.0238848	-2.45	0.015	-0.1054454	-0.0114793
CEOCH2	0.0021082	0.0010924	1.93	0.054	-0.0000405	0.004257
Fau	-0.5354954	0.0836986	-6.40	0.000	-0.7001364	-0.3708545
CEOCH2Fau	0.0035544	0.0006493	5.47	0.000	0.0022771	0.0048316
CEOG	0.0469138	0.0246006	1.91	0.057	-0.0014774	0.095305
CEOA	0.0010399	0.0011489	0.91	0.366	-0.00122	0.0032999
CEOC	-0.0594011	0.017149	-3.46	0.001	-0.0931343	-0.0256678
TeamS	-0.0253773	0.0646037	-0.39	0.695	-0.1524572	0.1017027
LnSize	0.027686	0.005812	4.76	0.000	0.0162535	0.0391186
CA	0.0004478	0.0022859	0.20	0.845	-0.0040488	0.0049444
ROE	-0.2258647	0.0697045	-3.24	0.001	-0.3629783	-0.0887511
Growth	0.013826	0.0078728	1.76	0.080	-0.0016604	0.0293124
LnGDP	-0.1995462	0.0816395	-2.44	0.015	-0.3601369	-0.0389556
Industry	0.038349	0.0197617	1.94	0.053	-0.0005236	0.0772215
Year	-0.043514	0.0049	-8.88	0.000	-0.0531525	-0.0338754
_cons	0.7916157	0.3925521	2.02	0.045	0.019438	1.563793

表 J. 10　模型 10 的检验结果

. reg RP CEOMCH CEOMCH2 Fau CEOMCH2 * Fau CEOG CEOA CEOC TeamS LnSize CA ROE Growth LnGDP Industry Year

Source	SS	df	MS		Number of obs = 351	
					F(15, 335) = 41. 81	
Model	3. 7158602	15	0. 247724013		Prob>F = 0. 0000	
Residual	1. 98490479	335	0. 005925089		R-squared = 0. 6518	
					Adj R-squared = 0. 6362	
Total	5. 700765	350	0. 0162879		Root MSE = . 07697	
RP	Coef.	Std. Err.	t	P>|t|	[95% Conf.	Interval]
CEOMCH	−0. 0320468	0. 0099794	−3. 21	0. 001	−0. 0516769	−0. 0124167
CEOMCH2	0. 00079	0. 0002983	2. 65	0. 008	0. 0002032	0. 0013768
Fau	−0. 5351919	0. 0558697	−9. 58	0. 000	−0. 6450916	−0. 4252923
CEOMCH2Fau	0. 0015757	0. 0001801	8. 75	0. 000	0. 0012215	0. 0019299
CEOG	0. 013823	0. 0235472	0. 59	0. 558	−0. 0324961	0. 060142
CEOA	0. 001694	0. 0010465	1. 62	0. 106	−0. 0003645	0. 0037524
CEOC	−0. 0536442	0. 0164572	−3. 26	0. 001	−0. 0860166	−0. 0212717
TeamS	−0. 1045965	0. 0595479	−1. 76	0. 080	−0. 2217315	0. 0125384
LnSize	0. 0165198	0. 0061605	2. 68	0. 008	0. 0044017	0. 0286379
CA	0. 0037704	0. 0020364	1. 85	0. 065	−0. 0002353	0. 0077762
ROE	−0. 1141741	0. 0650364	−1. 76	0. 080	−0. 2421053	0. 013757
Growth	0. 0235564	0. 0072973	3. 23	0. 001	0. 0092021	0. 0379108
LnGDP	−0. 1963507	0. 076173	−2. 58	0. 010	−0. 3461883	−0. 046513
Industry	0. 0482193	0. 0186886	2. 58	0. 010	0. 0114575	0. 0849812
Year	−0. 044451	0. 0047297	−9. 40	0. 000	−0. 0537546	−0. 0351474
_cons	1. 110068	0. 3640421	3. 05	0. 002	0. 3939719	1. 826165

表 J. 11　模型 11 的检验结果

. logit RULS CEOKH CEOKH2 Fau CEOKH2 * Fau CEOG CEOA CEOC TeamS LnSize CA ROE Growth LnGDP Industry Year

Iteration 0 : log likelihood = −242. 09529	
Iteration 1 : log likelihood = −216. 33153	
Iteration 2 : log likelihood = −215. 50552	
Iteration 3 : log likelihood = −215. 48401	
Iteration 4 : log likelihood = −215. 48394	
Iteration 5 : log likelihood = −215. 48394	
Logistic regression	Number of obs = 351
	LR chi2(15) = 53. 22
	Prob>chi2 = 0. 0000
Log likelihood = −215. 48394	Pseudo R2 = 0. 1099

RULS	Coef.	Std. Err.	z	P>|z|	[95% Conf.	Interval]
CEOKH	−3. 288018	1. 848059	−1. 78	0. 075	−6. 910147	0. 3341113
CEOKH2	0. 3684749	0. 1969834	1. 87	0. 061	−0. 0176055	0. 7545553
Fau	−6. 303363	2. 833993	−2. 22	0. 026	−11. 85789	−0. 7488394
CEOKH2Fau	0. 1513722	0. 087125	1. 74	0. 082	−0. 0193896	0. 322134
CEOG	−0. 3693434	0. 6909655	−0. 53	0. 593	−1. 723611	0. 984924
CEOA	−0. 0644302	0. 0380163	−1. 69	0. 090	−0. 1389407	0. 0100803
CEOC	−0. 2453822	0. 4653001	−0. 53	0. 598	−1. 157354	0. 6665893
TeamS	−1. 049381	1. 833026	−0. 57	0. 567	−4. 642047	2. 543284
LnSize	0. 4786611	0. 1731714	2. 76	0. 006	0. 1392513	0. 8180708
CA	0. 1391532	0. 0605349	2. 30	0. 022	0. 020507	0. 2577994
ROE	6. 560374	2. 205151	2. 98	0. 003	2. 238358	10. 88239
Growth	0. 3919106	0. 2100784	1. 87	0. 062	−0. 0198354	0. 8036566
LnGDP	−7. 113883	2. 268226	−3. 14	0. 002	−11. 55952	−2. 668243
Industry	0. 9012491	0. 582695	1. 55	0. 122	−0. 2408121	2. 04331
Year	−0. 2665289	0. 1301772	−2. 05	0. 041	−0. 5216715	−0. 0113863
_cons	22. 85922	10. 26898	2. 23	0. 026	2. 732392	42. 98604

表 J. 12　模型 12 的检验结果

. logit RULS CEOEH CEOEH2 Fau CEOEH2 * Fau CEOG CEOA CEOC TeamS LnSize CA ROE Growth LnGDP Industry Year

Iteration 0 : log likelihood = -242. 09529	
Iteration 1 : log likelihood = -212. 1689	
Iteration 2 : log likelihood = -210. 42877	
Iteration 3 : log likelihood = -210. 40491	
Iteration 4 : log likelihood = -210. 4049	

Logistic regression	Number of obs = 351
	LR chi2(15) = 63. 38
	Prob>chi2 = 0. 0000
Log likelihood = -210. 4049	Pseudo R2 = 0. 1309

RULS	Coef.	Std. Err.	z	P>|z|	[95% Conf.	Interval]
CEOEH	-0. 8932985	0. 4144984	-2. 16	0. 031	-1. 705701	-0. 0808966
CEOEH2	0. 0706636	0. 0250622	2. 82	0. 005	0. 0215426	0. 1197846
Fau	-4. 901325	1. 93411	-2. 53	0. 011	-8. 69211	-1. 11054
CEOEH2Fau	0. 0424854	0. 0223854	1. 90	0. 058	-0. 0013891	0. 0863599
CEOG	0. 0016162	0. 6655895	0. 00	0. 998	-1. 302915	1. 306148
CEOA	-0. 0650281	0. 0349686	-1. 86	0. 063	-0. 1335652	0. 0035091
CEOC	0. 648783	0. 5889346	1. 10	0. 271	-0. 5055077	1. 803074
TeamS	2. 636289	2. 116029	1. 25	0. 213	-1. 511052	6. 78363
LnSize	0. 4384228	0. 2350385	1. 87	0. 062	-0. 0222441	0. 8990897
CA	0. 2573277	0. 0813217	3. 16	0. 002	0. 0979402	0. 4167153
ROE	7. 510261	2. 362903	3. 18	0. 001	2. 879057	12. 14147
Growth	0. 3578236	0. 2067955	1. 73	0. 084	-0. 0474882	0. 7631354
LnGDP	-7. 324601	2. 239492	-3. 27	0. 001	-11. 71392	-2. 935278
Industry	0. 710156	0. 6644176	1. 07	0. 285	-0. 5920785	2. 012391
Year	-0. 4872982	0. 1758647	-2. 77	0. 006	-0. 8319868	-0. 1426097
_cons	7. 83984	11. 88154	0. 66	0. 509	-15. 44754	31. 12722

表 J. 13　模型 13 的检验结果

. logit RULS CEOCH CEOCH2 Fau CEOCH2 * Fau CEOG CEOA CEOC TeamS LnSize CA ROE Growth LnGDP Industry Year

Iteration 0：log likelihood = −242. 09529
Iteration 1：log likelihood = −216. 1247
Iteration 2：log likelihood = −215. 33037
Iteration 3：log likelihood = −215. 3275
Iteration 4：log likelihood = −215. 3275

Logistic regression	Number of obs = 351
	LR chi2(15) = 53. 54
	Prob>chi2 = 0. 0000
Log likelihood = −215. 3275	Pseudo R2 = 0. 1106

RULS	Coef.	Std. Err.	z	P>|z|	[95% Conf.	Interval]
CEOCH	−1. 678518	0. 9121813	−1. 84	0. 066	−3. 46636	0. 1093244
CEOCH2	0. 0797653	0. 0400488	1. 99	0. 046	0. 0012711	0. 1582595
Fau	−6. 317478	2. 931892	−2. 15	0. 031	−12. 06388	−0. 5710757
CEOCH2Fau	0. 0337996	0. 0200336	1. 69	0. 092	−0. 0054655	0. 0730647
CEOG	−0. 4762316	0. 649484	−0. 73	0. 463	−1. 749197	0. 7967337
CEOA	−0. 0443172	0. 0333792	−1. 33	0. 184	−0. 1097392	0. 0211048
CEOC	−0. 2775434	0. 4781361	−0. 58	0. 562	−1. 214673	0. 6595861
TeamS	−0. 7978112	1. 823435	−0. 44	0. 662	−4. 371677	2. 776055
LnSize	0. 3775317	0. 1644869	2. 30	0. 022	0. 0551433	0. 6999202
CA	0. 1694435	0. 0670496	2. 53	0. 011	0. 0380287	0. 3008582
ROE	6. 374253	2. 13694	2. 98	0. 003	2. 185928	10. 56258
Growth	0. 3926495	0. 2065776	1. 90	0. 057	−0. 0122353	0. 7975342
LnGDP	−7. 235352	2. 26137	−3. 20	0. 001	−11. 66756	−2. 803149
Industry	0. 7414862	0. 5843535	1. 27	0. 204	−0. 4038256	1. 886798
Year	−0. 2441054	0. 1372676	−1. 78	0. 075	−0. 5131449	0. 0249341
_cons	25. 29426	11. 56119	2. 19	0. 029	2. 634749	47. 95377

表 J. 14　模型 14 的检验结果

. logit RULS CEOMCH CEOMCH2 Fau CEOMCH2 * Fau CEOG CEOA CEOC TeamS LnSize CA ROE Growth LnGDP Industry Year

Iteration 0: log likelihood = −242. 09529
Iteration 1: log likelihood = −212. 19273
Iteration 2: log likelihood = −211. 01614
Iteration 3: log likelihood = −211. 00597
Iteration 4: log likelihood = −211. 00597

Logistic regression	Number of obs = 351
	LR chi2(15) = 62. 18
	Prob>chi2 = 0. 0000
Log likelihood = −211. 00597	Pseudo R2 = 0. 1284

RULS	Coef.	Std. Err.	z	P>|z|	[95% Conf.	Interval]
CEOMCH	−0. 736281	0. 3481242	−2. 11	0. 034	−1. 418592	−0. 0539701
CEOMCH2	0. 0264839	0. 0104203	2. 54	0. 011	0. 0060604	0. 0469074
Fau	−5. 198288	2. 170676	−2. 39	0. 017	−9. 452734	−0. 943842
CEOMCH2Fau	0. 0113592	0. 0063948	1. 78	0. 076	−0. 0011743	0. 0238927
CEOG	0. 0048695	0. 6702634	0. 01	0. 994	−1. 308823	1. 318562
CEOA	−0. 0671609	0. 0341043	−1. 97	0. 049	−0. 134004	−0. 0003177
CEOC	0. 3185712	0. 5198688	0. 61	0. 540	−0. 7003529	1. 337495
TeamS	0. 960699	1. 960673	0. 49	0. 624	−2. 882149	4. 803547
LnSize	0. 4726002	0. 2096831	2. 25	0. 024	0. 0616289	0. 8835714
CA	0. 2268693	0. 0716498	3. 17	0. 002	0. 0864381	0. 3673004
ROE	7. 834651	2. 251421	3. 48	0. 001	3. 421947	12. 24736
Growth	0. 4504626	0. 2082453	2. 16	0. 031	0. 0423093	0. 858616
LnGDP	−7. 474638	2. 27964	−3. 28	0. 001	−11. 94265	−3. 006626
Industry	0. 8386987	0. 6692809	1. 25	0. 210	−0. 4730678	2. 150465
Year	−0. 3962805	0. 1569512	−2. 52	0. 012	−0. 7038991	−0. 0886619
_cons	14. 81511	11. 82102	1. 25	0. 210	−8. 353668	37. 98388

表 J. 15　模型 15 的检验结果

. logit RULS CEOKH CEOKH2 RP Fau CEOKH2 ∗ Fau CEOG CEOA CEOC TeamS LnSize CA ROE Growth LnGDP Industry Year

Iteration 0：log likelihood = −242. 09529	
Iteration 1：log likelihood = −214. 87058	
Iteration 2：log likelihood = −214. 1398	
Iteration 3：log likelihood = −214. 12107	
Iteration 4：log likelihood = −214. 12106	
Logistic regression	Number of obs = 351
	LR chi2(16) = 55. 95
	Prob>chi2 = 0. 0000
Log likelihood = −214. 12106	Pseudo R2 = 0. 1156

RULS	Coef.	Std. Err.	z	P>|z|	[95% Conf.	Interval]
CEOKH	−2. 581029	1. 676564	−1. 54	0. 124	−5. 867034	0. 7049762
CEOKH2	0. 3023091	0. 1788551	1. 69	0. 091	−0. 0482403	0. 6528586
RP	2. 411906	1. 455268	1. 66	0. 097	−0. 4403654	5. 264178
Fau	−4. 633993	2. 932874	−1. 58	0. 114	−10. 38232	1. 114335
CEOKH2Fau	0. 1070285	0. 0905799	1. 18	0. 237	−0. 0705049	0. 2845619
CEOG	−0. 3944255	0. 6938086	−0. 57	0. 570	−1. 754265	0. 9654144
CEOA	−0. 0723979	0. 0385977	−1. 88	0. 061	−0. 148048	0. 0032521
CEOC	−0. 1237186	0. 4754831	−0. 26	0. 795	−1. 055648	0. 8082111
TeamS	−1. 070294	1. 829587	−0. 58	0. 559	−4. 656219	2. 515631
LnSize	0. 4019386	0. 1777047	2. 26	0. 024	0. 0536437	0. 7502334
CA	0. 1341479	0. 0609628	2. 20	0. 028	0. 014663	0. 2536328
ROE	6. 958547	2. 202203	3. 16	0. 002	2. 642308	11. 27479
Growth	0. 3504966	0. 2102176	1. 67	0. 095	−0. 0615222	0. 7625155
LnGDP	−6. 684737	2. 279938	−2. 93	0. 003	−11. 15333	−2. 216141
Industry	0. 8038338	0. 5762904	1. 39	0. 163	−0. 3256746	1. 933342
Year	−0. 1404983	0. 1505527	−0. 93	0. 351	−0. 4355761	0. 1545796
_cons	20. 77684	10. 31352	2. 01	0. 044	0. 5627186	40. 99097

表 J. 16　模型 16 的检验结果

. logit RULS CEOEH CEOEH2 RP Fau CEOEH2 * Fau CEOG CEOA CEOC TeamS LnSize CA ROE
Growth LnGDP Industry Year

| Iteration 0 : log likelihood = -242. 09529 |
| Iteration 1 : log likelihood = -210. 05087 |
| Iteration 2 : log likelihood = -208. 53221 |
| Iteration 3 : log likelihood = -208. 51087 |
| Iteration 4 : log likelihood = -208. 51086 |

Logistic regression	Number of obs = 351
	LR chi2(16) = 67. 17
	Prob>chi2 = 0. 0000
Log likelihood = -208. 51086	Pseudo R2 = 0. 1387

RULS	Coef.	Std. Err.	z	P>|z|	[95% Conf.	Interval]
CEOEH	-0. 7889072	0. 4233661	-1. 86	0. 062	-1. 618689	0. 040875
CEOEH2	0. 064859	0. 0255293	2. 54	0. 011	0. 0148224	0. 1148955
RP	3. 197327	1. 65896	1. 93	0. 054	-0. 0541751	6. 448829
Fau	-2. 976365	2. 098432	-1. 42	0. 156	-7. 089216	1. 136486
CEOEH2Fau	0. 0217373	0. 0245818	0. 88	0. 377	-0. 0264422	0. 0699167
CEOG	-0. 1344896	0. 6731547	-0. 20	0. 842	-1. 453849	1. 184869
CEOA	-0. 0728838	0. 0357428	-2. 04	0. 041	-0. 1429384	-0. 0028291
CEOC	0. 8084592	0. 6076069	1. 33	0. 183	-0. 3824286	1. 999347
TeamS	2. 540321	2. 045748	1. 24	0. 214	-1. 469272	6. 549913
LnSize	0. 3706219	0. 2357503	1. 57	0. 116	-0. 0914401	0. 8326839
CA	0. 2393987	0. 0813933	2. 94	0. 003	0. 0798707	0. 3989267
ROE	7. 967437	2. 384742	3. 34	0. 001	3. 293429	12. 64144
Growth	0. 2794449	0. 2101898	1. 33	0. 184	-0. 1325196	0. 6914094
LnGDP	-6. 650535	2. 293486	-2. 90	0. 004	-11. 14568	-2. 155385
Industry	0. 5640112	0. 6680336	0. 84	0. 399	-0. 7453106	1. 873333
Year	-0. 3365977	0. 190018	-1. 77	0. 076	-0. 7090262	0. 0358308
_cons	6. 421495	11. 72603	0. 55	0. 584	-16. 56109	29. 40408

表 J. 17 模型 17 的检验结果

. logit RULS CEOCH CEOCH2 RP Fau CEOCH2 * Fau CEOG CEOA CEOC TeamS LnSize CA ROE Growth LnGDP Industry Year

Iteration 0 : log likelihood = −242. 09529	
Iteration 1 : log likelihood = −214. 59561	
Iteration 2 : log likelihood = −213. 86105	
Iteration 3 : log likelihood = −213. 85856	
Iteration 4 : log likelihood = −213. 85856	

Logistic regression	Number of obs = 351
	LR chi2(16) = 56. 47
	Prob>chi2 = 0. 0000
Log likelihood = −213. 85856	Pseudo R2 = 0. 1166

RULS	Coef.	Std. Err.	z	P>|z|	[95% Conf.	Interval]
CEOCH	−1. 457057	0. 8498131	−1. 71	0. 086	−3. 12266	0. 2085464
CEOCH2	0. 0714815	0. 0373817	1. 91	0. 056	−0. 0017853	0. 1447483
RP	2. 529046	1. 479731	1. 71	0. 087	−0. 3711742	5. 429267
Fau	−4. 200469	3. 111275	−1. 35	0. 177	−10. 29846	1. 897518
CEOCH2Fau	0. 020653	0. 0214486	0. 96	0. 336	−0. 0213855	0. 0626914
CEOG	−0. 5961743	0. 6553351	−0. 91	0. 363	−1. 880607	0. 6882588
CEOA	−0. 0493399	0. 0334767	−1. 47	0. 141	−0. 114953	0. 0162731
CEOC	−0. 1204022	0. 4891672	−0. 25	0. 806	−1. 079152	0. 838348
TeamS	−0. 8230797	1. 807001	−0. 46	0. 649	−4. 364736	2. 718577
LnSize	0. 3075991	0. 1691026	1. 82	0. 069	−0. 0238359	0. 6390341
CA	0. 1736033	0. 0672673	2. 58	0. 010	0. 0417619	0. 3054448
ROE	6. 912888	2. 168607	3. 19	0. 001	2. 662498	11. 16328
Growth	0. 3531328	0. 2081102	1. 70	0. 090	−0. 0547556	0. 7610212
LnGDP	−6. 804424	2. 284478	−2. 98	0. 003	−11. 28192	−2. 32693
Industry	0. 7016422	0. 5852407	1. 20	0. 231	−0. 4454086	1. 848693
Year	−0. 1389102	0. 1505669	−0. 92	0. 356	−0. 4340158	0. 1561954
_cons	23. 32302	11. 51202	2. 03	0. 043	0. 7598666	45. 88617

表 J. 18　模型 18 的检验结果

. logit RULS CEOMCH CEOMCH2 RP Fau CEOMCH2 * Fau CEOG CEOA CEOC TeamS LnSize CA ROE Growth LnGDP Industry Year

| Iteration 0：log likelihood = −242. 09529 |
| Iteration 1：log likelihood = −210. 67494 |
| Iteration 2：log likelihood = −209. 57536 |
| Iteration 3：log likelihood = −209. 56719 |
| Iteration 4：log likelihood = −209. 56718 |

Logistic regression	Number of obs = 351
	LR chi2(16) = 65. 06
	Prob>chi2 = 0. 0000
Log likelihood = −209. 56718	Pseudo R2 = 0. 1344

RULS	Coef.	Std. Err.	z	P>|z|	[95% Conf.	Interval]
CEOMCH	−0. 6732928	0. 3466742	−1. 94	0. 052	−1. 352762	0. 0061762
CEOMCH2	0. 0249761	0. 0103572	2. 41	0. 016	0. 0046763	0. 045276
RP	2. 768703	1. 633994	1. 69	0. 090	−0. 4338653	5. 971272
Fau	−3. 303819	2. 392405	−1. 38	0. 167	−7. 992847	1. 38521
CEOMCH2Fau	0. 0061926	0. 0069976	0. 88	0. 376	−0. 0075224	0. 0199075
CEOG	−0. 0417322	0. 6729073	−0. 06	0. 951	−1. 360606	1. 277142
CEOA	−0. 0732817	0. 0347965	−2. 11	0. 035	−0. 1414815	−0. 0050819
CEOC	0. 4775309	0. 5400293	0. 88	0. 377	−0. 5809069	1. 535969
TeamS	1. 033204	1. 93158	0. 53	0. 593	−2. 752624	4. 819032
LnSize	0. 4169088	0. 2088193	2. 00	0. 046	0. 0076304	0. 8261871
CA	0. 216342	0. 071546	3. 02	0. 002	0. 0761144	0. 3565696
ROE	8. 246531	2. 27596	3. 62	0. 000	3. 785732	12. 70733
Growth	0. 3895638	0. 2118627	1. 84	0. 066	−0. 0256794	0. 8048071
LnGDP	−7. 073238	2. 309894	−3. 06	0. 002	−11. 60055	−2. 54593
Industry	0. 6784798	0. 6635935	1. 02	0. 307	−0. 6221395	1. 979099
Year	−0. 2726458	0. 1721255	−1. 58	0. 113	−0. 6100056	0. 0647139
_cons	13. 3381	11. 75547	1. 13	0. 257	−9. 702198	36. 3784

后 记

在世界经济复苏依旧艰难曲折、全球对外直接投资（OFDI）流量下降的情况下，中国政府加快"一带一路"建设步伐，积极推进OFDI便利化进程，企业"走出去"的内生动力日益增强，带动国际合作的范式效应日益凸显。国际商务研究表明，传统跨国公司通常会规避投资具有重大国际风险的国家。然而，为什么中国跨国公司却偏好风险不确定性，选择"一带一路"沿线具有风险不确定性的东道国开展OFDI？在当前推动共建"一带一路"的新时期，具体分析中国跨国公司对"一带一路"沿线国家OFDI风险不确定性区位选择的影响因素，已成为急需深入研究的重要和热点问题。哪些因素影响了OFDI风险不确定性区位选择？不同于以宏观国家层面、中观行业层面、微观企业层面为视角的已有研究，本书从OFDI风险不确定性区位选择更为微观层面的影响因素切入，以跨国公司战略决策者个体和团队两个层面即CEO管理认知异质性和高管团队（TMT）管理认知断裂带交互为视角，研究战略决策者管理认知对跨国公司OFDI风险不确定性区位选择的影响机制及其发挥作用的边界条件。选择2009～2017年中国沪深两市A股跨国公司对"一带一路"沿线国家的首次OFDI事件为研究样本，基于高阶理论、印记理论和群体断裂带理论，构建并实证检验了被中介的调节模型。具体研究内容如下。

（1）探索CEO管理认知异质性对OFDI风险不确定性区位选择的非线性影响。分别考察CEO管理认知异质性（CEO知识异质性、CEO经验异质性和CEO社会阶层异质性三个维度）对跨国公司OFDI风险不确定性区位选择的非线性影响。研究结果表明，CEO管理认知异质性与跨国公司OFDI风险不确定性区位选择之间存在显著的正U型关系，即在 U 型两端，管理认知异质性越高/越低的 CEO 越具有高风险偏好，越倾向于做出跨国公司 OFDI 高风险不确定性区位选择的战略决策。

（2）探索政治资本和风险忍受对 CEO 管理认知异质性与 OFDI 风险不确定性区位选择之间关系的调节效应。研究结果表明，政治资本和风险忍受的调节作用不显著。原因在于以下两点：第一，东道国与母国的制度差异使 CEO 政治资本在东道国缺乏嵌入性，不断发展完善的东道国正式市场经济制度使 CEO 政治资本的非正式机制作用难以发挥，因而政治资本对 CEO 管理认知异质性与跨国公司 OFDI 风险不确定性区位选择之间正 U 型关系的正向调节作用不显著；第二，中国仍是"转型+新兴"经济体，中国跨国公司 CEO 存在一定的雇用风险和个人财富风险，因而风险忍受对 CEO 管理认知异质性与跨国公司 OFDI 风险不确定性区位选择之间正 U 型关系的正向调节作用不显著。

（3）探索被风险偏好中介的 TMT 管理认知断裂带对 CEO 管理认知异质性与风险偏好之间关系的调节效应。具体以跨国公司核心战略决策者个体和团队两个层面即 CEO 管理认知异质性和 TMT 管理认知断裂带交互为视角，引入风险偏好作为中介变量，引入 TMT 管理认知断裂带作为调节变量，分别考察 CEO 管理认知异质性与跨国公司 OFDI 风险不确定性区位选择之间的内在作用机制及被中介的边界条件。研究结果表明以下四点。第一，CEO 管理认知异质性与风险偏好之间呈正 U 型关系，即在 U 型两端，管理认知异质性越高/越低的跨国公司 CEO，越能够识别出东道国风险不确定性中的机会，越善于管理东道国风险不确定性，越能够化东道国风险不确定性中的威胁为 OFDI 的机遇，因而越具有高风险偏好。第二，TMT 管理认知断裂带对 CEO 管理认知异质性与风险偏好之间的关系有正向调节作用，即 CEO 管理认知异质性越高/越低，TMT 管理认知断裂带强度越大，越能增强 TMT 子团队内外成员的人际互动、认知资源共享和人际行为一致性，越能帮助 CEO 增强东道国风险不确定性识别与管控能力，因而 CEO 越具有风险偏好。第三，风险偏好与跨国公司 OFDI 风险不确定性区位选择之间正相关。CEO 作为跨国公司战略决策者对跨国公司 OFDI 风险不确定性区位选择起着决定性作用，风险偏好反映了行为主体在心理上对待风险的态度，不同风险偏好的个体会从不同角度分析、解释问题，采取不同的战略行为。高风险偏好的 CEO 具有采取冒险行为的风险倾向，因而倾向于做出跨国公司 OFDI 高风险不确定性区位选择的战略决策。第四，风险偏好中介"CEO 管理认知异质性和 TMT 管理认知断裂带的交互作用"对跨国公司 OFDI 风险不确定性区位选择的影响。TMT 管理认知断裂带强度越大，CEO 管理认知异质性对风险偏好的正 U 型作用越强，这种影响通过风险偏好传递给跨国公司 OFDI 风险不确定性区位选择，从而影响拥有高、中、低异质性管理认知的 CEO 是否做出跨国公司 OFDI 高风险不确定性区位选择的战略决策。

本书为跨国公司 OFDI 风险不确定性区位选择影响因素研究从战略决策者（CEO 和 TMT）管理认知视角提供了一个"被中介的调节"分析框架，从微观基础层面为深化和拓展 OFDI 风险不确定性区位选择影响因素的研究范畴做出贡献，为中国跨国公司从公司治理结构角度加强战略决策者集体审慎决策，充分发挥 CEO 管理认知异质性和 TMT 管理认知断裂带优势，有效抑制 CEO 个人有限理性决策不足，进而做出 OFDI 风险不确定性区位选择科学决策提供理论支撑和管理启示，助力中国跨国公司 OFDI 实现高质量发展。

本书是辽宁社会科学院组织申报的 2023 年度辽宁省社会科学规划基金项目研究成果，得到课题项目"战略决策者管理认知对跨国公司在'一带一路'高风险东道国 OFDI 的影响研究（项目编号：L23BGL016）"的专项支持。在此感谢辽宁社会科学院和院党组为哲学社会科学研究创造良好的科研环境、提供广阔的科研平台和配套充足的科研资金支持！感谢辽宁社会科学院城市发展研究所韩红所长、沈忻昕副所长及全所同事的鼎力支持与帮助！感谢恩师东北大学工商管理学院国际贸易系主任、博士生导师杜晓君教授多年来的倾情指导及其团队伙伴的友爱互助！感谢社会科学文献出版社经管分社高雁副社长的精心安排设计、颜林柯编辑专业而严谨的编辑校正！在撰写过程中，本书研究参考了大量的国内外文献资料，借鉴引用了许多国内外专家学者的研究成果，在此一并表示由衷的感谢！

　　囿于研究水平和时间，书中不足之处，恳请诸位读者予以批评斧正！

2023 年 6 月

图书在版编目（CIP）数据

OFDI 区位选择：战略决策者管理认知与风险不确定
性／舒波著 . --北京：社会科学文献出版社，2023.9
ISBN 978-7-5228-1959-4

Ⅰ.①O… Ⅱ.①舒… Ⅲ.①对外投资-直接投资-
研究-中国 Ⅳ.①F832.6

中国国家版本馆 CIP 数据核字（2023）第 106220 号

OFDI 区位选择：战略决策者管理认知与风险不确定性

著　　者／舒　波

出 版 人／冀祥德
组稿编辑／高　雁
责任编辑／颜林柯
责任印制／王京美

出　　版／社会科学文献出版社·经济与管理分社 （010）59367226
　　　　　地址：北京市北三环中路甲 29 号院华龙大厦　邮编：100029
　　　　　网址：www.ssap.com.cn
发　　行／社会科学文献出版社 （010）59367028
印　　装／三河市龙林印务有限公司

规　　格／开　本：787mm×1092mm　1/16
　　　　　印　张：16　字　数：223 千字
版　　次／2023 年 9 月第 1 版　2023 年 9 月第 1 次印刷
书　　号／ISBN 978-7-5228-1959-4
定　　价／128.00 元

读者服务电话：4008918866